김재범 저자의 유튜브 경매 강의 시청자 & 독자들의 말

들어본 강의 중에 개념이 가장 잘 정리되어 있어요. 감사합니다. 자주 업로드해 주세요. _Cind****

최고로 잘하십니다. 기본에 충실하시고 완전 이해하게 하십니다!!! _yg6p****

책 내용이 너무 좋아요. 개정판 꼭 내주세요. 다른 책보다 쉽지만 깊이 있게 설명~ _gogo****

제가 본 유튜브 중에 제일 자세하고 쉽게 설명해 주시네요. 완존^^ 반했습니다. 좋은 글과 사례 많이 부탁드립니다. _nl9z****

『부동산 권리분석 오늘부터 1일』 책을 읽고 있다가 설명을 너무 잘해 주셔서 유튜브에서 찾아 들어왔어요. 김재범 쌤의 다른 책들도 다 독파할 계획입니다. _pkki****

경매 이론 국내 최고 같아요. 가장 전문적이고 이해하기도 편합니다. _yhs2****

김재범 선생님이 쓰신 경매 책도 강의도 정말 깔끔 그 자체입니다. _br7y****

책을 읽는 내내 경매책 저자님 중 가장 전문가라고 생각했는데 동영상을 들으니 더욱 이해가 잘됩니다! 어려운 내용에 대한 정의를 먼저 이해시켜 주고 사례로 배운 것을 확인해 주는 강의법이 개인적으로 너무 많이 도움됩니다. 올해 내에 경매로 우리 엄마 작은 집 하나 해드리는 게 목표입니다. 그 목표가 강사님 덕분에 더욱 빠르게 실현되리라 확신합니다. _iw5t****

지금까지 해주신 귀한 명강의들 모두 몇 번씩 반복 시청 중입니다. 넘넘 감사드립니다.^^ _vz3i****

정말 좋아요. 다른 강의랑 다른 점은 실제 사례를 보여준다는 거예요. 너무너무 이해가 잘되요. _th9q****

김재범 선생님 강의 내용이 너무 좋아서 몇 번을 재생하고 있습니다. 정말 최고의 고수인 것 같아요. _bl7r****

경매와 관련된 책을 15권 구해 무작정 경매공부를 하기 시작했는데요. 선생님이 쓰신 경매책이 제일 큰 도움이 되었습니다. 다른 책들은 돈 번 얘기에 치중해 있고 이론도 대충대충이어서 다 읽고 나서도 경매의 큰 틀이 잡히지 않고, 오히려 경매가 너무 복잡하게 느껴졌는데, 이 책을 읽고 나서는 그런 갈증과 답답함들이 싹 해결됐습니다~~ 실제 사례들이 그림과 서류들로 잘 설명되어 있어서 이해도 쉽고요~~ 정말 완전 강추입니다!!! ^_____^ _Divi****

이제 막 경매에 관심 가지고 시작하려는 직장인인데요. 강의 정말 잘하시네요. 책도 사서 봐야겠습니다. 단순히 암기 위주의 강의보다는 경매 권리분석의 원리를 이해하는 데 도움을 주는 강의였어요. 선생님 강의 듣고 입찰 도전해 볼 계획입니다. _barl****

와, 정말 1강 보고 2강 보는데 너무 좋네요. 이런 강의를 유튜브에서 무료로 본다는 게 죄송스러울 정도예요. 꼭 책 사서 볼게요ㅎㅎ _barl****

최고의 선생님이시네요. 정말 체계적이고 한 차원 높은 강의 같네요. 권리분석 강의 이것저것 좀 들었는데, 김재범 선생님 강의가 진정 고차원 강의인 것 같습니다. _bl7r****

유튜브 경매 강의 중 최고입니다. 진실함과 성실함이 몸에서 뿜어져 나오는 것 같아요. _jf2n****

경매 이론 강의 국내 최고 권위자이신 거 같습니다. 잘 보고 있습니다. 추후 현장경매나 임장 등 동적인 영상도 개시되길 희망합니다! _yhs2****

설명을 정말 잘하셔서 혼자 공부하는 저에게 너무도 많은 도움이 되고 있습니다.^^ 감사합니다. _nana****

이렇게 세밀하게 하시는 분 첨입니다!! 제가 여러 경매강의 들었지만… 최고십니다!! _soon****

부동산 경매

실전사례 120

오늘부터 1일

부동산 경매 실전사례 120 오늘부터 1일

초판 인쇄 2023년 9월 18일
초판 발행 2023년 9월 25일

지은이 김재범
펴낸이 유해룡
펴낸곳 (주)스마트북스
출판등록 2010년 3월 5일 | 제2021-000149호
주소 서울시 영등포구 영등포로5길 19, 동아프라임밸리 1007호
편집전화 02)337-7800 | **영업전화** 02)337-7810 | **팩스** 02)337-7811
원고투고 www.smartbooks21.com/about/publication
홈페이지 www.smartbooks21.com

ISBN 979-11-90238-96-0 13320

※ 『부동산 경매 실전사례 120 오늘부터 1일』은 2019년에 출간된 『김재범의 현장경매 오늘부터 1일』의 최신 개정증보판입니다.

부동산 경매 실전사례 120

김재범 지음

오늘부터 1일

스마트북스

경매 실전사례 120, '우리'가 함께 만드는 책

감사하게도 앞서 출간한 『부동산 경매 오늘부터 1일』과 『부동산 권리분석 오늘부터 1일』이 독자들에게 많은 사랑과 좋은 평가를 받았습니다. 이 책들을 쓰면서, 그리고 이미 오래전부터 일상이 된 경매 강의 준비를 할 때마다 독자와 수강생들이 부동산 경매에 관한 의구심이 없도록 하겠다는 욕심으로 꽤나 고민하곤 했습니다.

알짜 부동산을 선별하는 방법부터 권리분석을 통해 경매물건의 안전을 진단하고, 낙찰받은 부동산을 명도하는 일련의 과정과 관련된 모든 지식과 경험을 한 권의 책이나 한 과정의 강의에 담아 독자와 수강생이 단숨에 전문가가 되기를 바랐으니, 10년이 걸릴 일을 열흘에 끝나기를 바란 셈입니다. 앞서 출간한 『부동산 경매 오늘부터 1일』과 『부동산 권리분석 오늘부터 1일』에 필자의 모든 지식과 경험을 담았다고 자부하고 있었으니, 적어도 부동산 경매를 다룬 책을 살면서 또 출간할 일은 없을 것이라고 생각했습니다.

현장 경매에서 부닥치는 질문들

그런데 필자가 운영하는 부동산 경매 카페에는 독자들의 질문이 계속 올라왔습니다.

물론 두 권의 책에서 이미 설명하고 있는 내용을 숙지하지 못한 질문들이 대부분이지만, 두 가지 이유에서 설명할 생각조차 하지 못했던 내용에 대한 질문들도 있습니다.

하나는 너무 당연해서 언급할 생각을 못한 질문들인데, 예를 들면 '낙찰받은 후에 등기명의인을 바꿀 수 있는지'라든가, '낙찰자가 사건기록을 열람할 수 있는지', '채무자와 소유자가 다른 경매사건에 입찰해도 되는지' 등을 묻는 질문들입니다.

다른 하나는 흔하지 않은 사안이라서 미처 언급하지 못했던 내용의 질문들인데, 의외로 이런 지식들이 남들이 미처 몰라서 지나치는 알짜 기회를 찾는 계기가 되기도 합니다. '지목이 임야인데 왜 농지취득자격증명이 필요한지', '가등기권자가 소유권을 취득하면 가등기가 혼동으로 소멸하는지', '토지만 매각하는 경매사건에서 그 지상 주택의 임차인이

배당을 받을 수 있는지', '법정지상권이 성립하지 않는 건물에 대항력 있는 임차인이 있어도 철거가 가능한지' 등입니다.

결과보다는 원리 설명에 집중한 책

그중 부동산 경매를 하는 사람이라면 반드시 알아야 할 내용들을 모아 이 책 『부동산 경매 실전사례 120 오늘부터 1일』에 담았습니다. 시중의 부동산 경매에 관한 서적들이 흔히 다루고 있는 내용이 아니다 보니 다소 생소할 수 있겠지만, 법조문과 판례를 첨부해 최대한 쉽게 이해할 수 있도록 노력했습니다. 결과보다는 결과가 도출되는 원리를 설명하는 데 집중했습니다.

배운 것은 잊어도 가르친 것은 잊지 않는다고 했던가요. 사실 질문에 답을 하는 과정에서 응답자인 필자도 많은 것을 배웁니다. 답을 위해 법조문과 판례를 찾는 과정에서 새로운 법리를 알게 되기도 하고, 희미해져가던 오래된 지식이 또렷해지기도 합니다.

그런 경험이 반복되면서 그간의 자만과 나태를 반성하게도 되니, 독

자들의 질문이 감사하지 않을 수 없고 응답도 즐겁지 않을 수 없습니다. 여러분의 질문과 필자의 답으로 구성된 이 책은 필자가 아니라 '우리'가 함께 만든 책입니다.

2023년 9월

김재범

『부동산 경매 실전사례 120 오늘부터 1일』 한눈에 보기

1 경매 24년, 경매 진행 1000건의 노하우

저자가 15년 동안 카페나 강의, 직접 상담을 통해 만난 입찰 예정자나 낙찰자 등이 자주 하는 중요한 질문을 뽑아 실었습니다.
권리분석부터 입찰, 낙찰, 명도까지, 전 과정에 걸쳐 현장에서 부닥치는 돈 되는 질문 & 실수 예방 특급 포인트를 깐깐하게 설명합니다. 24년 동안 경매 1000건을 진행하며 터득한 저자의 핵심 노하우를 만나보세요.

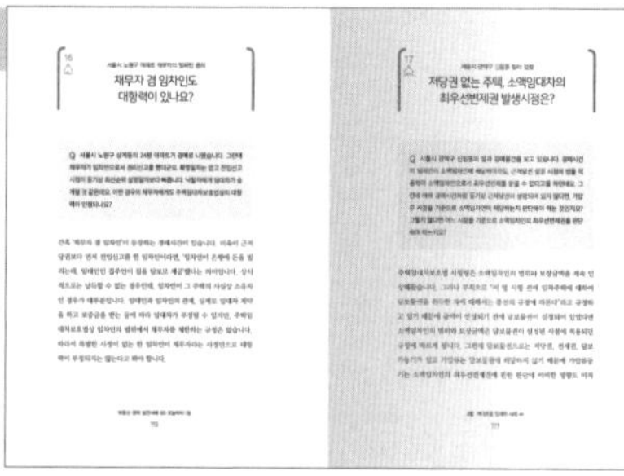

2 정통파 경매 전문가의 실전 사례 분석

"어, 현장은 다르네!"
경매공부는 '암기'가 아닙니다. 판사의 판결이 '판례'로 남듯, 경매사건도 수많은 사례를 남깁니다. 이 사례들이 모이고 정리되어 이론의 기틀이 됩니다. 실제 현장에서 부닥치는 질문들은 여러분의 경매 실력과 통찰력을 한층 높여줄 것입니다.

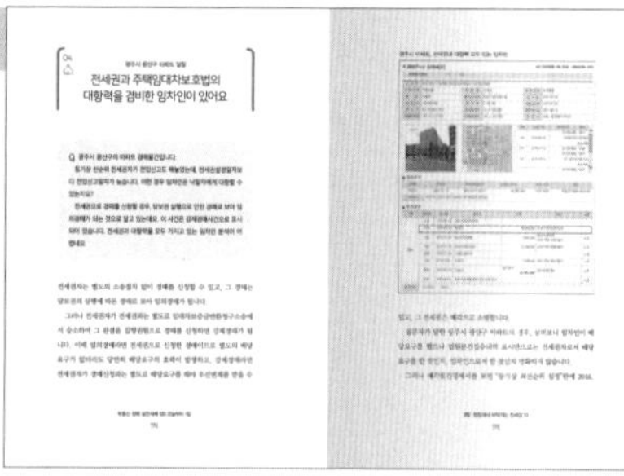

3 경매 내공 키우는 알짜정보가 가득!

초보자의 쉬운 질문부터 중급자의 질문까지, 하자 있는 물건 골라내기부터 낙찰 후 처리방법까지, 아파트부터 상가·토지·아파트형 공장까지, 임차권부터 까다로운 유치권/지상권까지……. 경매 내공을 키우는 알짜정보와 노하우를 만나보세요.

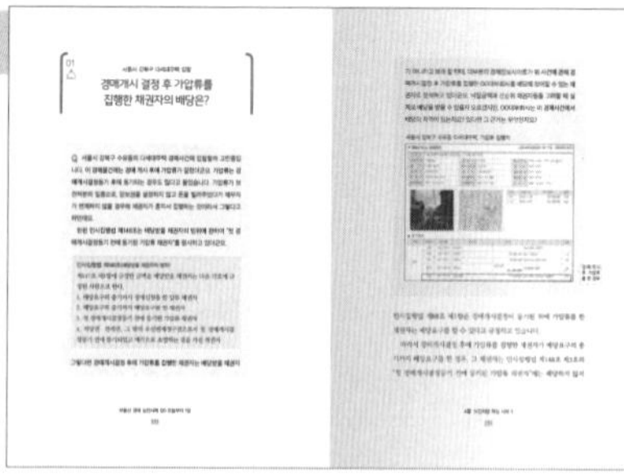

경매사건 10000건 분석, 1000건 진행,
특급 경매 전문가의 땀과 노하우를 만나보세요.

4 생생한 최신 판례 & 함정 피하기

경매 권리분석의 1인자인 김재범 저자가 탄탄한 법률지식과 경험, 생생한 최신 판례를 바탕으로 간과하기 쉬운 함정들을 콕콕 짚어줍니다. 필요한 경우 법원의 문건접수내역이나 등기부등본, 매각물건명세서, 부동산현황조사서, 토지이용계획확인원 등 실제 문건들을 풍부히 제시하며 꼼꼼하게 설명합니다.

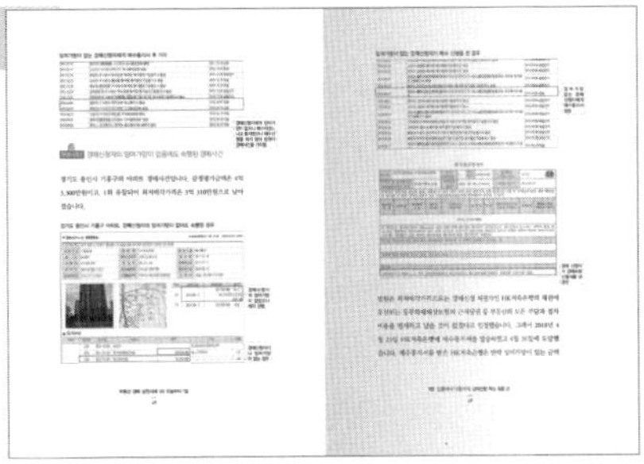

김샘의 경매 실전사례 유튜브 특강(총 10강, QR코드 수록)

이 책의 마지막 페이지에 강의 목록과 QR코드가 있습니다.
24년 경력, 특급 경매 전문가의 실전 노하우를 만나보세요.

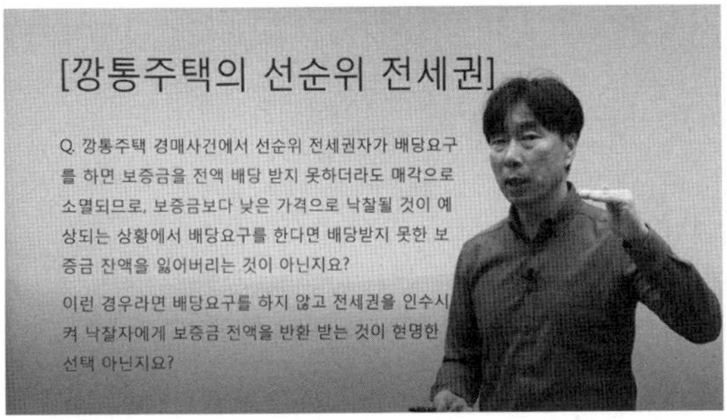

1강 임대차(23분)
2강 전세권(21분)
3강 전세권/법정지상권 1(21분)
4강 법정지상권 2(18분)
5강 법정지상권 3(19분)
6강 법정지상권 4(19분)
7강 지역권/유치권(22분)
8강 대지권과 토지별도등기(21분)
9강 인도명령과 점유이전금지가처분(17분)
10강 명도(29분)

차례

1장 | 입찰에서 낙찰까지, 경매진행 핵심 질문 21

2장 | 까다로운 임대차 사례 44

3장 | 현장에서 부닥치는 전세권 10

7장 | 놓치면 안 되는 법정지상권 사례 17

탁
탁 탁

부동산 경매 실전사례 120
오늘부터 1일

PART 1

입찰에서 낙찰까지, 경매진행 핵심 질문 21

01

경매로 부부 공동명의 아파트

낙찰 후 등기 명의자를 바꿀 수 있나요?

Q 부부 공동명의로 아파트를 낙찰받고 싶은데, 이런 경우 입찰 때부터 부부 공동명의로 입찰해야 하나요? 아니면 일단 남편 또는 제 명의로 경매물건에 입찰하여 낙찰을 받은 다음, 등기를 할 때 공동명의로 등기해도 되는 건지요?

입찰 후에 명의를 변경하는 것은 허용되지 않습니다. 경매를 통해 공동명의로 아파트를 취득하고 싶다면 공동으로 입찰해야 합니다.

만약 남편 명의로 입찰해서 낙찰받은 후 공동명의로 등기하고 싶다면, 일단 입찰자인 남편 명의로 등기를 한 후에 2분의 1 지분을 부인에게 매매나 증여의 방식으로 이전해야 합니다. 이 경우 당연히 취득세나 증여세와 같은 세금이 부과되기 때문에, 2분의 1 지분에 대해서는 취득세가 이중으로 발생할 수밖에 없습니다.

따라서 입찰 전에 누구의 명의로 취득할 것인지를 신중히 결정해 후회가 없도록 해야 합니다.

02

임야 입찰자의 질문

지목이 임야인데도 농지취득자격증명이 필요한가요?

Q 토지 경매물건을 알아보는 중입니다. 지목이 임야인 한 필지의 토지가 눈에 띄었는데요. 현황상 전, 도로, 유지•가 같이 있습니다.

그런데 매각물건명세서를 보니, 특별매각조건으로 '일부 농지취득자격증명 필요'라고 표시되어 있더군요. 지목이 임야인데, 농지취득자격증명이 필요한 경매사건은 처음 보는 것 같습니다.

농지취득자격증명은 지목이 전, 답, 과수원인 농지를 취득할 때만 필요한 것 아닌가요? 임야에 농지취득자격증명이 필요한 경우는 어떤 경우인지요?

농지법은 전, 답, 과수원을 농지로 규정하고 있습니다. 그런데 이는 공부•상에 표시된 지목만으로 판단하는 것이 아니라 현황도 고려합니다. 즉, 법적 지목이 농지가 아니라도, 실제로 농지로 사용되고 있는 토지는 농지법의 규정에 따른 농지로 봅니다.

[농지법 제2조]

1. "농지"란 다음 각 목의 어느 하나에 해당하는 토지를 말한다.

가. 전 · 답, 과수원, 그밖에 **<u>법적 지목(地目)을 불문하고</u>** 실제로 농작물 경작지 또는 다년생 식물 재배지로 이용되는 토지. 다만, 「초지법」에 따라 조성된 초지 등 대통령령으로 정하는 토지는 제외한다.

나. 가목의 토지의 개량시설과 가목의 토지에 설치하는 농축산물 생산시설로서 대통령령으로 정하는 시설의 부지

따라서 법적 지목이 임야라고 하더라도 사실상 농지로 사용되고 있다면, 경매절차에서 농지취득자격증명을 제출하라는 특별매각조건은 법률적으로 타당합니다. 또한 위 농지법 제2조의 규정에 '전부 또는 일부'에 관한 언급이 없으므로 토지의 일부만 농지로 사용되고 있더라도 이에 해당될 것입니다.

다만, 위와 같은 법률적 근거가 있음에도 대부분의 법원이 법적 지목만으로 농지인지를 판단합니다. 또한 농지취득자격증명의 발급기관인 지방자치단체도 특별한 사정이 있는 경우가 아니라면, 법적 지목이 농지가 아닌 토지에 대해서 농지취득자격증명을 문제삼는 일은 없는 것이 현실입니다.

사실 농지취득자격증명은 등기소에 소유권이전등기를 신청할 때 첨부하기 위해 발급받는 서류입니다. 그런데 위의 법률적 근거에 따라 지목상 농지가 아닌 토지에 대해서 농지취득자격증명을 요구하려면 등기소가 대한민국 모든 토지의 현황을 파악하고 있거나, 등기관이 소유권이전등기 신청이 있을 때마다 현장실사를 해야겠지요. 그러나 현행법상

등기관이 현장실사를 해야 하는 것은 구분소유권등기(가령 다가구주택을 다세대주택으로 구분소유권등기를 하는 경우)뿐입니다.

결국, 현실적으로 법적 지목이 농지가 아닌 토지에 대해서 농지취득자격증명을 요구하는 것은 무리가 있고, 현황이 파악된 토지에 대해서만 농지취득자격증명을 요구하는 것은 형평성에서 문제가 있을 것입니다.

이 경우는 감정평가서나 집행관의 현황조사서에서 "일부가 농지로 사용되고 있다"라는 문구를 보고, 법원의 경매계에서 위 법리에 입각하여 농지취득자격증명의 제출을 특별매각조건으로 정한 것으로 보입니다. 따라서 경매계에 문의하여 이 특별매각조건에 변경은 없는지 확인하고, 낙찰받을 경우 농지취득자격증명을 발급해줄 수 있는지 지자체에도 확인한 후 입찰을 결정하는 것이 좋습니다.

중요한 것은 농지취득자격증명을 제출해야 한다는 특별매각조건이 변하지 않는 한, 그 법률적 타당성을 따지는 것은 무의미한 일이라는 것입니다. 농지취득자격증명은 반드시 제출해야 하고, 만약 제출하지 못할 경우 매각이 불허되고 입찰보증금은 돌려받을 수 없습니다.

- **유지**(遺址) 역사적 건축물, 싸움터 등 역사적 사건이 일어나 역사적 자취가 남아 있는 자리. 유적지로 생각하면 된다.
- **공부**(公簿) 관청이나 관공서에서 법규에 따라 작성 · 비치하는 장부.

03

아버지의 대리인으로 서울시 상가건물 입찰

대리입찰 시 본인 인감증명서는 언제까지?

Q 내일 지방에 계신 아버지 명의로 서울의 상가건물 경매에 입찰하려 합니다. 그런데 지난 주말 아버지께 위임장을 받았으나 인감증명서를 받아 오지 않았습니다. 야간에는 인감증명서를 발급받을 수 없고, 내일 아침 주민센터가 업무를 시작하는 즉시 인감증명서를 발급받아 서울로 올라오더라도 입찰 마감시간 전에 도착할 수 있을지 의문입니다.

민사집행 규칙은 "입찰자의 대리인은 대리권을 증명하는 문서를 집행관에게 제출하여야 한다(제62조 제4항)"라고 규정하고 있습니다. 이때 대리인은 진정성립•이 증명되는 위임장을 제출하는 방법으로 대리권을 증명할 수 있습니다.

대리인이 집행관에게 제출하는 위임장은 사문서로서, 그 위임장의 진정성립을 증명하기 위해서는 반드시 인감도장이 날인되어야 하고, 그 도장이 인감도장이라는 것을 입증할 수 있는 인감증명서가 첨부되어야 합니다.

그러나 인감증명서가 첨부되어 있지 않거나, 위임장과 인감증명서의 인영•이 다른 경우라 해도, 최고가매수신고인이 결정되기 전까지 인감증명서를 제출하거나 그 밖에 이에 준하는 확실한 방법으로 위임장의 진정성립을 증명하면 유효한 입찰로 처리할 수 있습니다.

그러므로 집행관은 입찰자의 대리인이 제출한 위임장에 인감증명서가 첨부되지 않았다면 최고가매수신고인 결정 전에 그 입찰자 또는 대리인에게 위임장의 진정성립을 증명할 기회를 부여해야 합니다.(대법원 2008. 5. 30. 자 2008그45 결정 [집행에관한이의] 참고)

따라서 내일 아침 입찰 마감시간 전에 법원에 인감증명서가 도착하지 않는다면 인감증명서 첨부 없이 우선 입찰표를 제출하고, 해당 경매사건의 최고가매수신고인을 결정하기 전에 인감증명서를 첨부하면 됩니다.

단, 위임장은 반드시 입찰봉투에 동봉하여 제출해야 합니다. 인감증명서는 위임장의 진정성립을 증명하는 서류에 불과한 것이라서 최고가매수신고인을 결정하기 전에만 제출하면 되지만, 위임장 자체는 개찰 시점에 보완할 수 있는 것이 아니기 때문입니다.

- **진정성립**(眞正成立) 문서의 작성과 내용이 명의자의 의사대로 이루어져 진정성이 인정됨을 이르는 말.
- **인영**(印影) 도장을 찍은 흔적.

04

낙찰에 3번 실패한 초보자의 질문

최고가 입찰자가 2명 이상이면?

Q 경매를 시작한 지 얼마 안 된 초보자입니다. 경매물건을 열심히 알아보면서 그동안 3차례 입찰에 참여했으나, 요즘 경매 입찰에 참여하는 분들이 워낙 많아 그런지 아직 낙찰에 성공하지는 못했습니다.

내일 정말 마음에 드는 경매물건의 입찰에 참여할 예정인데요. 만일 2명 이상이 동일한 가격으로 입찰하는 경우가 생긴다면 어떻게 처리되는지요? 이를테면 다음과 같은 경우에 어떻게 되나요?

1. 최고가 매수신고가격이 동일한 경우
2. 차순위 매수신고가격이 동일한 경우
3. 2명 이상의 공유자가 동시에 우선 매수신고를 한 경우

최고의 가격으로 입찰한 사람이 2명 이상일 경우에는 그 입찰자들만을 상대로 추가입찰을 실시합니다.

추가입찰의 경우는 이번 매각절차의 최저매각가격이 아닌 종전 입찰가격 이상의 금액으로 입찰해야 합니다. 추가입찰의 자격이 있는 사람 모두가 추가입찰에 응하지 않거나, 또는 종전 입찰가격보다 낮은 가격으로 입찰했을 때는 그들 중에서 추첨에 의해 최고가매수신고인을 정

합니다.

추가입찰 결과 2명 이상이 다시 최고의(동일한) 가격으로 입찰한 경우에는 그들 중에서 추첨에 의하여 최고가매수신고인을 정합니다.[부동산 등에 대한 경매절차 처리지침(재민 2004-3) 제34조 제1항, 제3항]

최고가 매수신고액에서 매수신청 보증금을 뺀 금액을 넘는 금액으로 매수신고를 한 사람은 최고가매수신고인이 대금 지급기한까지 그 의무를 이행하지 않으면, 자기의 매수신고에 대하여 매각을 허가해 달라는 취지의 차순위 매수신고를 할 수 있습니다.

그런데 차순위 매수신고를 한 사람이 2명 이상인 경우에는 매수신고 가격이 높은 사람을 차순위매수신고인으로 정하고, 신고한 매수가격이 같을 때에는 추첨으로 차순위매수신고인을 정합니다.[부동산 등에 대한 경매절차 처리지침(재민 2004-3) 제34조 제4항]

지분 매각사건의 경우, 공유자는 매각기일까지(해당 사건의 매각절차가 종료될 때까지) 입찰보증금을 제공하고, 최고가 매수신고 가격과 같은 가격으로 채무자의 지분을 우선매수하겠다고 신고할 수 있습니다. 이 경우 법원은 최고가 매수신고가 있더라도 그 공유자에게 매각을 허가해야 합니다. 그런데 여러 사람의 공유자가 우선매수하겠다고 신고했을 때에는 그 공유자들끼리 협의하여 매수할 지분을 정할 수 있습니다. 그러나 만약 공유자 사이에 협의가 없으면 각 공유자가 자기 지분의 비율에 따라 채무자의 지분을 매수합니다.(민사집행법 제140조 제1항 내지 제3항)

05

지방 빌라 낙찰자의 질문

최고가매수신고인은 사건기록 열람 가능한가요?

Q ○○시 ○○구의 한 빌라를 낙찰받았습니다. 그런데 다음 날 법원에 서류열람을 신청했더니, 경매계장이 개인정보라 보여줄 수 없다고 합니다. 그래서 매각허가결정이 난 후에 다시 신청해보았지만, 여전히 같은 말을 하며 아직까지 서류열람을 허용하지 않고 있습니다. 옆에서 지켜보던 다른 경매계장들에게 최고가매수신고인은 사건기록을 열람할 자격이 없는 것이냐고 물었더니, 경매계장마다 다르다며 정확한 답변을 회피합니다.

최고가매수신고인의 사건기록 열람이 경매계장의 성향에 좌우되는 것인지요? 경매사건의 이해관계인은 사건기록을 열람할 수 있는 것으로 알고 있는데, 최고가매수신고인은 이해관계인이 아닌지요?

민사집행법 제9조는 "집행관은 이해관계가 있는 사람이 신청하면 집행기록을 볼 수 있도록 허가하고, 기록에 있는 서류의 등본을 교부하여야 한다"라고 규정되어 있습니다. 즉, 그 경매사건의 이해관계인에게만 사건기록에 대한 열람을 허용하고 있습니다.

그렇다면 최고가매수신고인이 이 사건의 이해관계인인지가 관건이겠지요. 우선 경매절차에서 이해관계인을 규정하고 있는 민사집행법 제90조를 볼까요?

민사집행법 제90조(경매절차의 이해관계인)
경매절차의 이해관계인은 다음 각호의 사람으로 한다.
1. 압류 채권자와 집행력 있는 정본에 의하여 배당을 요구한 채권자
2. 채무자 및 소유자
3. 등기부에 기입된 부동산 위의 권리자
4. 부동산 위의 권리자로서 그 권리를 증명한 사람

민사집행법 제90조로 보면, 경매사건의 이해관계인에 최고가매수신고인을 명시하고 있지 않습니다.

그런데 「부동산 등에 대한 경매절차 처리지침」 제53조 제1항은 경매기록에 대한 열람 · 복사를 신청할 수 있는 이해관계인의 범위를 위 민사집행법의 규정보다 넓게 규정하고 있습니다.

부동산 등에 대한 경매절차 처리지침 제53조(경매기록의 열람·복사)
① 경매절차상의 이해관계인(민사집행법 제90조, 제268조) 외의 사람으로서 경매기록에 대한 **열람·복사를 신청할 수 있는 이해관계인의 범위**는 다음과 같다.
1. 파산관재인이 집행 당사자가 된 경우의 파산자인 채무자와 소유자
2. **최고가매수신고인과 차순위매수신고인, 매수인, 자기가 적법한 최고가매수신고인 또는 차순위매수신고인임을 주장하는 사람으로서 매수신고 시 제공한 보증을 찾아가지 아니한 매수신고인**
3. 민법 · 상법, 그 밖의 법률에 의하여 우선변제청구권이 있는 배당요구 채권자
4. 대항요건을 구비하지 못한 임차인으로서 현황조사보고서에 표시되어 있는 사람
5. 건물을 매각하는 경우의 그 대지 소유자, 대지를 매각하는 경우의 그 지상 건물 소유자
6. 가압류 채권자, 가처분채권자(점유이전금지가처분 채권자를 포함한다)

7. 「부도공공건설임대주택 임차인 보호를 위한 특별법」의 규정에 의하여 부도임대주택의 임차인 대표회의 또는 임차인 등으로부터 부도임대주택의 매입을 요청받은 주택매입사업 시행자
② 경매기록에 대한 열람 · 복사를 신청하는 사람은 제1항 각호에 규정된 이해관계인에 해당된다는 사실을 소명하여야 한다. 다만, 이해관계인에 해당한다는 사실이 기록상 분명한 때에는 그러하지 아니하다.
③ 경매기록에 대한 복사청구를 하는 때에는 경매기록 전체에 대한 복사청구를 하여서는 아니되고 경매기록 중 복사할 부분을 특정하여야 한다.

즉, 「부동산 등에 대한 경매절차 처리지침」은 최고가매수신고인뿐만 아니라 차순위매수신고인, 심지어는 최고가(차순위)매수신고인이라고 주장하는 사람까지 사건기록을 열람할 수 있다고 규정하고 있습니다. 따라서 위 규정으로 보면, 최고가매수신고인은 당연히 사건기록을 열람할 자격이 있다고 봐야 합니다.

06

서울시 강북구 다세대주택 입찰

매각기일 전에 매각물건명세서 내용이 바뀌기도 하나요?

Q 서울시 강북구 수유동의 다세대주택에 입찰할 생각입니다. 지난주에 매각물건명세서 등을 분석하고 현장조사까지 했습니다. 입찰일이 다음주인데 오늘 매각물건명세서를 다시 들여다보다가 갑자기 궁금해졌습니다. 부동산 경매에서는 매각물건명세서를 보고 권리분석을 하여 입찰가격을 결정하기 때문에, 매각물건명세서의 기재내용이 매우 중요하다고 알고 있는데요. 만약 이 기재내용이 바뀐다면, 그런 사정을 알지 못한 입찰자는 큰 곤란을 겪을 수도 있겠지요.

일단 공고된 매각물건명세서의 기재내용이 입찰 전에 변경될 수도 있나요?

법원은 매각물건명세서 · 현황조사보고서 및 감정평가서의 사본을 일괄 철하여 매각기일(기간입찰의 경우 입찰기간 개시일) 일주일 전까지 사건별 · 기일별로 구분한 후 집행과 사무실 등에 비치하여 매수 희망자가 손쉽게 열람할 수 있게 합니다.(부동산 등에 대한 경매절차 처리지침 제8조 제4항)

이처럼 매각물건명세서의 사본을 비치한 이후에 그 기재내용을 정정 · 변경하는 경우에 판사(사법보좌관)는 정정 · 변경된 부분에 날인하고, 비고란에 "20○○.○.○. 정정 · 변경"이라고 적습니다. 또는 권리관계의 변동이 발생하여 매각물건명세서를 재작성하는 경우에는 기존의 매각물건명세서에 "20○○.○.○. 변경 전", 재작성된 매각물건명세서에 "20○○.○.○. 변경 후"라고 적습니다.

우리가 인터넷 경매정보 사이트에서 보는 매각물건명세서는 전자화된 매각물건명세서입니다. 이를 새로 작성하는 경우는 비고란에 정정 · 변경된 내용을 기재하고, "20○○.○.○. 정정 · 변경"이라고 적고 날인은 사법 전자서명으로 합니다.

그런데 매각물건명세서 사본이 비치된 후에 임차인이 추가되거나 유치권신고가 있는 등 정정 · 변경 사항이 매수신청에 영향을 미칠 만큼 큰 경우도 있겠지요. 이럴 때는 아예 매각기일을 변경하여 다시 공고한 후 매각절차를 진행해야 합니다.

또한 매각물건명세서의 사본을 비치하기 전에 정정 · 변경이 이루어져 당초 통지 · 공고된 매각기일에 그대로 매각을 실시하는 경우라면, 집행관이 매각기일에 매각을 실시하기 전에 그 정정 · 변경된 내용을 고지합니다.[부동산 등에 대한 경매절차 처리지침(재민 2004-3) 제9조 제1항 내지 제3항]

위 규정만으로 본다면 권리분석에 영향을 미칠 수 있는 내용이 변경되는 경우 매각기일이 연기되므로, 입찰자가 변경된 내용을 모른 채 입찰하는 일은 없을 것이라고 할 수 있습니다.

하지만 규정만을 신뢰하고 입찰하는 것은 바람직하지 않습니다. 매각기일에 입찰표를 제출하기 전에는 반드시 다시 매각물건명세서를 확인해보는 것이 좋습니다.

07

경기도 남양주시 상가 낙찰가

착오로 터무니없이 높게 쓴 입찰가, 매각불허가 사유가 되나요?

Q 경매사건을 검색하던 중 좀 특이한 경우를 보았습니다. 경기도 남양주시 한 상가건물의 감정평가금액이 2억 9,984만 3,950원인데, 1차에 13명이 입찰하여 32억 8천만원으로 낙찰되었습니다. 감정평가금액 대비 무려 10배가 넘는 금액입니다. 아마도 낙찰자가 착오로 숫자 '0'을 하나 더 기재한 것이 아닌가 싶습니다.

이처럼 착오로 본래 기재하려고 한 입찰가격보다 현저히 높은 가격으로 입찰한 경우, 법원에 매각불허가를 신청하면 받아들여질 여지가 있는지요?

경기도 남양주시 상가, 의아한 낙찰가

⬆ 2017타경 71655 의정부지방법원 12계 전화 : (031)828-0364

소 재 지	경기 남양주시 진접읍 팔야리				
경 매 구 분	기일입찰	채 권 자	이	매 각 기 일	매각물건
용 도	상가(점포)	채무/소유자	오 /심	접 수 일	2017-02-22
감 정 가	299,843,950	청 구 액	130,000,000	경매개시일	2017-02-22
최 저 가	299,843,950 (100%)	토지총면적	592 m² (179.08평)	배당종기일	2017-05-15
입찰보증금	10% (29,984,395)	건물총면적	121 m² (36.5평)	조 회 수	금일1 공고후25 누적70

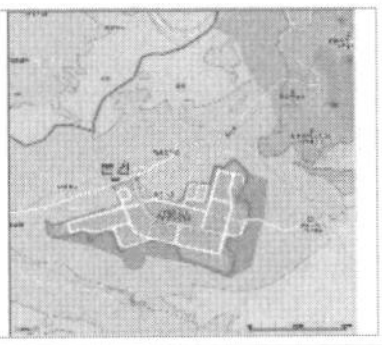

구분	입찰기일	매각금액	결과
1차	2018-10-24	299,843,950	매각
		3,280,000,000 (1093.9%) (입찰 13명)	
	2018-01-17	299,843,950	변경
	2017-12-13	299,843,950	변경
	2017-11-15	299,843,950	변경

감정평가액보다 현저히 높은 1차 입찰의 낙찰가

결론부터 말하면, 입찰자가 착오로 자신이 본래 기재하려고 한 입찰가격보다 높은 가격을 기재한 것은 매각불허가의 사유가 될 수 없습니다.

현장사례 경기도 수원시 아파트, 입찰가에 0을 하나 더 쓴 경우

실제로 수원의 한 아파트 경매사건(수원지방법원 2008타경1032 부동산 임의경매)에서 이와 같은 사례가 있었습니다.

아파트의 감정평가금액이 9억 5천만원이었는데 3회 유찰되어 최저매각가격이 4억 8,640만원으로 차감됐고, 4번째 매각기일에 총 15명이 입찰하여 53억 2,800만원으로 낙찰됐습니다. 나머지 입찰자들의 입찰가격으로 볼 때, 착오로 숫자 0을 하나 더 기재한 것이 명백했고, 최고가매수신고인이 입찰가격에 중대한 오기를 한 것으로 보인다는 이유로 매각을 불허한 사법보좌관의 결정을 제1심 법원이 인가하였습니다.

소유자의 항고, 어떻게 되었을까?

이에 이 아파트의 소유자는 불허가결정에 항고했고, 제2심법원은 항고를 기각했습니다. 그 이유를 볼까요?

"민사집행법 제123조 제1항은 '법원은 이의신청이 정당하다고 인정한 때에는 매각을 허가하지 아니한다'고 규정하고 있는바, 이 사건 아파트의 감정평가액이 9억 5천만원인 점, 이 사건 경매절차에서 제3회 매각기일에 이르기까지 입찰자가 없어 최저매각가격이 점차 감액되었고, 소외•1의 최고가 매수신고 당시 이 사건 아파트의 최저매각가격은 4억 8,640만원이었던 점, 소외1의 최고가 매수신고 당시 차순위 매수신고액은 6억 889만 9,000원에 불과했던 점, 소외1은 자신이 최고가매수신고인으로 밝혀진 직후 입찰가격의 기재에 중대한 오기가 있었다는 이유로 매각불허가신청을 하였던 점 등의 제반 사정을 종합하면, 이 사건 매각불허가결정은 정당하다고 할 것이다."(수원지방법원 2009. 12. 14. 자 2009라166 결정 [부동산임의경매])

그러나 소유자는 이에 불복하여 다시 재항고를 했고, 결국 승소했습니다. 대법원은 다음과 같이 판시했습니다.

"민사집행법에 의한 부동산 경매절차에서는 민사집행법 제121조 각 호 및 제124조 제1항에 규정된 사유가 아닌 이상 매각을 불허할 수 없고, 최고가매수신고인이 착오로 자신이 본래 기재하려고 한 입찰가격보다 높은 가격을 기재하였다는 사유는 민사집행법 제121조 각호 및 제124조 제1항의 어디에도 해당한다고 볼 수 없으므로, 결국 그러한 사유로는 매각을 불허할 수 없다고 할 것이다."(대법원 2010. 2. 16. 자 2009마2252 결정 [부동산임의경매])

민사집행법 제121조(매각허가에 대한 이의신청 사유)

매각허가에 관한 이의는 다음 각호 가운데 어느 하나에 해당하는 이유가 있어야 신청할 수 있다.

1. 강제집행을 허가할 수 없거나 집행을 계속 진행할 수 없을 때
2. 최고가매수신고인이 부동산을 매수할 능력이나 자격이 없는 때
3. 부동산을 매수할 자격이 없는 사람이 최고가매수신고인을 내세워 매수신고를 한 때
4. 최고가매수신고인, 그 대리인 또는 최고가매수신고인을 내세워 매수신고를 한 사람이 제108조 각호 가운데 어느 하나에 해당되는 때
5. 최저매각가격의 결정, 일괄매각의 결정 또는 매각물건명세서의 작성에 중

대한 흠이 있는 때
6. 천재지변, 그 밖에 자기가 책임을 질 수 없는 사유로 부동산이 현저하게 훼손된 사실 또는 부동산에 관한 중대한 권리관계가 변동된 사실이 경매절차의 진행 중에 밝혀진 때
7. 경매절차에 그 밖의 중대한 잘못이 있는 때

제124조(과잉매각되는 경우의 매각불허가)
① 여러 개의 부동산을 매각하는 경우에 한 개의 부동산의 매각대금으로 모든 채권자의 채권액과 강제집행 비용을 변제하기에 충분하면 다른 부동산의 매각을 허가하지 아니한다. 다만, 제101조 제3항 단서에 따른 일괄매각의 경우에는 그러하지 아니하다.
② 제1항 본문의 경우에 채무자는 그 부동산 가운데 매각할 것을 지정할 수 있다.

• **소외** 사건의 소송에서 당사자인 원고와 피고가 아닌 제3자를 말한다. 36쪽 사건의 '소외1'은 착오로 숫자 0을 하나 더 기재한 최고가매수신고인이다.

08

경기도 고양시 지식산업센터 입찰

경매물건의 임금채권과 체납세액 확인 방법은?

Q 경기도 고양시에 있는 지식산업센터(아파트형 공장)에서 전용면적 132m²의 물건이 경매로 나왔는데요. 현장조사를 해보니 그 회사가 많이 어려웠던 모양입니다.

경매사건에서 체불임금과 재산세, 종부세 등 체납세액은 근저당권이나 확정일자부 임차보증금보다 선순위로 배당받는 것으로 알고 있는데, 혹시 그런 경우일까 걱정됩니다. 그렇다면 이 경매사건과 연관된 임금채권과 체납세액이 있는지, 얼마인지는 어떻게 확인할 수 있나요?

부동산에 관한 경매가 개시되면, 법원은 이해관계인에게 권리를 신고하도록 합니다. 이때 부동산 소유자의 체불임금이나 체납세금이 있다면 피고용인과 국가 또는 지방자치단체는 그 금액을 신고합니다. 심지어 (가)압류를 집행하지 않았다고 하더라도 선순위로 배당받을 수 있는 것이 체불임금과 체납세금입니다. 그런데 이 금액은 등기사항전부증명서(등기부등본)나 매각물건명세서에 표시되지 않습니다.

이처럼 임금채권과 체납세금은 권리분석에서 중요한 요소이지만 법원이 그 금액을 공개하지 않기 때문에, 별도로 사건기록을 열람해야 알 수 있습니다. 문제는 경매사건의 이해관계인이 아니면 사건기록을 열람할 수 있는 자격이 없다는 것입니다.

따라서 일반 입찰자의 입장에서 입찰 전에 임금채권과 체납세금의 금액을 알 수 있는 방법은 없습니다. 다만 최고가매수신고인(낙찰자)은 사건기록을 열람할 수 있는 자격이 있으므로 만약 임금채권과 체납세금의 액수에 따라 낙찰자에게 부담이 될 수 있는 경매물건을 낙찰받았다면, 낙찰 후 매각허가에 대한 결정이 있기 전에 반드시 사건기록을 열람해 그 위험을 계산해봐야 합니다.

부동산의 가액 등에 비추어 임금채권과 체납세액이 예상 범위를 넘어 현저히 크고, 그로 인해 낙찰자가 인수해야 하는 부담이 증가한 경우라면 매각불허가신청을 했을 때 받아들여질 가능성도 높습니다.

09

서울시 근교 토지 경매사건

물건번호 1과 2로 나눠 매각하는 이유는?

Q 서울시 근교의 토지를 경매로 취득하려고 경매물건들을 계속 살펴봐 왔습니다. 그러다 마침 마음에 드는 경매물건이 나왔는데, 이 물건은 분명히 김○○라는 한 명의 근저당권자가 대지 A와 바로 옆 필지의 전 B를 공동으로 담보로 잡았다가 경매에 나온 물건입니다. 그런데 A, B가 하나의 물건으로 경매에 나온 것이 아니라 A는 물건번호 1, B는 물건번호 2로 각각 나왔습니다.

서로 붙어 있는 필지는 보통 하나로 묶어 경매에 나오는 것 아닌지요? 2개의 물건으로 나누어 매각하는 이유가 뭔가요?

부동산을 매각하는 방법에는 개별매각과 일괄매각이 있습니다.

2개 이상의 부동산이 하나의 채권에 공동으로 담보로 제공된 경우, 그 채권으로 인해 경매가 개시되면 담보로 제공된 모든 부동산이 매각 목적물이 됩니다. 이때 각각의 부동산에 물건번호를 달리 정해 따로따로 매각하면 '개별매각'이고, 묶어서 함께 매각한다면 '일괄매각'이 됩니다.

개별매각을 할 것인지, 일괄매각을 할 것인지는 법원이 결정합니다. 그리고 그 결정에도 법률이 정해놓은 기준이 있습니다.

민사집행법 제98조(일괄매각결정)

① 법원은 여러 개의 부동산의 **위치 · 형태 · 이용관계 등을 고려하여 이를 일괄매수하게 하는 것이 알맞다고 인정하는 경우**에는 직권으로 또는 이해관계인의 신청에 따라 일괄매각하도록 결정할 수 있다.

② 법원은 부동산을 매각할 경우에 그 위치 · 형태 · 이용관계 등을 고려하여 다른 종류의 재산(금전채권을 제외한다)을 그 부동산과 함께 일괄매수하게 하는 것이 알맞다고 인정하는 때에는 직권으로, 또는 이해관계인의 신청에 따라 일괄매각하도록 결정할 수 있다.

③ 제1항 및 제2항의 결정은 그 목적물에 대한 매각기일 이전까지 할 수 있다.

우리 민사집행법은 개별매각을 원칙으로 하고, 일괄매각이 알맞다고 인정하는 경우에는 일괄매각을 결정할 수 있도록 규정하고 있습니다.

이때 '알맞다'는 표현이 다소 모호할 수 있지요. 하지만 실무적으로 일괄매각을 결정하는 이유는, 대부분 개별매각을 했을 때 부동산의 객관적인 가치가 현저히 낮아질 위험이 있는 경우입니다. 즉, 토지 A와 B가 물리적으로 잇닿아 있다는 것만으로 일괄매각을 결정하는 것이 아닙니다. 각각의 진입도로가 확보되어 있고, 형태와 면적 등을 고려할 때 서로 소유자가 달라지더라도 객관적 가치가 떨어지지 않는다고 판단되면 일괄매각으로 결정할 이유가 없지요.

개별매각이 원칙이고, 일괄매각이 선택입니다. 개별매각에는 이유가 필요없지만, 일괄매각에는 민사집행법 제98조가 정한 이유가 있어야 하는 것입니다.

10

서울시 강서구 단독주택 입찰

경매와 공매가 동시 진행될 경우 입찰해도 안전할까요?

Q 서울시 강서구 등촌동의 단독주택 경매물건입니다. '공매 진행 중 사건'이라고 되어 있는데요. 이처럼 경매와 공매가 같이 진행될 경우, 입찰자가 나중에 손해보는 경우는 없는지요? 잔금을 먼저 납부하면 된다는 이야기를 들었는데, 맞는 말인지도 궁금합니다.

법원에서 진행하는 경매는 민사집행법에서 그 절차를 규정하고 있고, 세금 체납으로 인한 공매는 자산관리공사에서 진행하는데 그 절차를 국세징수법에서 규정하고 있습니다.

경매와 공매는 이처럼 절차를 규정하고 있는 법률이 다르다 보니, 민사 채권에 의한 매각은 공매로 할 수 없고, 세금 체납에 의한 매각은 경매로 할 수 없지요. 또한 경매가 개시되었다는 사정이 공매 개시에 영향을 줄 수도 없으며, 그 반대의 경우도 마찬가지입니다.

만약 경매와 공매가 모두 개시된다면 두 매각절차가 함께 진행되는데, 그렇다고 동일한 부동산을 두 번 매각할 수는 없겠지요. 따라서 법원과 자산관리공사가 협의하여 경매 또는 공매 중 하나로 매각을 진행하고,

관련법이 다른 두 절차를 병합할 수는 없으니 나머지 절차는 정지시킵니다.

이렇게 매각이 진행되는 경우 입찰자가 별도로 주의해야 할 것은 없습니다. 경매와 공매가 모두 개시되었다는 사정은 경매의 매각물건명세서나 공매재산명세서에 표시된 별도의 매각조건이 없는 한, 권리분석에 영향을 미치지 않으니까요.

요즘은 그런 경우가 거의 없지만, 예전에는 전산 시스템이 지금만큼 발전하지 않았기 때문에, 법원과 자산관리공사가 서로 공매 또는 경매가 개시되었다는 사실을 알지 못하고, 각각 매각을 진행하는 일이 있었습니다.

이렇게 이중으로 매각이 진행된 경우에는 두 낙찰자 중 먼저 잔금을 납부하는 사람이 적법하게 소유권을 취득합니다. 부동산에 관한 법률행위로 인한 물권의 득실변경(소유권 취득)은 등기로 효력이 발생하지만(민법 제186조), 경매 기타 법률의 규정에 의한 물권 취득은 효력발생의 요건이 등기가 아니기 때문입니다(민법 제187조). 그래서 두 낙찰자 중 잔금을 먼저 지급하는 사람이 소유권을 취득하게 됩니다. 물론 소유권을 취득하지 못한 나머지 낙찰자는 보증금을 돌려받으니 적어도 금전적으로 손해를 보지는 않습니다.

11

주거용 경매물건 입찰

잉여가망이 없는 경매사건, 입찰을 포기해야 하나요?

Q 아파트 등 주거용 경매물건에 입찰할 생각으로 경매공부를 시작한 지 이제 막 한 달이 되었습니다. 그런데 경매신청 채권자에게 배당이 되지 않는 경우, 잉여가망이 없다고 해서 경매가 취하된다고 하더군요. 즉, 선순위 권리자들이 배당을 받고 나면, 경매신청 채권자에게 돌아갈 배당재원이 없는 경우인데요. 그렇다면 입찰자는 입찰을 하기에 앞서 자신이 입찰할 금액으로 배당을 예측하여 잉여가망이 있는 경우에만 입찰해야 하는 건가요?

'잉여가망'이란 경매 신청인에게 배당이 얼마라도 돌아갈 수 있는 가능성을 말하며, 배당을 전혀 못 받는 경우를 '무잉여'라고 합니다. 사실 경매 신청인이 경매 후에 한 푼도 받지 못한다면 경매를 하는 의미가 없겠지요. 그래서 잉여가망이 없는 경매사건은 취소됩니다. 다만, 잉여가망은 낙찰 후에 낙찰금액으로 판단하는 것이 아닙니다.

법원이 잉여가망이 없는 경매를 취소시키는 절차를 살펴보죠.

1. 법원은 매각절차를 진행하기 전에 당해 매각절차의 최저매각가격(낙찰가격이 아닙니다)으로 배당표를 미리 작성해봅니다.

2. 그 결과 경매신청 채권자에게 1원도 배당이 되지 않을 것이라고 판단되면

3. 법원은 경매신청 채권자에게 매수통지서를 발송하여 스스로 잉여가망이 있는(즉, 스스로 단돈 1원이라도 배당을 받을 수 있는) 금액으로 매수할 것인지를 묻습니다.

4. 그 매수통지서를 받은 채권자가 일주일 이내에 매수신청을 하면, 당해차 최저매각가격과 매수신청금액의 차액을 보증금으로 제공하도록 하고 그 취지를 매각물건명세서에 기재한 후 경매절차를 속행하고,

5. 채권자가 매수신청을 하지 않으면 법원은 경매절차를 취소합니다. 즉, 매각절차를 진행하지 않습니다.

민사집행법 제102조(남을 가망이 없을 경우의 경매 취소)

① 법원은 최저매각가격으로 압류 채권자의 채권에 우선하는 부동산의 모든 부담과 절차비용을 변제하면 남을 것이 없겠다고 인정한 때에는 **압류 채권자에게 이를 통지**하여야 한다.

② 압류 채권자가 제1항의 통지를 받은 날부터 1주 이내에 제1항의 부담과 비용을 변제하고 남을 만한 가격을 정하여 그 가격에 맞는 매수신고가 없을 때에는 **자기가 그 가격으로 매수하겠다고 신청하면서 충분한 보증을 제공하지 아니하면, 법원은 경매절차를 취소**하여야 한다.

③ 제2항의 취소 결정에 대하여는 즉시항고를 할 수 있다.

결국 위의 절차로 볼 때 법원이 경매신청 채권자에게 매수통지서를 발송하지 않고 매각절차를 진행한다면, 설령 최저매각가격으로 낙찰되더라도 잉여가망이 있는 것입니다. 잉여가망이 있기 때문에 법원이 취소절차를 개시하지 않고 매각을 진행하는 것입니다.

그럼, 이제 법원이 경매신청 채권자에게 매수통지서를 발송한 사례 2건을 보겠습니다.

현장사례1 경매 신청자의 잉여가망이 없어 취소된 경매사건

다음은 우리은행의 근저당권으로 개시된 경매사건이며, 우리은행보다 선순위로 양돈축협의 근저당권이 있습니다. 감정평가금액은 5억 6천만 원이었지만, 3번 유찰된 현재의 최저매각가격은 2억 8,672만원입니다.

법원은 경매사건이 최저매각가격으로 매각될 경우, 경매신청 채권자인 우리은행의 채권에 우선하는 부동산의 모든 부담과 절차비용을 변제하면 남을 것이 없겠다고 판단했고, 민사집행법 제102조의 규정에 따라 2016년 4월 6일 우리은행에게 매수통지서를 발송해 다음 날인 4월 7일에 도달했습니다. 그러나 매수통지서를 받은 우리은행은 일주일 내에 법원에 매수신청을 하지 않았고, 법원은 결국 4월 15일 이 사건에 대해 기각을 결정했습니다.

서울시 강서구 방화동 아파트, 경매신청자의 잉여가망이 없어 취소된 경우

2015타경 13574 서울남부지방법원 8계 전화 : (02)2192-1338

소재지	서울 강서구 방화동				
경매구분	기일입찰	채권자	우리은행	매각기일	기각물건
용도	다세대(빌라)	채무/소유자	산업/(주)에	접수일	2015-07-27
감정가	560,000,000	청구액	26,497,191	경매개시일	2015-07-28
최저가	286,720,000 (51%)	토지총면적	73 ㎡ (21.96평)	배당종기일	2015-09-30
입찰보증금	10% (28,672,000)	건물총면적	77 ㎡ (23.34평)	조회수	금일1 공고후49 누적49

구분	입찰기일	매각금액	결과
	2016-05-10	286,720,000	기각
3차	2016-04-05	358,400,000	유찰
2차	2016-03-02	448,000,000	유찰
1차	2016-01-19	560,000,000	유찰

3회 유찰로 최저매각가격이 너무 떨어져 경매신청자가 남는 게 없어질 가능성이 많아 경매가 기각되었습니다.

등기권리

구분	권리명	접수일	권리자	금액	기타	소멸
집합	근저	2014-09-24	서울경기양돈축협	416,400,000	말소기준권리	소멸
	근저	2015-02-10	우리은행 이수역	30,000,000		소멸
	소유	2015-06-30	(주)에		전소유자:김	
	임의	2015-07-28	우리은행 여신관리부	청구금액: 26,497,191	2015타경13574	소멸

경매신청자, 경매 후 돈을 받기 힘듦.

잉여가망이 없는 경매신청자에게 매수통지서 후 기각

2015.12.14	채무자1 [redacted] 주식회사 개시결정정본 발송	2015.12.29 도달
2015.12.14	소유자1 주식회사[redacted] 개시결정정본 발송	2015.12.29 도달
2015.12.28	채권자 주식회사 우리은행 매각및 매각결정기일통지서 발송	2015.12.29 송달간주
2015.12.28	소유자 주식회사 [redacted] 매각및 매각결정기일통지서 발송	2015.12.30 도달
2015.12.28	채무자 [redacted] 주식회사 매각및 매각결정기일통지서 발송	2015.12.30 도달
2015.12.28	근저당권자 주식회사 우리은행 매각및 매각결정기일통지서 발송	2015.12.29 송달간주
2015.12.28	근저당권자 서울경기[redacted]협동조합 매각및 매각결정기일통지서 발송	2015.12.29 송달간주
2016.04.06	채권자 주식회사 우리은행 매수통지서 발송	2016.04.07 도달
2016.04.15	채권자 주식회사 우리은행 기각결정정본 발송	2016.04.18 도달
2016.04.15	소유자 주식회사 [redacted] 기각결정정본 발송	2016.04.16 도달
2016.04.15	채무자 [redacted] 주식회사 기각결정정본 발송	2016.04.16 도달
2016.04.26	등기소 강서등기소 등기관 말소등기(록)촉탁서 발송	2016.04.27 도달

경매신청자에게 잉여가망이 없으니 매수하겠느냐고 통지했으나 매수신청을 하지 않아 법원이 경매사건을 기각함.

현장사례2 경매신청자의 잉여가망이 없음에도 속행된 경매사건

경기도 용인시 기흥구의 아파트 경매사건입니다. 감정평가금액은 4억 3,300만원이고, 1회 유찰되어 최저매각가격은 3억 310만원으로 낮아졌습니다.

경기도 용인시 기흥구 아파트, 경매신청자의 잉여가망이 없어도 속행된 경우

2017타경 30056 수원지방법원 1계 전화 : (031)210-1261

소 재 지	경기 용인시 기흥구 공세동 [redacted]				
경매구분	기일입찰	채 권 자	HK저축은행	매각기일	매각물건
용 도	아파트	채무/소유자	신[redacted]/송[redacted]	접 수 일	2017-12-08
감 정 가	433,000,000	청 구 액	45,311,263	경매개시일	2017-12-11
최 저 가	303,100,000 (70%)	토지총면적	131 ㎡ (39.61평)	배당종기일	2018-02-23
입찰보증금	10% (30,310,000)	건물총면적	149 ㎡ (44.96평)[54평형]	조 회 수	금일1 공고후13 누적35

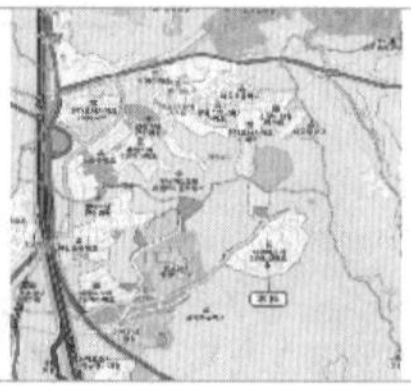

구분	입찰기일	매각금액	결과
2차	2018-05-17	303,100,000	매각
		340,100,000 (78.5%) (입찰 4명)	
1차	2018-04-17	433,000,000	유찰

경매신청자의 잉여가망이 없었으나 매각 진행

등기권리

구분	권리명	접수일	권리자	금액	기타	소멸
	소유	2010-05-26	송[redacted]		전소유자:한국토지신탁	
	근저	2012-10-22	동부화재해상보험	396,000,000	말소기준권리	소멸
	근저	2012-11-02	HK저축은행	57,200,000		소멸

경매신청자이나 잉여가망이 없는 경우

잉여가망이 없는 경매신청자가 매수 신청을 한 경우

2018.04.03	소유자 송[redacted] 매각및 매각결정기일통지서 발송	2018.04.04 송달간주
2018.04.03	채무자 신[redacted] 매각및 매각결정기일통지서 발송	2018.04.04 송달간주
2018.04.03	채권자 [redacted]주식회사(양도인:주식회사[redacted]은행) 매각및 매각결정기일통지서 발송	2018.04.04 송달간주
2018.04.03	배당요구권자 한화생명보험주식회사 매각및 매각결정기일통지서 발송	2018.04.04 송달간주
2018.04.23	채권자 [redacted]주식회사(양도인:주식회사[redacted]은행) 매수통지서 발송	2018.04.26 도달
2018.05.04	채무자 신[redacted] 매각및 매각결정기일통지서 발송	2018.05.08 송달간주
2018.05.04	소유자 송[redacted] 매각및 매각결정기일통지서 발송	2018.05.08 송달간주
2018.05.04	채권자 [redacted]주식회사(양도인:주식회사[redacted]은행) 매각및 매각결정기일통지서 발송	2018.05.08 송달간주
2018.05.04	근저당권자 동부화재해상보험주식회사 매각및 매각결정기일통지서 발송	2018.05.08 송달간주
2018.05.04	교부권자 용인시 매각및 매각결정기일통지서 발송	2018.05.08 송달간주
2018.05.04	배당요구권자 신한카드주식회사 매각및 매각결정기일통지서 발송	2018.05.08 송달간주
2018.05.04	배당요구권자 한화생명보험주식회사 매각및 매각결정기일통지서 발송	2018.05.08 송달간주
2018.05.17	채권자 [redacted]주식회사(양도인:주식회사[redacted]은행) 추납통지서 발송	2018.05.23 도달

잉여가망 없는 경매신청자에게 매수통지서 발송

매각물건명세서

<table>
<tr><td>사 건</td><td colspan="2">2017타경30056 부동산임의경매</td><td>매각
물건번호</td><td>1</td><td>작성
일자</td><td>2018.05.02</td><td>담임법관
(사법보좌관)</td><td colspan="2">김 [redacted]</td></tr>
<tr><td colspan="2">부동산 및 감정평가액
최저매각가격의 표시</td><td>별지기재와 같음</td><td>최선순위
설정</td><td colspan="3">2012. 10. 22. 근저당권</td><td>배당요구종기</td><td colspan="2">2018.02.23</td></tr>
<tr><td colspan="10">부동산의 점유자와 점유의 권원, 점유할 수 있는 기간, 차임 또는 보증금에 관한 관계인의 진술 및 임차인이 있는 경우 배당요구 여부와 그 일자, 전입신고일자 또는 사업자등록신청일자와 확정일자의 유무와 그 일자</td></tr>
<tr><td>점유자의
성 명</td><td>점유부분</td><td>정보출처
구 분</td><td>점유의
권 원</td><td>임대차기간
(점유기간)</td><td>보 증 금</td><td>차 임</td><td>전입신고일자,사업
자등록 신청일자</td><td>확정일자</td><td>배당요구여부
(배당요구일자)</td></tr>
<tr><td colspan="10">조사된 임차내역없음</td></tr>
<tr><td colspan="10">※ 최선순위 설정일자보다 대항요건을 먼저 갖춘 주택·상가건물 임차인의 임차보증금은 매수인에게 인수되는 경우가 발생 할 수 있고, 대항력과 우선변제권이 있는 주택·상가건물 임차인이 배당요구를 하였으나 보증금 전액에 관하여 배당을 받지 아니한 경우에는 배당받지 못한 잔액이 매수인에게 인수되게 됨을 주의하시기 바랍니다.</td></tr>
<tr><td colspan="10">등기된 부동산에 관한 권리 또는 가처분으로 매각으로 그 효력이 소멸되지 아니하는 것</td></tr>
<tr><td colspan="10"></td></tr>
<tr><td colspan="10">매각에 따라 설정된 것으로 보는 지상권의 개요</td></tr>
<tr><td colspan="10"></td></tr>
<tr><td colspan="10">비고란</td></tr>
<tr><td colspan="10">신청채권자가 2018. 5. 1. 자로 315,000,000원에 매수하겠다는 매수신청서(문서제목은 경매속행 신청서임) 제출.</td></tr>
</table>

경매 신청자가 경매속행 신청서를 낸 경우

법원은 최저매각가격으로는 경매신청 채권자인 HK저축은행의 채권에 우선하는 동부화재해상보험의 근저당권 등 부동산의 모든 부담과 절차 비용을 변제하고 남을 것이 없겠다고 인정했습니다. 그래서 2018년 4월 23일 HK저축은행에 매수통지서를 발송하였고 4월 26일에 도달했습니다. 매수통지서를 받은 HK저축은행은 만약 잉여가망이 있는 금액으로 입찰표가 제출되지 않는다면, 스스로 잉여가망이 있는 금액(3억 1,500만원)으로 매수하겠다는 경매속행 신청서를 그해 5월 1일에 제출했고, 법원은 그 취지를 매각물건명세서 비고란에 기재한 후 경매를 속행했습니다.

결과적으로 이 용인시 기흥구의 아파트 경매에는 총 4명이 입찰하여 3억 4,010만원에 낙찰됐습니다. 최고가 매수신고금액이 HK저축은행의 매수신고금액보다 높기 때문에 최고가매수신고인(낙찰자)이 잔금을 지급하고 소유권을 취득했습니다. 하지만 만약 HK저축은행의 매수신고금액보다 높은 금액의 입찰표가 제출되지 않았다면, HK저축은행이 최고가매수신고인이 됐을 것입니다.

잉여가망에 대한 잘못된 설명으로 놓치는 기회

적지 않은 경매서적이나 강의, 인터넷에서 볼 수 있는 글들이 "입찰 전에 배당을 예측해보고, 경매신청 채권자에게 한 푼도 배당이 안 된다면 결국 헛수고만 하게 될 것이니 입찰을 포기하라"라고 설명합니다.

그러나 경매사건의 이해관계인이 아니라면 사건기록을 열람할 수 없고, 사건기록을 열람하지 않으면 배당을 예측할 수 없습니다. 입찰자는 경매신청 채권자의 채권보다 먼저 변제되는 경매비용을 알 수 없지요. 당해세, 임금채권, 경매신청채권보다 법정기일이 빠른 일반세가 얼마인지는 물론, 그것이 있는지조차 알 수 없습니다. 또한 선순위 근저당권의 등기상 표시금액은 채권최고액일 뿐이고 실제로 배당받는 채권액도 알 수 없습니다.

결국 입찰자가 잉여가망을 예측한다는 것은 현행법상 불가능하고, 그렇기 때문에 법원이 그 가능성을 예측해 절차를 진행하는 것입니다.

[현장사례1]을 다시 보더라도, 3회차 최저매각가격(3억 5,840만원)은 이미 선순위 양돈축협의 근저당권 채권최고액(4억 1,640만원)에 미치지 못했지만, 법원은 취소절차를 개시하지 않고 경매를 속행했습니다. 이것은 얼마인지 구체적인 금액을 알 수는 없지만, 양돈축협의 근저당권 실채권액과 경매비용, 있는지조차도 가늠할 수 없는 체납세금과 체불임금 등 경매신청 채권에 우선하는 모든 비용을 합해도 최저매각가격인 3억 5,840만원보다는 작다는 의미입니다. 만약 어떤 입찰자가 3억 8천만원에 이 사건의 부동산을 매수할 의사를 가지고도 잉여가망이 없을 것으로 판단하여 입찰을 포기한다면, 잘못된 설명으로 기회를 잃어버린 셈입니다.

법원이 매각절차를 진행하고 있다면 입찰자 입장에서는 잉여가망을 예측할 수 있는 방법도 없고, 예측해야 할 필요도 없습니다. 다만 매각물건명세서에 "채권자 ○○○으로부터 금○○○원으로 매수신청서 제출됨"이라는 취지의 문구가 있다면, 그보다 큰 금액으로 입찰해야 낙찰받을 수 있다는 것만 기억하면 됩니다.

12

서울시 영등포구 아파트 입찰

채무자와 소유자가 다른 경매사건, 입찰해도 될까요?

Q 제가 살고 있는 지역에서 경매로 나온 아파트를 찾던 중 관심이 가는 경매사건을 발견했습니다. 권리분석상 특별한 문제는 없는 것으로 보이는데요, 그런데 경매사건의 채무자와 소유자가 다릅니다. 채무자와 소유자 모두 입찰 자격이 없는지, 주의해야 할 점이 있는지 궁금합니다.

서울시 영등포구 신길동 아파트, 채권자와 소유자가 다른 경우

2018타경 100424 서울남부지방법원 11계 전화 : (02)2192-1302

소재지	서울 영등포구 신길동				
경매구분	기일입찰	채권자	신용보증기금	매각기일	2018-07-10 (10:00) [1 일전]
용도	아파트	채무/소유자	전기/임	접수일	2018-01-19
감정가	580,000,000	청구액	110,000,000	경매개시일	2018-01-22
최저가	580,000,000 (100%)	토지총면적	41 m² (12.5평)	배당종기일	2018-04-23
입찰보증금	10% (58,000,000)	건물총면적	85 m² (25.66평)[33평형]	조회수	금일2 공고후22 누적22

채무자와 소유자가 다른 경우

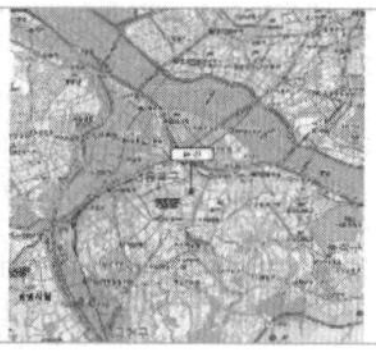

구분	입찰기일	매각금액	결과
	2018-07-10	580,000,000	신규

등기권리

구분	권리명	접수일	권리자	금액	기타	소멸
	소유	1998-06-05	임			
	근저	1998-09-07	현대중공업	147,000,000	말소기준권리	소멸
	근저	1999-07-15	현대중공업	53,000,000		소멸

경매사건의 채무자와 그 매각부동산의 소유자가 항상 일치하는 것은 아닙니다. 채무자와 소유자가 다른 경우는 크게 두 가지 원인이 있습니다.

하나는 갑이 돈을 빌리는데, 을이 자기 소유의 부동산을 담보로 제공한 경우입니다. 이때 을은 갑의 보증인이 되는데, 물건(담보)으로서 보증한 사람이라는 의미로 '물상보증인'이라고도 합니다. 다른 하나는 갑이 자기 소유의 부동산을 담보로 제공하고 돈을 빌린 후 을에게 부동산의 소유권을 이전하면서 채무자를 변경하지 않은 경우로, 이 경우에도 을은 갑의 물상보증인이 됩니다. 이처럼 경매사건의 채무자와 부동산의 소유자가 서로 다른 것은 권리분석에 아무런 영향도 미치지 않습니다. 근저당권은 우리 민법이 규정하고 있는 물권 중 하나이고, 물권은 대세권(對世權)으로서 일단 설정된 후에는 담보물의 소유권이 변경되더라도 그 효력은 영향을 받지 않기 때문입니다.

물상보증인은 채무당사자가 아니고, 경매사건에 입찰자격이 없는 사람은 채무자입니다. 즉, 채무자가 아닌 물상보증인으로서의 부동산 소유자는 그 경매사건에 입찰할 수 있습니다. 그러나 소유자라 해도 법률적으로 입찰에 유리할 것은 없으며, 일반 입찰자들과 동등한 입장에서 경쟁입찰이 가능할 뿐입니다.

또, 경매절차에서 근저당권자가 자기의 채권 중 전부 또는 일부를 변제받지 못한 경우, 그 잔여 채권을 물상보증인에게 청구할 수는 없고 오직 채무자에게만 청구할 수 있습니다. 물상보증인은 채무자가 채무를 이행하지 않을 경우 오직 자기 물건을 담보로 제공한 범위 내에서만 책임을 지기 때문입니다. 그러나 만약 물상보증인이 연대보증인이라면 채무자의 지위도 함께 가지므로 잔여 채무에 대한 이행의무도 함께 집니다.

13

근저당으로 주택 잃은 뒤 채무변제

경매로 집이 넘어갔는데도 잔여 채무를 갚아야 하나요?

Q OO은행이 근저당권으로 경매를 신청해 주택을 잃은 사람입니다. 낙찰가가 높지 않아 OO은행이 채권액을 전부 회수하지 못하고 경매가 종결됐는데요. 얼마 후 OO은행으로부터 잔여 채무를 변제하라는 통지를 받았습니다. 이처럼 은행이 경매로 회수하지 못한 채권을 지급하라고 채무자에게 청구할 수 있는 것인지요?

관련 규정을 찾아보니 민사집행법 제91조 제2항은 분명히 매각 부동산 위의 모든 저당권은 매각으로 소멸된다고 규정하고 있고, 이를 근거로 채무부존재확인 소송을 제기했지만 패소했습니다.

민사집행법의 규정에도 불구하고 제가 패소한 원인이 무엇인지요? 소송과정에서 대응을 잘못한 것일까요?

저당권은 채권자가 채무자, 또는 제3자(물상보증인)로부터 채권의 담보로 제공된 담보물(부동산)에 대하여 일반 채권자에 우선하여 변제를 받을 수 있는 약정담보물권입니다. 즉 저당권은 그 자체가 채권을 의미하는 것은 아니므로, 저당권이 소멸한다고 해서 그 피담보채권도 함께 소멸하는 것은 아닙니다.

물론, 그 저당권으로 담보하는 채권(피담보채권)이 소멸하면, 저당권도 따라서 소멸한다는 부종성에 의해 채무가 모두 변제되거나 다른 법률 규정에 따라 채무가 소멸하면, 저당권이 등기상에서 말소되지 않았더라도 효력을 잃습니다. 그러나 반대로 저당권이 소멸되어 등기상에서 말소되었다는 것은 더 이상 그 부동산이 채권담보의 목적물이 아니라는 의미일 뿐, 그 자체로 채권이 소멸되었다고 볼 수는 없습니다.

즉, 민사집행법 제91조 제2항 "매각부동산 위의 모든 저당권은 매각으로 소멸된다."의 의미는 경매로 매각되는 부동산이 더 이상 채권담보의 목적이 아니므로 낙찰자에게 저당권의 부담이 승계되지 않는다(낙찰자는 미배당 채무를 변제할 책임이 없다)는 의미입니다. 다시 말해 이것이 채무 당사자가 잔여 채무를 변제하지 않아도 된다는 의미는 아닙니다.

14

광주시 동구 단독주택 입찰

중복사건의 배당요구 종기는?

Q 광주시 동구 장동의 단독주택 경매사건입니다. 이 사건의 임차인은 경매가 끝난 다음에 배당을 받을 수 있는지요?

이 임차인은 전입신고가 가장 선순위입니다. 그래서 보증금을 배당받지 못할 경우, 낙찰자에게 반환의 책임이 있을 것입니다. 그런데 임차인은 임차권 등기도 했고 배당요구도 했습니다. 확정일자 시점이 전입신고일자보다 14년이나 빠른 것도 상식적으로 이해가 어렵습니다.

매각물건명세서상으로도 다음과 같이 경고하고 있습니다.

> "매수인에게 대항할 수 있는 을구 순위 10번 주택임차권 등기(2016.6.20. 등기) 있음(임대차보증금 1,800만원, 전입일 2016.5.10., 확정일자 2002.8.22.)" "배당에서 보증금이 전액 변제되지 아니하면 잔액을 매수인이 인수함."

이 경매사건, 낙찰받아도 안전할까요?

우선, 확정일자 시점이 전입신고일자보다 현저히 앞서는 이유는 권리분석에 아무런 영향도 미치지 않습니다. 그저 법리대로 전입신고한 다음 날 0시에 대항력과 우선변제권을 취득한 것으로 판단하면 됩니다. 이 사건의 임차인은(이 주택을 적법하게 점유하고 있다는 전제로) 등기상 최선순위 설정등기(2016.5.26. 경매개시결정등기)보다 선순위로 전입신고를 했

광주시 동구 주택, 확정일자가 전입신고일자보다 현저히 빠른 경우

2016타경 62673 광주지방법원 8계 전화 : (062)239-1672

소 재 지	광주 동구 장동				
경 매 구 분	기일입찰	채 권 자	신용보증기금	매 각 기 일	매각물건
용 도	주택	채무/소유자	김 /김 2	접 수 일	2016-05-25
감 정 가	76,635,460	청 구 액	596,422,048	경매개시일	2016-05-26
최 저 가	76,635,460 (100%)	토지총면적	99 m² (30,01평)	배당종기일	2016-08-16
입찰보증금	10% (7,663,546)	건물총면적	65 m² (19,67평)	조 회 수	금일1 공고후14 누적17

구분	입찰기일	매각금액	결과
1차	2018-10-02	76,635,460	매각
		187,880,000 (245,2%) (입찰 16명)	
	2017-05-16	76,635,460	변경

임차조사

임차인	전입일	확정/배당요구	보증금/월세	용도/점유	비고
위	2011-04-01			주거 2층	김 의동거인
김	2016-05-10	확정:2002-08-22 배당:2017-02-24	18,000,000	주거 2층	임차권자 등기부상점유:2002,08,17-
기타참고	*채무자(소유자)점유, 2층 임차인 김 에게 문의하고 권리신고안내서 교부함. 제시외건물은 소유자의 소유라하며, 1층은 폐문부재하여 강제개문하여 확인한바 공가상태임. 주민등록상전입된 위 은 임차인 김 의 동거인으로 임대차관계없이 2층을 공동 점유중이라고함				

등기권리

구분	권리명	접수일	권리자	금액	기타	소멸
건물	소유	2016-02-18	김계현외2			
	강제	2016-05-26	신용보증기금 대구채권관리	청구금액: **596,422,048**	말소기준권리 2016타경62673	소멸
	임차	2016-06-20	김	18,000,000	전입: 2016,05,10 확정: 2002,08,22 보증금18,000,000	소멸
	강제	2016-06-23	선		2016타경62949	소멸
토지	소유	2016-02-18	김 외2			
	강제	2016-05-26	신용보증기금 대구채권관리		말소기준권리 2016타경62673	소멸
	강제	2016-06-23	선		2016타경62949	소멸

확정일자는 2002년에 받았으나 2016년 5월에 전입신고를 한 임차인

으므로, 경매절차에서 배당받지 못한 보증금이 있다면 낙찰자가 반환해줘야 합니다.

그런데 확정일자 또한 가장 선순위이고, 낙찰가격은 임차인이 보증금 전액을 배당받기에 부족함이 없어 보입니다. 그렇다면 결국 임차인이 이 사건의 배당을 받을 채권자에 속하는지가 관건입니다.

임차인이 경매절차에서 배당받을 채권자에 속하기 위해서는 다음 중 하나에 해당해야 합니다.

① 임차인이 그 경매사건의 신청 채권자

② 배당요구종기 이전에 배당요구를 한 임차인

③ 경매개시결정등기 전에 주택임대차보호법의 규정에 따른 임차권 등기 명령으로 임차권 등기를 한 임차인

④ 등기상 최선순위권리(말소기준권리) 설정 후로 민법의 규정에 따른 임차권 등기를 한 임차인

그런데 경매사건 기록을 보니, 이 경매를 신청한 채권자는 신용보증기금으로서 임차인은 경매신청 채권자가 아니고(①), 등기사항전부증명을 보니 임차권 등기는 민법의 규정에 따른 임차권 등기가 아닙니다(④).

10	주택임차권	2016년6월20일 제106876호	2016년5월20일 광주지방법원의 임차권등기명령 (2016카임78)	임차보증금 금18,000,000원 범 위 건물2층 29.23㎡전부 임대차계약일자 2002년8월15일 주민등록일자 2016년5월10일 점유개시일자 2002년8월17일 확정일자 2002년8월22일 임차권자 김[illegible] 810606-******* 광주광역시 동구 동명로 [illegible]

2016년 5월 임차권 등기 명령

임차인이 배당요구를 했는지를 살펴보면(②), 매각물건명세서를 보니 2017년 2월 24일에 배당요구를 했지만, 이 경매사건은 중복사건(신용보증기금의 신청으로 경매절차가 진행되는 중에 선○○이 또 경매를 신청함)으로서, 임차인의 배당요구 시점은 먼저 신청된 경매사건의 배당요구종기 후이고, 나중에 신청된 경매사건의 배당요구종기 전입니다.

매각물건명세서

사 건	2016타경62673 부동산강제경매 2016타경62949(병합)	매각 물건번호	1	작성 일자	2018.09.27	담임법관 (사법보좌관)	윤영수
부동산 및 감정평가액 최저매각가격의 표시	별지기재와 같음	최선순위 설정	목록 1. 2016.05.26. 경매개시결정 목록 1.,2. 2016.06.22. 경매개시결정			배당요구종기	2016.08.16. (2016타경62673) 2017.03.10. (2016타경62949)

중복사건이라 배당요구종기일이 두 가지인 경우

이처럼 중복사건의 경우는 먼저 경매개시결정을 한 집행절차에 따라 경매를 진행하므로 먼저 신청된 경매사건이 취하 또는 취소되지 않는 한, 임차인이 배당받을 채권자에 속하려면 먼저 신청된 경매사건의 배당요구종기 전에 배당요구를 해야 합니다. 따라서 이 사건 임차인의 배당요구는 배당요구종기 후의 배당요구로서 효력이 없다고 속단하기 쉽습니다. 그런데 법률에 맞지 않는 특이점이 발견됩니다.

민사집행법 제87조(압류의 경합)

① 강제경매절차 또는 담보권 실행을 위한 경매절차를 개시하는 결정을 한 부동산에 대하여 다른 강제경매의 신청이 있는 때에는 법원은 다시 경매개시결정을 하고, **먼저 경매개시결정을 한 집행절차에 따라 경매한다.**

② **먼저 경매개시결정을 한 경매신청이 취하되거나 그 절차가 취소된 때**에는 법원은 제91조 제1항의 규정에 어긋나지 아니하는 한도 안에서 **뒤의 경매개시결정에 따라 절차를 계속 진행**하여야 한다.

③ 제2항의 경우에 **뒤의 경매개시결정이 배당요구의 종기 이후의 신청에 의한 것인 때에는 집행법원은 새로이 배당요구를 할 수 있는 종기를 정하여야 한다.** 이 경우 이미 제84조 제2항 또는 제4항의 규정에 따라 배당요구 또는 채권신고를 한 사람에 대하여는 같은 항의 고지 또는 최고를 하지 아니한다.

민사집행법 제87조 제3항은 "뒤의 경매개시결정이 배당요구의 종기 이후의 신청에 의한 것인 때에는 집행법원은 새로이 배당요구를 할 수 있는 종기를 정하여야 한다"고 규정하고 있습니다. 그런데 이 사건은 뒤에 신청된 경매사건이 먼저 신청된 경매사건의 배당요구종기(2016.8.16.) 전인 2016년 6월 21일에 신청(결정은 22일, 등기는 23일)됐음에도 배당요구종기를 새로 정했습니다. 이는 법률의 규정에 맞지 않는 것으로, 틀림없이 그럴 만한 사정이 있을 것입니다.

등기사항전부증명서를 보니, 먼저 신청된 경매사건은 부동산 전부가 아닌 특정 지분에 대한 경매사건이고, 나중에 신청된 것은 부동산 전부에 대한 경매사건입니다. 매각대상 부동산이 일부 중복되니, 매각절차를 병합해야 하겠지요. 그런데 먼저 신청된 경매사건의 집행절차는 지분에 대한 것으로서, 경매사건을 병합하여 매각대상에 추가된 지분에 대해서는 그 효력이 없으므로 전부에 대한 매각절차를 새로 진행할 수밖에 없습니다.

결국 이 경매사건에서 임차인의 배당요구가 유효한 것으로 인정받을 수 있는 배당요구종기는, 먼저 신청된 경매사건이 아닌 나중에 신청된 경매사건의 배당요구종기로 보아야 할 것입니다. 그러므로 이 사건의 임차인은 배당요구종기 전에 배당요구를 한 임차인으로서 배당받을 채권자에 속합니다. 또한, 이 사건의 명령에 의한 임차권 등기(③)도 위와 같은 이유로 경매개시결정 등기 전에 등기된 것으로 볼 수 있으므로, 이 임차권 등기만으로도 임차인은 배당받을 채권자에 속합니다.

따라서 이 사건 임차인은 경매절차에서 가장 선순위로 배당을 받을 수 있습니다. 낙찰가격과 임차인의 보증금액으로 보아 보증금 전액을 배당받을 수 있을 것이며, 따라서 낙찰자가 반환해야 할 미배당 보증금은 없을 것으로 판단됩니다.

15

저당권을 설정하지 않은 채권자

배당요구종기의 연기를 신청할 수 있나요?

Q 저에게 돈을 빌려간 채무자의 아파트가 최근 경매로 넘어갔습니다. 돈을 빌려줄 때 저당권을 설정하지 않았는데, 배당요구종기 전에 가압류를 집행한 채권자와 가압류조차 하지 않은 채권자는 배당이 큰 차이가 있다는 소리를 들었는데요. 배당요구종기가 내일인데, 지금이라도 법원에 배당요구종기를 연장해달라고 신청할 수 있나요?

배당요구의 종기가 정해지면 대부분 새로 정하거나 연기할 수 없습니다.(부동산 등에 대한 경매절차 처리지침 제6조 제5항) 단, 중복사건에서 선행 경매사건이 취하 또는 취소된 경우(뒤의 경매사건이 앞의 경매사건의 배당요구종기 후에 신청된 경우에 한함)처럼 법률로 정한 경우, 채무자에게 경매개시결정이 송달되지 않거나, 감정평가나 현황조사가 예상보다 늦어지는 등 특별한 사정이 있을 때는 연기하거나 새로 정할 수 있습니다. 그런데 자신의 권리를 등기부에 공시하지도 않고, 그 권리를 증명한 바도 없는 채권자가 채무자의 부동산에 경매가 진행중임을 알지 못한 것은 특별한 사정으로 보기 어렵습니다. 따라서 배당요구종기 연기신청은 받아들여질 여지가 없습니다.

16

경매 초보자의 매각물건명세서 질문

매각물건명세서 내용이 사실과 다르면 낙찰자의 손해는?

Q 경매에 입문한 지 얼마 안 된 사람인데요. 서울 근교 단독주택지의 경매사건을 눈여겨보고 있습니다.

매각물건명세서를 보면, "등기된 부동산에 관한 권리 또는 가처분으로 매각으로 그 효력이 소멸되지 아니하는 것"이라고 되어 있더군요. 경매 부동산에 설정된 권리들 중에 낙찰자에게 인수되는 권리들을 표시해주는 부분으로, 결국 법원이 권리분석을 해주고 있다고 볼 수 있다는데요. 만약 이 부분에 오류가 있을 경우 어떻게 처리되는지요?

예를 들어 소멸되지 않는 전세권이 있는데, 법원 담당자가 그 취지를 매각물건명세서에 표시하지 않은 경우 그 전세권은 말소되는지요? 말소된다면 전세권자가 손해를 볼 것이고, 말소되지 않는다면 낙찰자가 손해를 볼 것인데, 그 손해는 배상받을 수 있는지요?

매각물건명세서의 기재 오류로 인하여 낙찰자가 인수하는 부담이 달라진 경우, 민사집행법 제121조 제5호의 "매각물건명세서의 작성에 중대한 흠이 있는 때"에 해당하여 매각불허가의 사유가 됩니다.

따라서 매각허가결정 전에 흠결을 발견한 경우라면 이해관계인(낙찰자 포함)은 매각의 불허를 신청하면 됩니다. 만약 매각허가결정 후에 발견했다면, 항고 또는 매각허가결정의 취소를 신청하는 방법으로 매각불허가결정을 받을 수 있습니다.

그러나 입찰자가 이미 매각대금을 완납한 후라면 문제가 복잡해집니다. 매각물건명세서에 인수되는 권리로 전세권을 표시하지 않았더라도, 낙찰자에게 당연히 인수되는 전세권이 소멸하지는 않습니다. 결국 질문과 같은 경우 손해를 보는 쪽은 전세권자가 아니라 낙찰자가 되고, 이와 같은 실제 사례가 있었습니다.

현장사례 매각물건명세서가 사실과 달라 손해본 경우의 판결

서울시 역삼동의 한 빌라에 임차인이 선순위로 전입신고와 전세권설정등기를 마쳤고, 그 후로 신용보증기금이 저당권을 설정했습니다.

그런데 임차인이 실수로 인근의 다른 지번으로 전입신고를 한 사실을 알고 전입 주소를 정정했습니다. 하지만 그 시점은 이미 신용보증기금의 저당권이 설정된 후였습니다. 결국 임차인은 신용보증기금보다 전세권은 선순위로, 임차권은 후순위로 취득한 셈입니다.

이후 근로복지공단의 신청으로 이 빌라에 대해 강제경매(서울중앙지방법원 2007타경15036)가 개시되었습니다. 법원은 임차인의 배당요구에 따라 매각물건명세서의 "등기된 부동산에 관한 권리 또는 가처분으로 매각으로 그 효력이 소멸되지 아니하는 것" 란에 전세권을 기재하지 않은 채 매각을 진행했습니다.

경매 매각대금이 완납된 후, 낙찰자의 신청에 따라 전세권이 말소됐습니다. 하지만 임차인은 자신의 배당요구는 임차인으로서 한 것이며 전세권자로서는 배당요구를 하지 않았으므로, 이 경매절차에서 전세권이 말소된 것은 부당하다며 회복을 구하는 소송을 제기했습니다. 결국 이 임차인이 승소하여 전세권은 회복되었습니다.

결과적으로 낙찰자는 전세권자에게 보증금 8천만원을 반환해야 하게 되었지요. 이에 낙찰자는 국가를 상대로 손해배상청구소송을 시작했고, 서울고등법원은 다음과 같이 판결하여 국가의 손해배상 책임을 일부 인정했습니다.

> 소외인(임차인)이 이 사건의 전세권설정등기를 마칠 당시, 이 사건 부동산에 선순위 저당권 · 압류 · 가압류 등기가 마쳐져 있지 않았다. 그러므로 이 사건 전세권은 최선순위 전세권이라고 할 것이고, 소외인은 임차권자로서 배당요구만을 하였을 뿐, 달리 전세권자로서 배당요구를 하였다고 볼 특별한 사정이 있다고 볼 자료도 없다. 그래서 이 사건의 전세권은 경매절차에서의 매각으로 소멸하지 아니하고 매수인에게 인수된다고 할 것이다.
> 그럼에도 불구하고 집행법원은 이 사건의 매각물건명세서를 작성하면서 소외인이 임차인으로서 배당요구를 한 사실만 기재하고, 전세권자로서의 '배당요구여부'란에는 아무런 기재를 하지 않았으면서도 '등기된 부동산에 관한 권리 또는 가처분으로 매각허가에 의하여 그 효력이 소멸하지 아니하는 것'란에 이 사건 전세권을 기재하지 않고 공란으로 두었다.
> 원고로서는 위와 같은 매각물건명세서의 부정확한 기재로 말미암아 이 사건의 전세권이 매수인에게 인수되지 않은 것으로 오인한 상태에서 매수신고가격을 결정하게 되어 이 사건 전세권자인 소외인에게 전세보증금을 책임지게 되는 손해를 입었다고 할 것이다. 그러므로 국가인 피고로서는 위와 같은 경매 담당 공무원의 직무상 불법행위로 인하여 원고가 입은 손해를 배상할 책임이 있다.(서울고등법원 2009. 5. 7. 선고 2008나94990 판결 [손해배상(기)])

그러나 서울고등법원은 다음과 같이 판시했습니다.

"이 사건의 매각물건명세서에 임차인이 전세권자로서 배당요구를 한 사실이 기재되어 있지 않았으므로, 입찰자로서 조금만 주의를 기울여 관련 법령을 살펴보고, 이 사건 부동산에 관한 등기부등본 등을 검토했더라면, 전세권이 소멸하지 않을 수 있음을 쉽게 알 수 있었다.

그럼에도 불구하고 이를 소홀히 하였고, 또한 신청 채권자인 근로복지공단과 임차인 중 누가 우선하여 배당을 받을 것인지 여부를 제대로 살펴보지 않은 잘못이 있다.

이와 같은 잘못과 이 사건의 매각물건명세서의 전체적인 내용 등 제반 사정을 종합하여 보면, 국가의 낙찰자에 대한 손해배상책임은 손해액의 20%로 제한함이 상당하다."

결국 낙찰자는 국가로부터 1,600만원을 배상받았지만 나머지 6,400만원은 손해를 볼 수밖에 없었습니다.

매각물건명세서의 흠결로 인해 낙찰자가 손해를 봤다면 국가는 배상책임을 면할 수 없지만, 그 책임은 상당히 제한됩니다. 결국 권리분석에 대한 법률적 지식 없이 매각물건명세서만을 신뢰하고 입찰한다면 큰 손해로 이어질 위험이 있습니다.

17

경매로 토지 취득 시 권리 순위

등기원인일자와 접수일자가 다른 경우, 어떤 게 기준?

Q 경매로 토지를 취득하려고 알아보는 중인데, 입찰하려는 토지에 지상권•이 등기되어 있습니다. 지상권이 말소기준권리보다 선순위로 등기되어 있을 경우, 그 지상권은 낙찰자에게 인수되는 것으로 알고 있는데요.

등기부를 확인해보니 지상권의 등기원인일자는 2017년 3월 14일이고, 접수일자는 그해 3월 17일이더군요. 그런데 근저당권(말소기준권리)은 등기원인일자와 접수일자 모두 2017년 3월 16일입니다.

원인일자와 접수일자의 차이는 무엇이고, 이처럼 원인일자와 접수일자가 다를 경우 권리의 순위는 어떤 날을 기준으로 결정되는지요?

등기는 권리의 보존, 이전, 설정, 변경, 처분의 제한 또는 소멸에 대해 할 수 있고, 그 원인은 법률행위나 상속, 공용징수, 판결, 경매 기타 법률의 규정 등 다양합니다.

이때 부동산에 관한 법률행위로 인한 물권의 득실변경은 등기해야 그 효력이 생기며 상속, 공용징수, 판결, 경매 기타 법률의 규정에 의한 부동산에 관한 물권의 취득은 등기가 필요하지 않습니다.

가령 아파트를 매매함으로써 소유권의 이전을 등기하는 경우, 등기원인은 '매매'이고, 원인일자는 매매계약이 체결된 날이 됩니다. 그러나 매매는 법률행위로서 대금이 완납된 것만으로는 부족하고, 등기를 해야 비로소 소유권 이전의 효력이 발생합니다. 등기를 신청(접수)한 날이 바로 접수일자가 되는 것이지요. 즉, 등기원인일자와 접수일자가 다를 경우, 물권 변동의 효력은 원인일자가 아니라 접수일자에 발생하고, 따라서 그 권리의 순위는 당연히 접수일자를 기준으로 판단하게 됩니다.

결국 질문의 사례에서도 지상권설정 계약의 효력은 등기를 신청한 접수일자에 발생합니다. 그러므로 이 경우 지상권은 그보다 앞서 등기가 접수된 근저당권보다 후순위가 되어 매각으로 소멸하게 됩니다.

• **지상권** 다른 사람의 토지 위에 건물이나 기타 공작물(담, 굴뚝, 광고탑 등), 수목을 소유하기 위해 그 토지를 사용하는 권리를 말한다. 남의 토지에 건물을 지은 경우 그 토지에 지상권을 설정할 수 있으며 가건물, 창고, 그리고 조경수, 유실수 등 나무가 서 있는 토지에도 지상권을 설정할 수 있다.

18

가등기의 종류와 신고 여부

소유권가등기와 담보가등기, 어떻게 구별하나요?

Q 선순위의 소유권가등기는 낙찰자에게 인수되고, 담보가등기는 순위를 불문하고 소멸한다고 배웠습니다. 그렇다면 소유권가등기와 담보가등기의 구별은 매우 중요한 의미가 있을텐데요. 이 구별 방법의 설명들이 모호하여 이해가 어렵습니다.

- 소유권가등기 권리자가 법원에 배당요구를 하면 담보가등기이다.
- 소유권가등기 권리자가 법원에 아무런 신고도 하지 않으면 소유권가등기이다.

그렇다면 담보가등기 권리자가 법원에 신고를 한 경우와 하지 않은 경우는 어떻게 분석해야 하는지요?

먼저 가등기를 구별하는 방법보다 가등기 자체에 대해 이해해야 합니다.

가등기는 등기에 관한 청구권을 보전하려는 때에 합니다. 많은 매체들이 경매에서 문제가 될 수 있는 '소유권의 이전에 관한 가등기'만을 언급하고 있어서인지, 경매를 공부한 사람에게 가등기의 종류를 질문하면 '소유권가등기와 담보가등기 두 종류'라고 답합니다.

그러나 가등기는 소유권뿐만 아니라 지상권, 지역권, 전세권, 저당권, 권리질권, 채권담보권, 임차권에 관한 설정, 이전, 변경, 심지어 소멸까지도 그 청구권을 보전하기 위해 등기할 수 있습니다.

즉, 8종류의 권리에 관하여 4종류의 청구권을 보전할 수 있으니 산술적 계산만으로 본다면 등기상 설정될 수 있는 가등기는 모두 32종류나 되는 것입니다.

이렇게 많은 가등기 중의 하나로, 소유권에 관한 것으로서 이전청구권을 보전하기 위해 설정한 가등기가 바로 '소유권이전청구권보전가등기(소유권가등기)'입니다. 즉, 장래에 부동산의 소유권을 이전받기로 약정(매매예약)하고, 그 약정 내용(소유권이전청구권)을 보전하기 위해 설정하는 것이지요.

그런데 입법 취지와는 달리 채권자가 돈을 빌려주면서 채무자가 갚지 않을 경우 그 부동산의 소유권을 이전받는 방법으로 채권을 만족시키는 이른바 '양도담보'를 목적으로 소유권가등기를 설정하는 경우가 많아졌고, 이로 인해 채무자가 부당하게 손해를 보는 일도 발생했습니다.

이러한 부당함을 개선하기 위해 '가등기담보 등에 관한 법률'이 제정되었습니다. 등기상 소유권가등기로 표시되었다 해도 사실상 금전채권을 담보하기 위한 목적으로 설정된 가등기(담보가등기)라면 그 효력을 저당권과 동일하게 보게 된 것입니다.

그런데 경매 부동산에 설정된 모든 저당권은 매각으로 소멸되지만, 소유권가등기는 금전채권이 아닌 청구권을 보전하기 위해 설정한 등기라서, 만약 선순위라면 그 부담이 낙찰자에게 승계됩니다. 그래서 등기상 소유권가등기로 표시된 가등기가 사실상 소유권가등기인지, 아니면 담보가등기인지를 구별하는 것은 권리분석에서 매우 중요한 의미를 갖습니다.

따라서 소유권가등기가 되어 있는 부동산의 경매에서 법원은 가등기 권리자에게 해당 가등기가 담보가등기인 경우 그 내용과 채권(이자 및 부수채권 포함)의 존부·원인 및 금액을, 담보가등기가 아닌 경우 해당 내용을 신고하도록 최고•합니다.

그리고 그 최고에 따라 배당요구종기 전에 담보가등기라는 취지로 신고한 가등기권자만 배당을 받을 수 있으며, 그 가등기는 순위를 불문하고 매각으로 소멸합니다.

반면 담보가등기가 아니라는 취지로 신고하거나, 법원의 최고에도 불구하고 아무런 신고도 하지 않은 가등기권자는 배당을 받을 수 없습니다. 만약 그 가등기가 등기상 최선순위 설정권리(말소기준권리)보다 선순위라면 낙찰자에게 부담이 인수됩니다.

이처럼 소유권가등기와 담보가등기의 구별은 등기상의 표시가 아니라 사실상의 설정 목적에 따르고, 그 설정의 목적은 가등기 채권자의 신고로 판단한다는 것을 기억해두는 것이 좋습니다.

• **최고** (법률) 상대에게 일정한 행위를 하도록 독촉하는 통지를 하는 일

19

상가 경매 입찰

가등기 권리자가 이미 소유권을 취득한 경우

Q 선순위로 가등기가 설정되어 있는 상가가 경매로 매각되는데요. 등기사항을 확인해보니 그 가등기 권리자가 이미 소유권을 취득했습니다. 그렇다면 결국 가등기는 혼동으로 소멸하는 것이 아닌지요?

매각물건명세서에는 선순위 가등기가 매각으로 소멸하지 않고 낙찰자에게 인수된다고 표시되어 있어 문의 드립니다.

[등기사항]
1. 2009년 12월 22일, '갑' 소유권 취득
2. 2014년 10월 21일, '을' 소유권이전청구권가등기 (매매 예약)
3. 2015년 11월 3일, '병' 가압류
4. 2016년 3월 9일, 평택시 압류
5. 2017년 6월 21일, '을' 소유권 취득 (매매)
6. 2018년 3월 9일, '정' 강제경매

소유권이전청구권 가등기는 가등기 권리자가 부동산의 소유자에게 소유권을 이전해달라고 청구할 수 있는 권리를 보전하기 위해서 합니다. 따라서 가등기 권리자 을이 가등기의 목적인 부동산의 소유권을 이미 취득했다면 혼동으로 소멸하는 것으로 생각하기 쉽습니다. 그러나 이는 혼동으로 인한 채권의 소멸에 관한 법리를 오해한 결과입니다.

혼동은 채권 · 채무와 같이 서로 대립하는 2개의 법률상 지위가 동일인에게 귀속되는 것으로, 이와 같은 혼동이 발생하면 채권자와 채무자가 동일인이 되어 더 이상 그 채권은 의미가 없으므로 소멸됩니다.

> 민법 제507조(혼동의 요건, 효과)
> 채권과 채무가 동일한 주체에 귀속한 때에는 채권은 소멸한다. 그러나 그 채권이 제3자의 권리의 목적인 때에는 그러하지 아니하다.

그러나 어느 특정의 물건에 관한 채권을 가지는 자가 그 물건의 소유자가 되었다는 사정만으로는 채권과 채무가 동일한 주체에 귀속한 경우에 해당한다고 할 수 없습니다. 이런 경우 그 물건에 관한 채권이 혼동으로 소멸하는 것은 아닙니다.

결국 가등기에 기한 본등기 청구권은 채권으로서, 을이 갑을 상속하거나 갑의 가등기에 기한 본등기 절차 이행의 의무를 인수하지 않는 이상, 을이 갑으로부터 별도의 원인(이 사건의 경우 '매매')으로 소유권을 이전받았다는 것만으로 혼동의 법리에 의하여 을의 가등기에 기한 본등기청구권이 소멸했다고 볼 수는 없습니다.(대법원 1995. 12. 26. 선고 95다29888 판결 [가등기에 기한 본등기] 참고)

20

아파트 1/3 지분만 매각

형식적 경매도 지분매각 사건이 있나요?

경매사건을 검색하다가 이해할 수 없는 사건을 발견했습니다. 분명 형식적 경매인데 아파트의 전부가 아니라 1/3 지분을 매각하고 있습니다. 형식적 경매는 공유물 분할을 위한 경매이므로 전부를 매각해야 할 것 같은데, 왜 지분매각을 하고 있을까요?

대구4계 2022 타경 109575 아파트

| 사건내용

소 재 지	대구 동구 [redacted] 103동 6층 602호 [redacted])대구 동구 [redacted]				
경매구분	형식적경매(청산)	채 권 자	김OO		
용 도	아파트	채무/소유자	無 / 김OOOO	매각기일	23.04.11 (44,438,000원)
감 정 가	69,800,000 (22.06.02)	청 구 액	0	종국결과	23.06.26 배당종결
최 저 가	34,202,000 (49%)	토지면적	전체 38.91 ㎡ 중 지분 13 ㎡ (3.9평)	경매개시일	22.05.23
입찰보증금	3,420,200 (10%)	건물면적	전체 59.75 ㎡ 중 지분 19.9 ㎡ (6.0평) [25평형]	배당종기일	22.08.08
주의사항	· 지분매각 특수件분석신청				
조 회 수	· 금일조회 1 (1) · 금회차공고후조회 56 (13) · 누적조회 241 (29) ()는 5분이상 열람 조회통계				

'형식적 경매 = 공유물 분할을 위한 경매'라는 고정관념에서 나온 질문입니다. 형식적 경매 중에서 공유물 분할을 위한 경매가 압도적으로 많긴 하지만, 형식적 경매가 곧 지분경매는 아닙니다.

경매는 채권자가 돈을 받기 위해서 신청하지만, 채권자가 금전을 청구하지 않았는데도 법원의 판단으로 경매가 개시되는 경우도 있습니다. 그 중 하나가 공유물 분할입니다. 공유자는 공유물의 분할을 청구할 수 있고, 공유물 분할은 실물 분할이 원칙이지만, 실물 분할 시 가치가 현저하게 하락할 우려가 있는 경우 법원은 환가분할을 결정할 수 있습니다. 부동산에 대한 분할이 청구될 경우, 물리적으로 자를 수 없으니 결국 환가분할(매각하여 그 대금을 지분의 비율대로 나눠 주는)로 분할하는데, 환가의 방법으로 경매 제도를 이용하는 것입니다.

즉, 경매는 원칙적으로 금전채권의 청구로 개시되는데, 공유물 분할 청구는 청구자가 금전을 요구하고 있는 것이 아닙니다. 그래서 경매의 형식만을 빌린다는 의미로 '형식적 경매'라고 합니다. 아울러 법원이 금전이 아닌 무언가에 대한 요청을 받아들여 경매라는 형식으로 진행 시 모두 형식적 경매입니다.

앞의 경매사건은 어떤 원인으로 특정인의 재산에 대한 청산 절차가 개시되었고, 그 청산 방법으로 경매의 형식을 빌렸는데(형식적 경매), 그 재산 중에 이 아파트의 지분이 있는 것입니다. 그래서 그 지분만을 매각하는 경매가 개시되었지만, 역시 채권자가 금전을 요구해서 개시된 경매가 아니니 형식적 경매인 것입니다.

21

임차인도 모르는 새 매각허가결정까지 난 경우

매각허가결정에 대한 임차인의 항고가 기각된 이유

Q 저는 직업상 집을 장기간 비우는 경우가 많은데, 며칠 전 전세로 살고 있는 집이 저도 모르는 사이에 경매로 넘어가 매각허가결정까지 난 것을 알았습니다. 전입신고가 되어 있고, 현황조사서에도 제 이름과 전입신고 일자가 기재되어 있습니다. 그런데 매각허가결정에 대해 제기한 항고가 오늘 기각되었습니다. 임차인에게 경매절차에 관해 통지해야 하는 것 아닌가요? 그리고 임차인은 항고 자격이 없나요?

민사집행법은 경매절차상의 이해관계인을 명확하게 규정하고 있고(제90조), 법원은 매각기일과 매각결정기일을 이해관계인에게 통지해야 합니다(제104조 2항). 그뿐만 아니라 이해관계인은 매각허가 여부의 결정에 즉시항고 할 수 있다고 규정하고 있습니다(제129조 1항).

제90조(경매절차의 이해관계인) 경매절차의 이해관계인은 다음 각호의 사람으로 한다.

1. 압류채권자와 집행력 있는 정본에 의하여 배당을 요구한 채권자
2. 채무자 및 소유자
3. 등기부에 기입된 부동산 위의 권리자
4. 부동산 위의 권리자로서 그 권리를 증명한 사람

제104조(매각기일과 매각결정기일 등의 지정) ② 법원은 매각기일과 매각결정기일을 이해관계인에게 통지하여야 한다.

제129조(이해관계인 등의 즉시항고) ① 이해관계인은 매각허가여부의 결정에 따라 손해를 볼 경우에만 그 결정에 대하여 즉시항고를 할 수 있다.

결국 경매사건의 임차인이 이해관계인인지가 문제인데, 임차인은 이해관계인을 규정하고 있는 민사집행법 제90조 1호 내지 3호에는 당연히 해당하지 않고, 4호의 규정에 따라 부동산 위의 권리자로서 이해관계인이 될 수는 있지만, "그 권리를 증명한 사람"으로 제한되어 있습니다. 따라서 임차인이라도 경매절차상 배당요구종기 전에 적법한 배당요구 또는 임차인으로서의 권리신고를 하는 등 그 권리를 증명했다고 볼 만한 사정이 없다면 이해관계인이 될 수 없습니다.

결국 이해관계인이 아닌 임차인은 경매절차의 진행 사실을 통지받지 못했더라도 절차상의 하자로 볼 수 없고, 매각허가 여부의 결정에 대한 항고 자격도 없다고 보며, 설령 그 임차인이 현황조사보고서에 보고되었더라도 달라질 것은 없다는 것이 대법원의 일관된 입장입니다.

민사소송법 제607조 제4호 소정의 이해관계인이라고 하여 경락허가 결정이나 낙찰허가 결정에 대하여 즉시항고를 제기하기 위해서는 경락허가 결정이나 낙찰허가 결정이 있을 때까지 그러한 사실을 증명하여야 하고, 경락허가 결정이나 낙찰허가 결정이 있은 후에 그에 대하여 즉시항고를 하면서 그러한 사실을 증명한 자는 그 제4호 소정의 이해관계인이라고 할 수 없으므로 그 즉시항고는 부적법한 바, 주택임대차보호법상의 대항요건을 갖춘 임차인이 경매 목적 부동산 위의 권리자라고 하더라도 그러한 사실만으로 당연히 이해관계인이 되는 것이 아니고, 경매법원에 스스로 그 권리를 증명하여 신고하여야 비로소 이해관계인으로 되는 것으로서, 그와 같은 권리신고는 자기의 책임으로 스스로 하여야 하는 것이므로, 집행관의 현황조사의 결과 임차인으로 조사, 보고되어 있는지 여부와는 관계없이 스스로 집행법원에 권리를 증명하여 신고하지 아니한 이상 이해관계인이 될 수 없으며, 대법원송무예규(송민98-6)에 의한 경매절차 진행 사실의 주택임차인에 대한 통지는 법률상 규정된 의무가 아니라 당사자의 편의를 위하여 주택임차인에게 임차 목적물에 대하여 경매절차가 진행 중인 사실과 소액임차권자나 확정일자부 임차권자라도 배당요구를 하여야 우선변제를 받을 수 있다는 내용을 안내하여 주는 것일 뿐이므로, 임차인이 위와 같은 통지를 받지 못하였다고 하더라도 경락허가 결정이나 낙찰허가 결정 이후에 권리신고를 한 경우에는 경락허가 결정이나 낙찰허가 결정에 항고를 제기할 수 있는 정당한 이해관계인이 될 수 없다.(대법원 1999. 8. 26.자 99마3792 결정 [낙찰허가])

부동산 경매 실전사례 120

오늘부터 1일

2

PART

까다로운 임대차 사례 44

1강 임대차(23분)

01

서울시 강서구 주택 입찰

임차인의 대항력 발생 요건 점검 노하우는?

Q 서울시 강서구 화곡동 다세대주택 경매에 입찰할까 합니다. 매각물건 명세서를 보니 이 경매주택에 전입신고와 점유를 하고 있는 임차인이 있습니다. 이 경우 낙찰받은 뒤에 보증금을 반환해줘야 하는지요?

경매 책의 내용을 보면 말소기준권리보다 먼저 전입한 임차인의 보증금은 물어줘야 한다고 하는데, 정확한 설명 부탁드립니다.

경매사건의 권리분석을 하면서 가장 많이 신경이 쓰이는 권리자 중의 하나가 바로 임차인입니다. 그런데 임차인의 대항력에 관한 잘못된 표현으로 권리분석이 어렵게 느껴지기도 합니다.

보통 등기상 최선순위 권리(말소기준권리)의 설정일자보다 먼저 대항요건(전입신고와 점유)을 갖춘 임차인을 '대항력 있는 임차인'이라고 하고, 최선순위 설정 후에 대항요건을 갖춘 임차인을 '대항력 없는 임차인'이라고 합니다. 그런데 정확한 의미로 볼 때 이 설명은 잘못된 것입니다.

주택임대차보호법 제3조 제1항은 다음과 같이 규정하고 있습니다.

> **주택임대차보호법 제3조(대항력 등)**
> ① 임대차는 그 등기(登記)가 없는 경우에도 임차인(賃借人)이 주택의 인도(引渡)와 주민등록을 마친 때에는 그 다음 날부터 제3자에 대하여 효력이 생긴다. 이 경우 전입신고를 한 때에 주민등록이 된 것으로 본다.

임차인의 대항력에 관하여 규정하고 있는 주택임대차보호법 제3조 어디에서도 '등기상 최선순위 설정권리보다 먼저'라는 취지는 찾을 수 없습니다.

규정대로라면 주택의 인도와 주민등록을 마친 임차인은 모두 대항력이 있는 임차인이 됩니다. 문제는 대항력 있는 임차인의 임대차는 낙찰자가 그 부담을 승계하고, 대항력 없는 임차인의 임대차는 부담을 승계하지 않는다는 설명입니다.

대항력은 유독 낙찰자에게만 대항할 수 있는 권리가 아니며, 낙찰자를 포함한 모든 제3자에게 대항할 수 있는 권리입니다. 또한 다른 권리들과 마찬가지로 대항력이 있다 하더라도 그것을 행사하여 선의의 제3자에게 불측의(예측하지 못한) 피해가 발생한다면 인정되지 않습니다.

근저당이 설정된 후에 임차인이 대항력을 취득했는데, 그 대항력을 근거로 낙찰자에게 임대차의 부담을 인수시킨다면, 입찰자는 그 부담만큼 낮은 금액으로 입찰할 것이므로 근저당권자가 선의의 피해를 보게 됩니다.

용익물권, 가처분, 가등기, 환매등기와 마찬가지로 임차권도 용익권으로서 그 부담이 낙찰자에게 당연히 인수되는 권리지만, 선순위의 배당받는 권리(말소기준권리)가 있다면 그 권리를 보호하기 위해 낙찰자에게 인수의 부담을 덜어주는 것입니다.

지상권이 등기상 최선순위 권리보다 후순위라서 낙찰자에게 그 부담이 인수되지 않더라도, 우리는 "지상권이 아니다"라거나 "지상권이 없다"라고 하지는 않습니다.

가처분등기도, 전세권도, 소유권이전청구권가등기도 모두 마찬가지인데, 낙찰자에게 인수되지 않는 경우 유독 임차인의 대항력에 대해서는 "대항력이 없다"고 표현하는 경우가 많습니다.

임차인이 주택임대차보호법 제3조 1항의 대항요건(주민등록과 점유)을 갖추면 순위를 불문하고 대항력을 취득합니다. 다만 그 대항력으로 선의의 제3자에게 대항하지 못합니다. 따라서 임차인을 '대항력 있는 임차인'과 '대항력 없는 임차인'으로 구별할 것이 아니라, '선순위의 대항력 있는 임차인'과 '후순위의 대항력 있는 임차인'으로 구별하는 것이 맞습니다.

간단한 용어를 사용하는 것이 편리하다고 해도, 정확한 용어와 그 의미는 알고 있어야 할 것입니다.

02

서울시 송파구 아파트 입찰

입찰 시 임차인에 관한 내용은 언제 확인할 수 있나요?

Q 서울시 송파구 풍납동에 거주하고 있습니다. 현재 거주하는 단지의 한 아파트에 대하여 경매매각 공고가 났더군요.

주거용 부동산의 권리분석에서 임차인에 관한 내용이 매우 중요하다고 들었는데, 이 아파트 경매물건과 관련된 공고내용 중에는 임차인에 관한 사항이 없습니다. 임차인에 관한 사항은 별도로 공고가 되는 것인지요? 그렇다면 언제부터 열람할 수 있는지요?

경매 부동산의 매각공고는 법원 게시판에 게시하는 방법으로 합니다. 대부분의 법원은 매각기일이 지정된 사건목록과 매각기일의 일시 · 장소 및 업무담당부서만을 게시판에 게시하고, 전체 공고사항이 기재된 공고문은 집행과 사무실에 비치하여 열람을 제공하고 있습니다.

이때 공고되는 내용은 부동산의 면적 및 용도, 감정평가액, 최저매각가격, 매각기일, 매각결정기일, 매각장소, 매각방법, 매각허가 및 대금납부, 소유권이전 및 인도, 주의사항이고, 임차인에 관한 사항을 확인할 수 있는 매각물건명세서나 부동산현황조사서는 매각기일 일주일 전부터 열람이 가능합니다.

1회 이상 유찰된 사건은 사설 경매정보사이트에서 1회차 매각절차에서 수집한 매각물건명세서 등을 그대로 노출시키므로 매각기일을 일주일 이상 앞둔 경매사건도 매각물건명세서를 확인할 수 있지만, 이것은 지난 매각절차의 것임을 명심해야 합니다. 즉 당회차 매각물건명세서는 매각기일 일주일 전에 다시 공개되므로 기존에 확인했던 내용에서 변경된 사항이 있을 수 있습니다.

인터넷 경매정보사이트는 물론 대한민국 법원경매정보 홈페이지(www.courtauction.go.kr)에서도 법률상 제공하도록 정해져 있지 않은 내용까지 따로 제공하고 있는데, 이는 매수희망자의 편의를 위해 제공하는 것이며 그중 사실과 다른 내용이 있더라도 이를 이유로 매각불허가신청이나 항고, 대금감액신청이나 손해배상의 청구를 할 수 없습니다.

03

서울시 도봉구 아파트 임차인의 예상 배당금액

소액임대차 해당 여부, 어떻게 판단하나요?

Q 서울시 도봉구의 한 아파트 경매사건에 입찰하려 합니다. 확정일자를 받지 않은 선순위 임차인이 있지만, 낙찰 후 반환해줘야 하는 보증금만큼 낮은 금액으로 입찰하면 문제가 없을 것 같아요. 그런데 이 임차인이 경매절차에서 배당받을 수 있는 금액이 얼마인지 예상하기가 어렵습니다.

1. 2015년 7월 23일, 임차인 A, 전입신고 (임대차보증금 9천만원)
2. 2016년 5월 18일, 새마을금고, 근저당권 설정 (채권최고액 6천만원)
3. 2017년 7월 28일, 임차인 A, 보증금 2천만원 증액 (보증금 총액 1억 1천만원)
4. 2017년 9월 19일, 임의경매개시결정 (채권자 새마을금고)

임차인 A는 실제 거주하고 있는 것으로 조사됐고, 배당요구종기 전에 배당요구를 했지만 확정일자를 받아두지 않아서 우선변제를 받을 수 없을 것 같은데요. 이 임차인 A씨가 소액임차인에 해당하는지, 경매절차에서 얼마를 배당받을 것인지가 궁금합니다.

임차인 A씨의 임대차는 보증금 1억 1천만원으로, 경매시점 현재 소액임대차에 해당되지 않습니다. 새마을금고의 근저당 설정 시점, 서울시 소액임대차의 범위는 보증금 1억원 이하입니다. 최초 계약 후 임대차 보증금을 증액하거나 감액한 것은 소액임대차의 범위에 해당하는지 여부를 판단할 때 전혀 고려사항이 아닙니다. 오직 매각시점 당시의 금액으로 소액임대차를 판단하고 경과조치를 적용해 배당 순서와 금액을 결정합니다.

위 사건에서 새마을금고는 저당권 설정 당시 선순위로 소액임대차가 있음을 알 수 있었으니, 임차인에게 최우선변제를 해주더라도 불측의 피해가 발생하지는 않는다는 주장도 있지만, 극히 일부의 주장일 뿐만 아니라 법리적으로도 수긍을 얻기는 어렵습니다. 결국 임차인 A씨는 경매절차에서 한 푼도 배당받을 수 없고, 다만 등기상 최선순위 설정권리인 새마을금고의 근저당권이 설정된 후 증액된 2천만원은 낙찰자에게 그 반환의무가 승계되지 않습니다. 따라서 이때는 취득하려는 금액에서 9천만원을 제한 금액으로 입찰해야 원하는 가격에 취득할 수 있을 것입니다.

그렇다면 임대차계약 당시는 소액임대차의 범위에 있지 않았지만, 이후 소액임대차 금액 이하로 보증금을 감액했다면 최우선변제권이 인정될까요? 이에 대해서도 대법원은 경매개시결정 전에 감액되었다면 소액임차인으로서 최우선변제권을 인정하고 있습니다.

실제 임대차계약의 주된 목적이 주택을 사용·수익하려는 것인 이상, 처음 임대차계약을 체결할 당시에는 보증금액이 많아 주택임대차보호법상 소액임차인에 해당하지 않았지만 그 후 새로운 임대차계약에 의하여 정당하게 보증금을 감액하여 소액임차인에 해당하게 되었다면, 그 임대차계약이 통정허위표시에 의한 계약이어서 무효라는 등의 특별한 사정이 없는 한 그러한 임차인은 같은 법상 소액임차인으로 보호받을 수 있다.(대법원 2008. 5. 15. 선고 2007다23203 판결 [배당이의])

04

임차인의 추가 배당 문제

소액임차인 최우선변제권 인정 방법은?

Q 『부동산 경매 오늘부터 1일』을 보며 공부하던 중에 궁금한 점이 있어 질문을 드립니다.

임차인이 많은 다가구주택의 최우선변제금에 대한 내용입니다. 다음의 예에서 확정일자 유무에 상관없이 전입과 배당요구 요건을 충족한 김삼순과 허택견만 최우선변제금을 변제받을 권리가 있는 것으로 이해하고 있습니다.

임차인 현황	등기부 현황
1. 김삼순 (증액 1천만원은 확정일자 없음) 전입일자 2014.2.28 배당요구 2021.10.5 보증금 50,000,000원 2. 허택견 (보증금 전액 확정일자 없음) 전입일자 2015.3.08 배당요구 2021.9.25 보증금 40,000,000원	1. 우산신협 근저당 2010.3.23. 78,000,000원 2. 나부자 근저당 2016.7.3. 250,000,000원 3. 강부자 가압류 2017.10.1. 41,911,038원 4. 강부자 가압류 2018.1.15. 200,000,000원 5. 흥부새마을금고 강제경매 2021.8.29.

[담보물권 설정 시점별로 최우선변제금]

1. 소액임차인의 최우선변제금은 담보물권 설정 시점별로 판단하므로, 2010년 3월 23일 우산신협 근저당권 설정 당시의 규정에 따라 보증금

6,000만원 이하일 경우 2,000만원이 최우선변제 되므로, 김삼순과 허택견 각각 2,000만원을 배당받고 우산신협이 배당을 받습니다.

2. 2016년 7월 3일 나부자의 근저당권 설정 당시의 규정에 따라 보증금 1억원 이하일 경우 3,400만원이 최우선변제 되므로, 김삼순과 허택견이 추가로 각각 1,400만원을 배당받고, 나부자가 배당을 받습니다.

[질의사항]

나부자의 근저당 이후로는 담보물권이 없음에도 현재 시점의 규정(책에서는 1억 5,000만원 이하일 경우 5,000만원)에 따라 또 한 번 김삼순은 1,600만원, 허택견은 600만원을 추가배당을 받는 것으로 되어 있습니다.

【질문 1】 소액임차인의 최우선변제금 판단은 담보물권 설정 시점별로 판단하되, 최종에는 현재 시점에서의 규정을 한 번 더 반드시 적용하는 것인가요?

【질문 2】 현재 시점의 규정을 반드시 적용할 경우, 이때 현재 시점은 어떤 시점을 말하는 것인가요?

임차인의 최우선변제권은 현 시점의 규정을 적용하는 것이 기본입니다. 다만, 선순위로 설정된 담보물권이 있는 경우, 그 담보물권자의 불측의 피해를 막기 위해 담보물권 설정 시점의 규정을 적용합니다. 저당권자가 소액임차인 최우선변제를 고려하여 돈을 빌려줬는데, 나중에 개정된 법률에 따라 증액된 금액을 임차인들에게 최우선변제를 해준다면, 저당권자는 그만큼 불측의 피해를 보기 때문입니다.

그런데 많은 매체들이 기본을 설명하지 않고 그저 “최우선변제권은 담보물권 설정 시점의 규정을 적용한다"고만 설명하고 있습니다. 그래서 심지어 담보물권이 없으면 최우선변제가 안 되는 것으로 이해하고 있는 사람들도 적지 않습니다.

소액임차인의 해당 보증금과 최우선변제의 범위에 관해서는 당연히 현 시점의 규정을 적용합니다. 다만, 선순위 담보물권이 있다면 '그 담보물권에 대해서만큼은' 그 설정 당시의 규정으로밖에 대항할 수 없습니다. 즉, 현재의 규정을 적용하는 것이 기본이고, 담보물권이 있다면 현 규정의 적용에 제한을 받습니다. 다시 말해 담보권 설정 시점의 규정만 적용하고 현재의 규정을 적용하지 않는다면, 제한 적용만 해주고 기본 적용은 안 해주는 꼴이 됩니다.

두 번째 질문에 대한 답을 드리면, 현재 시점의 규정을 반드시 적용할 경우, 이때의 현재 시점은 배당 시점을 말합니다.

05

경매개시결정 이후 보증금 감액

소액임차인 범위 및 보장금액 판단의 기준 시점은?

Q 87쪽의 질문에서 소액임차인 최우선변제권에 관한 규정은 현재 시점의 규정을 적용하는 것이 기본이라 했고, 그 현재 시점은 배당 시점을 말한다고 했습니다.

그런데 배당 시점은 경매가 개시되고 낙찰된 후 잔금까지 모두 지급된 후의 시점입니다. 경매개시 결정으로 압류 효력이 발생하는 것으로 알고 있는데, 소액임차인이 아닌 사람이 경매개시결정 후 배당시점 전에 임대인과 짜고 보증금을 감액하여 현행법상 소액임차인의 범위에 든 경우도 최우선변제를 받을 수 있다는 의미인가요?

아닙니다. 어느 시점의 규정을 적용할지와 임차인의 보증금이 확정되는 시점은 서로 다른 개념입니다. 당연히 경매가 개시되어 그 취지가 등기되면 압류의 효력이 발생하기 때문에, 그후로 해당 부동산에 관해 법률 행위를 한 자는 보호받지 못합니다. 즉, 경매개시결정 당시 소액임차인에 해당하지 않았다면 그후로 보증금을 감액하더라도 소액임차인에 해당하지 않습니다. 경매개시결정으로 임차인의 보증금은 확정되고, 그 확정된 보증금이 소액임대차에 해당되는지는 배당시점의 규정을 기준으로 판단합니다.

현장사례1 법 개정으로 최우선변제를 받게 된 경우

1. 서울시
2. 임차인 보증금 1억6천만원
3. 2023년 1월 13일, 경매개시 결정
   2023년 7월 13일, 배당

이 사례의 임차인은 경매개시결정 당시의 규정(1억5천만원 이하 / 5천만원 한도)상 소액임차인이 아니었지만, 법 개정에 따라 배당시점에는 소액임차인이므로 최우선변제를 받습니다(2023년 2월 21일 개정, 1억6,500만원 이하 / 5,500만원 한도)

현장사례2 최우선변제를 못 받는 경우

1. 서울시
2. 임차인 보증금 1억7천만원
3. 2023년 1월 13일, 경매개시결정
   2023년 3월 13일, 임차인 보증금 1천만원 감액(1억6천만원)
   2023년 7월 13일, 배당

이 사례의 임차인은 배당시점에 소액임차인에 해당하지만, 경매개시결정 당시의 보증금인 1억7천만원은 소액임대차가 아니므로 최우선변제를 받을 수 없습니다.

06

직원 숙소용 원룸건물 임대

법인도 주택임대차보호법의 보호를 받나요?

Q 법인 사업자로서 경기도의 산업단지에서 사업을 하고 있습니다. 교통이 불편한 편이라서 직원을 구하기가 어려운데, 이번에 사업장 인근에 3층짜리 원룸 건물이 통째로 전세로 나왔습니다. 원룸, 투룸이 모두 6개로 구성되어 있어, 이것을 직원들 숙소로 사용하면 어떨까 생각 중인데요.

주택임대차보호법의 물적 범위는 주거용 부동산이라고 들었습니다. 그렇다면 인적 범위로 자연인은 당연히 포함되는데, 법인도 포함되는지요?

결론부터 말씀드리면 법인도 주택임대차보호법의 보호를 받을 수 있습니다. 다음의 경우가 해당됩니다.

주택도시기금을 재원으로 하여 저소득층 무주택자에게 주거생활 안정을 목적으로 전세임대주택을 지원하는 법인이 주택을 임차하여 지방자치단체의 장 또는 그 법인이 선정한 입주자가 그 주택을 인도받고 주민등록을 마친 경우, 주택임대차보호법의 보호를 받습니다. 또한 중소기업기본법의 규정상 중소기업에 해당하는 법인이 소속 직원의 주거용으로 주택을 임차한 후. 직원이 그 주택을 인도받아 주민등록을 마친 경우에도 주택임대차보호법의 보호를 받을 수 있습니다.

이때 대항력이 발생하는 시점은 법인이 임대차계약을 한 때가 아니라, 입주자가 실제로 입주하고 전입신고를 마친 때입니다. 법인은 전입신고를 할 수 없고, 주택임대차의 공시방법으로 전입신고를 규정하고 있기 때문이지요. 만약 입주자가 바뀔 경우 법인의 임대차계약이 그 전부터 존속 중이라 하더라도, 새로운 입주자가 대항요건을 갖춘 다음 날 새롭게 대항력이 발생합니다.

다만, 중소기업기본법 제2조에 따른 중소기업의 대항력에 관한 규정은 2013년 8월 13일 신설되었습니다. 그래서 2014년 1월 1일에 발효된 규정으로서 발효 전에 물권을 취득한 제3자에게는 대항할 수 없습니다.

07

주택 경매 입찰자

확정일자에 따른 임차인 우선변제권, 효력 발생시점은?

Q 임차인의 대항력은 전입신고와 점유를 마친 다음 날 0시에 발생한다고 하는데요. 그렇다면 확정일자를 받음으로써 취득하는 우선변제권의 효력 발생시점은 확정일자를 받는 즉시인지, 아니면 다음 날 0시인지 궁금합니다.

임차인의 우선변제권은 확정일자를 받는 즉시 발생합니다. 그러나 확정일자는 대항력을 전제로 인정되는 권리라서, 임차인이 언제 대항요건을 갖췄는지에 따라 우선변제권의 효력시점도 변합니다. 사례를 통해 정확히 이해해보도록 하겠습니다.(전입신고와 동시에 점유도 개시했다는 전제입니다.)

현장사례1 전입신고와 동시(같은 날)에 확정일자를 받은 경우

1. 2018년 10월 10일 전입신고
2. 2018년 10월 10일 확정일자 ⇨ 2018년 10월 11일 0시 우선변제권 취득

우선변제권은 원칙적으로 확정일자를 받는 즉시 발생합니다. 따라서 이 사례의 임차인은 2018년 10월 10일에 우선변제권을 취득한다고 할 수 있지만, 우선변제권은 대항력을 전제로 인정되는 권리라서 결국 임차인의 대항력 발생 시점인 10월 11일 0시에 효력이 발생합니다. 따라서 만약 확정일자와 같은 날 저당권이 설정됐다면 배당에 있어 저당권이 임차인보다 선순위가 됩니다.

현장사례2 전입신고 후 확정일자를 받은 경우

1. 2018년 10월 10일 전입신고
2. 2018년 10월 17일 확정일자 ⇨ 2018년 10월 17일 일과시간 중 우선변제권 취득

우선변제권은 대항력을 전제로 인정되지만, 이 사례의 경우 임차인은 확정일자를 받기 전에 이미 대항력을 취득해두었으므로 확정일자를 받는 즉시 우선변제권을 취득합니다.

그런데 임차인의 확정일자는 등기되는 권리가 아니라서, 저당권이 확정일자와 같은 날 등기되었다면 확정일자를 받은 시점과 저당권이 설정된 시점의 선후를 따질 수 없습니다. 따라서 2018년 10월 17일에 설정된 저당권이 있다면, 임차인과 저당권자는 배당에서 동순위가 됩니다. 배당재원이 충분하여 임차인과 저당권자 모두 자기의 채권을 전부 배당받을 수 있다면 순위가 중요하지 않지만, 배당재원이 충분하지 않을 경우 임차인과 저당권자는 안분 배당•을 받습니다.

현장사례3 전입신고보다 확정일자를 먼저 받은 경우

1. 2018년 10월 10일 확정일자 ⇨ 2018년 10월 18일 0시 우선변제권 취득
2. 2018년 10월 17일 전입신고

우선변제권은 원칙적으로 확정일자를 받는 즉시 발생하지만, 대항력의 효력이 2018년 10월 18일 0시에 발생하기 때문에 대항력을 전제로 인정되는 우선변제권의 효력 또한 2018년 10월 18일 0시에 발생합니다.

[사례1]과 관련하여, 임차인의 대항력은 대항요건(주민등록과 점유)을 갖춘 다음 날 발생한다고 규정(주택임대차보호법 제3조 제1항)하고 있지만, 확정일자에 의한 우선변제권은 '대항력'이 아니라 '대항요건'을 전제로 발생한다고 규정(주택임대차보호법 제3조의 제2항)하고 있습니다. 따라서 임차인이 대항요건을 갖춘 날 확정일자도 함께 받았다면, 대항력은 그 다음 날 0시에 발생하더라도 우선변제권은 당일에 즉시 발생하다는 판례(서울고법 1997.4.16. 선고 96나50393 판결)가 있었습니다.

그러나 이후 대법원은 우선변제권은 대항요건이 아닌 대항력을 전제로 인정된다고 일관된 입장을 보이고 있습니다.

• **안분 배당** 안분은 일정한 비율에 따라 고르게 나누는 것을 말한다. 안분 배당이란 우선변제권이 없는 모든 채권자들이 순위에 상관없이 채권액의 비율에 따라 고르게 나누는 것이다. 가령 A의 채권액이 1억원, B가 3억원이고, 배당금이 2억원밖에 없다면 A는 5천만원, B는 1억 5천만원을 배당받게 된다.

주택임대차보호법 제3조 제1항은 임대차는 그 등기가 없는 경우에도 임차인이 주택의 인도와 주민등록을 마친 때에는 그 익일부터 제3자에 대하여 효력이 생긴다고 규정하고 있고, 같은 법 제3조의2 제1항은 같은 법 제3조 제1항의 대항요건과 임대차계약증서상의 확정일자를 갖춘 임차인은 경매 등에 의한 환가대금에서 후순위권리자 기타 채권자보다 우선하여 보증금을 변제받을 권리가 있다고 규정하고 있는 바, 주택의 임차인이 주택의 인도와 주민등록을 마친 당일 또는 그 이전에 임대차계약증서상에 확정일자를 갖춘 경우 같은 법 제3조의 2 제1항에 의한 우선변제권은 같은 법 제3조 제1항에 의한 대항력과 마찬가지로 주택의 인도와 주민등록을 마친 다음날을 기준으로 발생한다.(대법원 1998. 9. 8. 선고 98다26002 판결 [배당이의])

08

부산시 기장구 아파트 입찰

집주인의 가족도 임차인으로 권리를 보호받나요?

Q 입찰하려는 아파트에 선순위로 전입신고를 한 임차인이 있습니다. 보통 이런 경우 낙찰 후 임대차가 낙찰자에게 인수된다고 알고 있는데, 부동산현황조사서를 보니 이 사람은 소유자의 가족이라고 합니다. 이처럼 소유자의 가족도 임차인으로 인정되나요?

소유자의 가족이라는 사정만으로 그 결과를 단정할 수는 없습니다. 만약 소유자와 주민등록상 동일한 세대를 구성하고 있는 가족이라면, 소유자의 세대원일 뿐이라서 별도의 임대차가 인정되지 않습니다.

하지만 가족이라도 주민등록상 동일세대를 구성하고 있지 않다면 임대차가 인정될 수도 있습니다. 물론 부부지간이라면 별도의 세대를 구성하고 있더라도 임대차는 인정되지 않습니다.

실제로 현장에서 보면 부동산현황조사서에 소유자의 가족이라는 사정만 기재되어 있고, 주민등록상 동일세대인지는 표시되지 않은 경우가 많습니다. 이 경우 정확한 정보를 얻을 수 있는 공식적인 방법은 없습니다. 따라서 되도록 입찰을 피하는 것이 좋습니다.

09

대구시 수성구 아파트 임차인

전출 후 재전입한 경우, 확정일자를 다시 받아야 하나요?

Q 대구시 수성구 내당동에서 아파트를 전세로 임차하여 거주하던 중 사정상 부산시로 전출하게 되었습니다. 그런데 전출 후 2개월 정도 지나 다시 거주하고 있는 아파트로 전입신고를 했습니다. 이처럼 임차인이 전출 후 재전입한 경우, 최초로 전입신고를 한 때가 아니라 재전입한 시점에 대항력이 새롭게 발생한다고 알고 있습니다.

다행히 전출해 있던 시기에 등기상에 다른 권리가 설정되지는 않아 안심하고 있다가, 확정일자를 다시 받지 않은 것이 생각나서 오늘 등기부를 떼어보았습니다. 그런데 재전입한 후 3개월 정도 지난 시점에 근저당권이 설정된 사실을 확인했습니다. 어차피 대항력은 근저당권보다 선순위라서, 만약 경매가 되더라도 보증금을 잃지는 않을 것 같습니다. 그런데 배당 순위는 어떻게 되는지요?

주택의 임차인이 그 주택의 소재지로 전입신고를 마치고 입주하여 임차권의 대항력을 취득한 후 일시적이나마 다른 곳으로 주민등록을 이전했다면, 그 전출 당시 대항요건을 상실하여 대항력이 소멸합니다. 그 후 임차인이 다시 그 주택의 소재지로 주민등록을 이전하면, 대항력은 당초에 소급하여 회복되는 것이 아니라 재전입한 때로부터 새로이 발생합니다.

이 경우 전출 이전에 이미 임대차 계약서상에 확정일자를 갖추었고 임대차 계약도 재전입 전후에 동일성을 유지한다면, 임차인은 임대차 계약서상에 다시 확정일자를 받을 필요 없이 재전입 이후에 그 주택에 관하여 담보물권을 취득한 자보다 우선하여 보증금을 변제받을 수 있습니다.(대법원 1998. 12. 11. 선고 98다34584 판결 [배당이의의소])

10

서울시 강서구 임차인의 권리

임차인 무상거주 확인서에 인감도장이 있어야 하나요?

Q 임차인이 대항요건을 갖췄더라도, 채권자에게 무상거주 확인서를 작성해준 경우는 임차인으로 보호받을 수 없다고 들었는데요. 이때 채권자가 가지고 있는 무상거주 확인서는 임차인의 사인이나 막도장이 아니라 반드시 인감증명서까지 첨부되어 있어야 효력이 발생하나요? 아니면 임차인의 사인이나 막도장만 있어도 되는 건지요?

중요한 것은 형식이 아니라 명확한 의사표시가 있었는지에 관한 사실관계입니다.

무상거주 확인서도 사인 간에 주고받은 사문서 중의 하나이고, 원칙적으로 사문서는 공증 등의 방법을 통해 법률적인 효력을 발생시키지 않는 한 그 자체만으로는 구속력이 없습니다. 따라서 관건은 무상거주 확인서의 유무가 아니라 임차인의 의사 표시입니다. 즉, 무상거주 확인서가 없더라도 임차인이 무상으로 거주하고 있다고 진술했다면, 이 진술을 나중에 뒤집는 것은 신의성실(信義誠實) 및 금반언(禁反言)의 원칙에 위배되어 인정되지 않습니다.

문제는 임차인이 그런 취지의 의사를 표시한 바 없다고 주장할 경우,

채권자가 그 주장이 허위임을 입증해야 하는 것입니다. 이때 임차인이 직접 작성한 무상거주 확인서가 있다면 가장 효율적인 입증방법이 될 수 있습니다.

결국 무상거주 확인서가 있지만 임차인의 인감도장이 날인되어 있지 않다면, 임차인 스스로 그 확인서가 자기가 제출한 것이 아니라고 주장하고 있는지, 그러한 주장을 깰 만한 객관적인 입증자료가 있는지가 중요합니다. 물론 임차인 스스로 무상거주 확인서를 제출한 사실을 시인한다면 도장은 아무 문제도 되지 않습니다.

11

경기도 분당 아파트 입찰

임차인 무상거주 확인서의 법률적 효력은?

Q 아파트 경매사건에 입찰하려고 합니다.

이 경매사건의 경우 저당권 설정 당시 선순위로 대항력을 갖춘 임차인이 저당권자에게 무상거주 확인서를 제출했다고 되어 있습니다. 그래서 인터넷 등을 검색해봤더니, 저당권자에게 무상거주 확인서를 제출한 임차인이 경매절차에서 보호를 받을 수 있는지에 대해 의견이 분분하더군요.

판례를 찾아봐도 보호를 받을 수 없다는 판례와 받을 수 있다는 판례가 있는데, 어떤 해석이 옳은 것인지요?

임차인이 저당권자에게 무상거주 확인서를 제출한 경우에 관하여 대법원은 일관된 입장을 보이고 있습니다. 다만, 사건마다 쟁점이 다른데 그 차이를 이해하지 못하고 결론만 보고 문제를 이해하려 하니, 대법원 판례가 일관되지 않은 것으로 보이는 것입니다.

현장사례1 임차인의 대항력을 부정한 판례

> 근저당권자가 담보로 제공된 건물에 대한 담보가치를 조사할 당시, 대항력을 갖춘 임차인이 임대차 사실을 부인하고 건물에 관하여 임차인으로서의 권리를 주장하지 않겠다는 내용의 무상임대차 확인서를 작성해준 경우이다.
> 그 후 개시된 **경매절차에 무상임대차 확인서가 제출**되어 매수인이 확인서의 내용을 신뢰하여 매수신청금액을 결정하는 경우와 같이, 임차인이 작성한 무상임대차 확인서에서 비롯된 매수인의 신뢰가 매각절차에 반영되었다고 볼 수 있는 사정이 존재하는 경우이다.
> 이런 경우 비록 **매각물건명세서 등에 건물에 대항력 있는 임대차 관계가 존재한다는 취지로 기재되었더라도,** 임차인이 제3자인 매수인의 건물인도청구에 대하여 대항력 있는 임대차를 주장하여 임차보증금 반환과의 동시이행의 항변을 하는 것은 금반언 또는 신의성실의 원칙에 반하여 허용될 수 없다.
> (대법원 2016. 12. 1. 선고 2016다228215 판결 [건물명도])

이 판결은 채권자에게 무상거주 확인서를 작성해준 임차인이 경매절차의 낙찰자에게 대항력을 주장하는 것은 허용될 수 없다는 판결입니다. 그런데 핵심은 저당권 설정 당시 임차인으로부터 무상거주 확인서를 받은 채권자가 그것을 제출했다는 것입니다.

경매절차에 무상거주 확인서가 제출되면, 법원은 그 취지를 매각물건명세서에 기재하고, 그 기재내용을 본 입찰자는 임차인의 대항력이 부정될 것이라고 신뢰하여 입찰가격을 산정했을 것입니다. 그래서 설령 대항력 있는 임차인이 존재한다는 취지로 매각물건명세서가 작성되었더라도, 낙찰자의 신뢰이익을 보호하기 위해 임차인의 대항력을 부정하는 것입니다.

현장사례2 임차인의 대항력을 인정한 판례

> 은행 직원이 근저당권 실행의 **경매절차와는 아무런 관련도 없이 행한 담보건물에 대한 임대차 조사**에서 임차인이 그 임차 사실을 숨겼다고 하더라도, 그 후의 **경매절차에서 임대차 관계가 분명히 된 이상은** 은행이 경매가격을 결정함에 있어서 신뢰를 준 것이라고는 할 수 없는 것이다.
> 그러므로 위와 같이 일시 임대차 관계를 숨긴 사실만을 가지고서 은행의 건물명도청구에 대하여 임차인이 주택임대차보호법 제3조 소정의 임차권의 대항력에 기하여 하는 임차보증금 반환과의 동시이행의 항변이 신의성실의 원칙에 반하는 것이라고는 볼 수 없다.(대법원 1987. 1. 20. 선고 86다카1852 판결 [건물명도])

이 판례는 임차인으로부터 무상거주 확인서를 받은 은행이 직접 입찰에 참여하여 낙찰받은 사례입니다.

경매절차에서 법원이 대항력이 있는 임차인이 있다는 취지를 매각물건명세서에 기재했는데도 채권자가 무상거주 확인서를 법원에 제출하지 않았다면, 입찰자들은 그 임대차가 낙찰자에게 인수된다는 전제로 입찰가격을 산정하였을 것입니다. 그래서 임차인이 낙찰자의 인도청구에 응하지 않을 수 있고, 그 낙찰자가 채권자 본인이라 하더라도 마찬가지라는 취지입니다.

결국 무상거주 확인서가 있어도 채권자가 경매절차에서 그 확인서를 법원에 제출한 경우에는 임차인의 대항력이 부정되고, 제출하지 않았다면 대항력이 인정되는 것입니다.

이처럼 무상거주 확인서의 제출 여부가 관건이 되는 이유는, 임차인이 작성한 경우에는 임대차보증금반환청구권의 포기 또는 그 채무에 대한 면제의 의사표시가 기재된 것으로 볼 수 있지만, 임차인이 무상거주 확인서를 작성해준 상대방은 낙찰자가 아니라 채권자입니다. 따라서 그 문서에 무상거주의 취지가 기재되어 있다고 하더라도 이를 곧바로 채무면제의 처분문서에 해당한다고 볼 수는 없으며, 채권자가 그 문서의 효력을 적극적으로 주장하는 경우에 한하여 임차인의 대항력이 부정됩니다. 즉, 낙찰자는 무상거주 확인서를 주고받은 당사자가 아니라 제3자이기 때문에 그 문서의 효력을 주장하여 자기의 이익에 활용할 수 없습니다.

대부분의 경매정보 사이트는 선순위로 전입신고한 소유자가 아닌 세대주가 있는 경매사건의 경우, 채권자에게 무상거주 확인서가 있는지 문의하여 임차인을 분석하라고 조언하고 있습니다. 그러나 무상거주 확인서가 있어도, 채권자가 경매절차에서 법원에 제출하지 않았다면 무용지물이라는 사실을 알아야 합니다.

12

경기도 파주시 주택 경매사건

임차인의 무상거주 확인서가 제출되지 않은 경우는?

Q 선순위 임차인의 무상거주 확인서가 있다고 하더라도, 채권자가 경매절차에서 그 확인서를 법원에 제출한 경우는 임차인의 대항력이 부정되고, 제출하지 않은 경우는 대항력이 인정된다고 배웠습니다. 그 이유는 임차인이 무상거주 확인서를 작성해준 상대방인 채권자만 그 문서의 효력을 주장할 수 있어서라고 하는데요, 그렇다면 무상거주 확인서를 제출하지 않은 채권자가 배당절차에서 확인서를 첨부하여 임차인에 대한 배당배제를 구하는 것은 허용되는지요?

만약 허용된다면 선순위로 전입신고와 확정일자를 갖춘 임차인이 있는 경매사건의 경우 임차인이 보증금 전액을 배당받을 수 있을 것으로 판단하여 입찰했는데, 나중에 임차인의 배당이 배제된다면 결국 낙찰자가 보증금을 반환해줘야 하는 불측의 피해를 볼 수도 있지 않을까요?

임차인이 경매절차에서 임차보증금 액수, 주택인도일, 주민등록일(전입신고일), 임대차계약서상 확정일자 등 대항력 및 우선변제권과 관련된 사항을 밝히고 권리신고 및 배당요구를 하면 그 내용은 매각물건명세서에 기재되어 공시되고, 입찰자는 보통 이를 기초로 입찰가격을 정합니다.

따라서 입찰자가 권리신고 및 배당요구를 한 임차인의 배당순위가 1

순위 근저당권자보다 우선한다고 생각해 임차보증금 전액이 배당될 것으로 믿고, 임차보증금 반환 채무를 인수하지 않는다는 전제로 매수가격을 정하고 낙찰을 받아 소유권을 취득했다면, 설령 그 주택 임차인이 1순위 근저당권자에게 무상거주 확인서를 작성해준 사실이 있어 임차보증금을 배당받지 못하게 되었더라도, 그러한 사정을 들어 낙찰자에게 임대차보호법상 대항력을 주장하는 것은 신의칙에 위반되어 허용될 수 없습니다.(대법원 2017. 4. 7. 선고 2016다248431 판결 [건물명도] 참고)

13

경기도 수원시 오피스텔 낙찰자

반환할 보증금에서 밀린 월세를 공제해도 되나요?

Q 보증금 1천만원에 월세 60만원의 선순위 임차인이 있는 수원의 작은 오피스텔을 낙찰받았습니다. 이 임차인이 경매절차에서 배당요구를 하지 않아 임대차를 인수한다는 생각으로 입찰했는데요. 얼마 전 우연히 전 소유자를 통해 들으니 임차인이 경매가 개시된 후 지금까지 9개월 동안 월세를 지급하지 않았다고 합니다. 이런 경우 제가 나중에 반환해주는 보증금에서 전 소유자에게 지급하지 않은 월세를 공제하고, 나머지 금액만 반환해줘도 되나요?

우리가 알고 있는 경매지식은 반드시 근거 규정이 있습니다. 일반적으로 말소기준권리라고 하는 등기상 최선순위 설정 권리보다 먼저 대항요건을 갖춘 임차인이 있는 경우, 낙찰자가 그 임대차를 승계한다고 하는데, 그 근거 규정은 무엇일까요?

주택임대차보호법 제3조(대항력 등)
④ 임차주택의 양수인(讓受人)(그 밖에 임대할 권리를 승계한 자를 포함한다)은 임대인(賃貸人)의 지위를 승계한 것으로 본다.

주택임대차보호법 제3조 제4항은 임차주택의 양수인은 임대인의 지위를 승계한 것으로 본다고 규정하고 있습니다. 이 규정에서 말하는 '임대인의 지위'는 보증금 반환 채무만을 의미하는 것이 아니라 임대인의 모든 권리와 의무를 포함합니다. 따라서 임대차의 만기에 연체된 차임이 있다면, 반환하는 임대차보증금에서 그 차임연체액을 공제할 수 있는 권리도 당연히 포함됩니다.

한편 경매에서 임차인이 배당요구를 하지 않으면, 낙찰자는 임대차의 만기까지 임차인에게 부동산의 인도를 청구할 수 없습니다. 하지만 민법 제640조는 "건물 기타 공작물의 임대차에는 임차인의 차임연체액이 2기의 차임액에 달하는 때에는 임대인은 계약을 해지할 수 있다"라고 규정하고 있습니다. 즉, 임차인이 2개월분 이상 차임을 연체하면 임대인은 언제든지 계약의 해지를 청구할 수 있는 것입니다.

그런데 그 2기의 차임연체액은 낙찰자가 잔금을 납부한 후부터 기산하는 것이 아닙니다. 낙찰자가 잔금을 지급하여 소유권을 취득하기 전에 이미 임차인이 2번 이상 차임을 연체했다면, 임대인에게는 계약 해지권이 있고, 이 역시 낙찰자에게 승계됩니다. 다만, 임차인이 2기의 차임을 연체했다는 것만으로 곧바로 계약 해지가 되는 것은 아니며, 임대인이 임차인에게 계약 해지를 통지하고 그 통지가 임차인에게 도달하는 때에 효력이 발생합니다.

따라서 승계한 임대차의 존속을 원하지 않는다면 바로 임차인에게 계약 해지를 통지한 후 연체된 차임액을 공제한 나머지 임대차보증금을 돌려주는 것으로 부동산의 인도를 청구할 수 있습니다.

14

서울시 노원구 아파트 입찰

낙찰자가 낙찰대금 내기 전, 임대차계약 한 임차인의 대항력 발생시점은?

Q 서울시 노원구 주민으로 인근에서 경매로 소형 아파트에 입찰하려고 알아보는 중입니다. 마침 관심 있는 경매물건이 있어서 살펴봤는데요. 선순위로 전입신고된 임차인이 법원에 배당요구를 하지 않았더군요. 그런데 이 주택은 2년 전에 경매로 매각되어 현재의 소유자가 낙찰받았고, 소유권이전과 같은 날 은행이 근저당권을 설정했습니다.

현재의 임차인은 선행 경매절차에서 후순위 임차인이었으므로, 현재의 소유자와 다시 임대차 계약을 체결했더라도 소유권이 이전된 날 비로소 대항요건을 충족한 것으로 봐야 하기 때문에 대항력은 그 다음 날 0시에 발생한 것이겠지요?

즉, 소유권이전과 동시에 근저당권이 설정됐기 때문에, 그 다음 날 0시에 대항력을 취득한 임차인은 이번 경매에서 낙찰자에게 대항할 수 없는 것이 맞는지요? 이 경매사건에 입찰할 생각인데, 제가 제대로 알고 있는지 걱정됩니다.

이 경매사건의 임차인이 반드시 낙찰자에게 대항력이 없다고는 할 수 없습니다. 왜 그럴까요?

주택임대차보호법 제3조 제1항은 임차인이 대항요건을 갖추면 그 다음 날 대항력을 취득하는 것으로 규정하고 있고, 낙찰자와 기존 임차인 사이의 임대차 계약도 실무적으로는 낙찰자가 낙찰대금을 납부한 후에 체결되는 경우가 대부분입니다. 그래서 질문의 사례와 같다면 임차인이 낙찰자에게 대항할 수 있는 경우는 매우 드물다고 할 수는 있습니다.

그러나 만약 선행 경매사건의 낙찰자(현재의 소유자)가 낙찰대금을 납부하기 전에 기존의 임차인과 새로 임대차 계약을 체결하고 계속 거주한 경우라면, 임차인에게 대항력이 인정될 수 있습니다.

현재의 소유자가 이 부동산에 대한 낙찰대금을 납부하기 이전부터 이 주택에 관하여 주민등록상 소유자 아닌 임차인이 거주하는 것으로 나타나 있습니다. 그래서 제3자들이 보기에 임차인의 주민등록이 소유권 아닌 임차권을 매개로 하는 점유라는 것을 인식할 수 있었기 때문에, 임차인의 주민등록은 현재 소유자의 소유권 취득 이전부터 현재 소유자와 임차인 사이의 임대차 관계를 공시하는 기능을 수행하고 있었다고 볼 수 있습니다.

따라서 임차인은 이 사건 부동산에 관하여 현재 소유자가 선행 경매사건의 낙찰대금을 납부하여 소유권을 취득하는 '즉시' 새로이 대항력을 취득하였다고 할 수 있습니다. 그러므로 소유권이전등기와 같은 날 설정된 근저당권설정등기는 임차인이 대항력을 취득한 후에 경료된 것이어서, 임차인은 현재 진행되고 있는 경매에서 낙찰자에게 대항할 수 있습니다.(대법원 2002. 11. 8. 선고 2002다38361,38378 판결 [전세보증금 · 건물명도 등] 참고)

그러나 아직 낙찰대금을 지급하지 않은 낙찰자(이하 '최고가매수신고인'이라 하겠습니다)가 기존의 임차인이 아닌 사람(전 소유자 포함)과 임대차 계약을 했다면 해석이 달라집니다.

최고가매수신고인은 아직 그 주택의 소유자라 할 수 없고, 임차인과 주택의 소유자인 임대인 사이에 임대차 계약이 체결된 경우에만 주택임대차보호법이 적용되는 것은 아니지만, 적어도 그 주택에 관해 적법하게 임대차 계약을 체결할 수 있는 권한을 가진 임대인이 임대차 계약을 체결해야 합니다. 그러나 최고가매수신고인은 적법한 임대 권한이 있는 사람이라고 할 수 없기 때문에, 최고가매수신고인과 임대차 계약을 하고 대항요건을 갖춘 임차인의 대항력은 그가 낙찰대금을 납부한 다음 날 0시에 발생합니다.(대법원 2014. 2. 27. 선고 2012다93794 판결 [배당이의] 참고)

15

인천시 연수구 아파트 입찰

채권회수 목적의 임대차, 대항력과 우선변제권은?

Q 인천시 연수구에서 아파트 경매물건을 찾고 있다가 다음과 같은 경우를 보았습니다. 소액임차인이 있는데, 그가 주택을 임차한 목적이 실제로 거주하기 위한 것이 아니라, 집주인에게 받을 돈을 담보하기 위한 경우로 보입니다. 이런 경우 소액임차인이라 하더라도 최우선변제권이 인정되지 않는다고 배웠는데요. 그렇다면 채권담보를 목적으로 임대차 계약을 체결한 경우, 대항력과 우선변제권도 인정받을 수 없는 것인지요?

위와 같은 경우 우리 판례는 다음과 같이 판시하고 있습니다.

"채권자가 채무자 소유의 주택에 관하여 채무자와 임대차 계약을 체결하고 전입신고를 마친 다음 그곳에 거주하였다고 하더라도, 임대차 계약의 주된 목적이 주택을 사용 · 수익하려는 것에 있는 것이 아니고, 소액임차인으로 보호받아 선순위 담보권자에 우선하여 채권을 회수하려는 것에 주된 목적이 있었던 경우에는, 그러한 임차인을 주택임대차보호법상 소액임차인으로 보호할 수 없다."(대법원 2008. 5. 15. 선고 2007다23203 판결 [배당이의])

대법원의 입장이 이러한 이유는, 주택임대차보호법의 입법 목적은 주거용 건물에 관하여 민법에 대한 특례를 규정하여 국민의 주거생활의 안정을 보장하려는 것이기 때문입니다.

또한 소액임차인이 보증금 중 일정액을 다른 담보물권자보다 우선하여 변제받을 수 있도록 한 것은, 그 임차보증금이 비록 소액이라 해도 소액임차인에게는 큰 재산이므로, 적어도 소액임차인의 경우에는 다른 담보권자의 지위를 해하게 되더라도 그 보증금의 회수를 보장하는 것이 타당하다는 사회보장적 고려입니다.

그러나 채권담보를 목적으로 임대차가 이루어졌더라도, 주택임대차보호법이 규정하고 있는 대항요건(주민등록과 점유)을 갖추고 확정일자를 받는 것으로 임차인의 대항력과 우선변제권은 인정됩니다.

왜냐하면, 담보권자가 저당권을 설정할 당시 이미 임차인이 대항요건(확정일자 포함)을 갖추고 있었다면, 담보권자는 후에 진행될 경매절차에서 그 임차인이 임대차의 부담을 낙찰자에게 승계시키거나, 배당요구로서 담보권자보다 먼저 배당받을 것을 용인하고 저당권을 설정했다고 볼 수 있기 때문입니다. 또한 저당권을 설정한 후에 임차인이 대항요건을 갖췄다면 그 임차권으로는 낙찰자에게 대항할 수 없으며, 확정일자에 의한 우선변제권 또한 담보권자보다 후순위일 것입니다. 그래서 두 경우 모두 대항력과 우선변제권을 주택임대차보호법의 규정대로 인정해도 다른 담보권자의 지위를 해하지는 않기 때문입니다.

16

서울시 노원구 아파트 채무자의 임차인 권리

채무자 겸 임차인도 대항력이 있나요?

Q 서울시 노원구 상계동의 24평 아파트가 경매로 나왔습니다. 그런데 채무자가 임차인으로서 권리신고를 했더군요. 확정일자는 없고 전입신고 시점이 등기상 최선순위 설정일자보다 빠릅니다. 낙찰자에게 임대차가 승계될 것 같은데요. 이런 경우의 채무자에게도 주택임대차보호법상의 대항력이 인정되나요?

간혹 '채무자 겸 임차인'이 등장하는 경매사건이 있습니다. 더욱이 근저당권보다 먼저 전입신고를 한 임차인이라면, '임차인이 은행에 돈을 빌리는데, 임대인인 집주인이 집을 담보로 제공'했다는 의미입니다. 상식적으로는 납득할 수 없는 경우인데, 임차인이 그 주택의 사실상 소유자인 경우가 대부분입니다. 임대인과 임차인의 관계, 실제로 임대차 계약을 하고 보증금을 받는 등에 따라 임대차가 부정될 수 있지만, 주택임대차보호법상 임차인의 범위에서 채무자를 제한하는 규정은 없습니다. 따라서 특별한 사정이 없는 한 임차인이 채무자라는 사정만으로 대항력이 부정되지는 않는다고 봐야 합니다.

17

서울시 관악구 신림동 빌라 입찰

저당권 없는 주택, 소액임대차의 최우선변제권 발생시점은?

Q 서울시 관악구 신림동의 빌라 경매물건을 보고 있습니다. 경매사건의 임차인이 소액임차인에 해당하더라도, 근저당권 설정 시점의 법을 적용하여 소액임차인으로서 최우선변제를 받을 수 없다고들 하던데요. 그런데 아래 경매사건처럼 등기상 근저당권이 설정되어 있지 않다면, 가압류 시점을 기준으로 소액임차인에 해당하는지 판단해야 하는 것인지요? 그렇지 않다면 어느 시점을 기준으로 소액임차인의 최우선변제권을 판단해야 하는지요?

주택임대차보호법 시행령은 소액임차인의 범위와 보장금액을 계속 인상해왔습니다. 그러나 부칙으로 "이 영 시행 전에 임차주택에 대하여 담보물권을 취득한 자에 대해서는 종전의 규정에 따른다"라고 규정하고 있기 때문에 금액이 인상되기 전에 담보물권이 설정되어 있었다면 소액임차인의 범위와 보장금액은 담보물권이 설정된 시점에 적용되던 규정에 따르게 됩니다. 그런데 담보물권으로는 저당권, 전세권, 담보가등기가 있고 가압류는 담보물권에 해당하지 않기 때문에 가압류등기는 소액임차인의 최우선변제권에 관한 판단에 어떠한 영향도 미치

서울시 관악구 신림동 빌라, 담보물권이 설정되지 않은 경우

2018타경 100237[5] 서울중앙지방법원 11계 전화 : (02)530-2715

관련물건번호	[1]	[2]	[3]	[4]	[5]	[6]

소 재 지	서울 관악구 신림동 [redacted]빌라 [redacted]				
경매구분	기일입찰	채 권 자	박[redacted] 외1	매각기일	2018-11-08 (10:00) [17 일전]
용 도	다세대(빌라)	채무/소유자	조[redacted]	접 수 일	2018-01-09
감 정 가	131,000,000	청 구 액	1,532,462,447	경매개시일	2018-01-19
최 저 가	83,840,000 (64%)	토지총면적	21 m² (6,25평)	배당종기일	2018-04-16
입찰보증금	10% (8,384,000)	건물총면적	43 m² (13,07평)	조 회 수	금일1 공고후14 누적15

구분	입찰기일	매각금액	결과
3차	2018-11-08	83,840,000	진행
2차	2018-10-11	104,800,000	유찰
1차	2018-09-13	131,000,000	유찰

임차조사

임차인	전입일	확정/배당요구	보증금/월세	용도/점유	비고
[redacted]클린	2009-05-06	확정:2009-05-08 배당:2018-03-07	95,000,000	주거 401호	한상만의아내
한[redacted]	2017-11-03			주거	
기타참고	*본건 호수 전입세대주는 `한[redacted]`이나 임대차계약서상 임차인은 한[redacted]의 `처`인 `Hahn [redacted]`이라고 함.(임차인과 면담) 본건 부동산들에 소유자 및 임차인들이 각 점유 사용하고 있고, 면담한 임차인들외에 나머지 임차인에 대하여는 방문한 취지 및 연락처를 남겼으나 아무런 연락이 없으므로 주민등록 전입된 세대를 임차인으로 보고함.(본건 부동산 소유자의 자 및 임차인들과 면담) 한[redacted]: 한[redacted]의 아내라고 함. 확정일자 2011.07.08. 증액 15,000,000원				

등기권리

구분	권리명	접수일	권리자	금액	기타	소멸
집합	소유	1998-05-11	조[redacted]			
	가압	2015-12-21	박[redacted]	1,000,000,000	말소기준권리 2015 카단 2242 서울중앙	소멸
	강제	2018-01-22	박[redacted]	청구금액: 1,532,462,447	2018타경100237	소멸

지 않습니다.

결국 질문의 사례처럼 담보물권이 설정되어 있지 않은 경매사건은 배당이 확정되는 때(배당기일)를 기준으로 소액임대차의 범위와 보장금액이 결정된다고 봐야 합니다.

18

대구시 수성구 경매 진행 중 주택 임차인

토지와 건물의 저당권 설정 시점이 다른 경우, 소액임대차의 판단기준은?

Q 현재 경매로 매각절차가 진행 중인 주택의 월세 임차인입니다.

제 경우 보증금이 작아서 등기상 가장 선순위인 근저당권의 설정시점에 적용되던 규정에 따르더라도 소액임차인에 해당되고, 보증금을 전부 최우선변제권으로 돌려받을 수 있다고 알고 있었습니다. 그런데 얼마 전 토지 등기부를 떼어보니, 건물에 근저당권이 설정되기 전에 토지에 이미 근저당권이 설정되어 있었더군요. 토지 근저당권이 설정된 시점의 규정을 적용하면 저는 소액임차인에 해당되지 않습니다.

이처럼 토지와 건물에 근저당권이 설정된 시점이 다를 경우, 소액임대차의 범위와 보장금액은 무엇을 기준으로 판단하는지요? 월세 보증금을 날리게 될까 걱정스럽습니다.

소액임대차의 범위와 보장금액은 주택에 설정된 저당권을 기준으로 결정됩니다. 다만 토지에 저당권을 설정할 당시 지상에 건물이 없었다면, 토지 저당권자는 저당권설정 후 대항요건을 갖춘 소액임차인이 자기보다 먼저 우선변제권을 행사할 수 있는 상황을 예측할 수 없었을 것입니다.

따라서 임차인은 매각대금 중 대지의 환가대금에서는 대지 저당권자에 우선하여 배당을 받을 수 없고, 건물 대금의 2분의 1 범위 안에서 건물저당권이 설정된 때를 기준으로 최우선변제를 받을 수 있습니다.

> 대지에 관한 저당권 설정 후에 비로소 건물이 신축되고 그 신축건물에 대하여 다시 저당권이 설정된 후 대지와 건물이 일괄 경매된 경우, 주택임대차보호법 제3조의2 제2항의 확정일자를 갖춘 임차인 및 같은 법 제8조 제3항의 소액임차인은 대지의 환가대금에서는 우선하여 변제를 받을 권리가 없다고 하겠다.
> 하지만 신축건물의 환가대금에서는 확정일자를 갖춘 임차인이 신축건물에 대한 후순위 권리자보다 우선하여 변제받을 권리가 있고, 주택임대차보호법 시행령 부칙의 '소액보증금의 범위 변경에 따른 경과조치'를 적용함에 있어서 신축건물에 대하여 담보물권을 취득한 때를 기준으로 소액임차인 및 소액보증금의 범위를 정하여야 한다.(대법원 2010. 6. 10. 선고 2009다101275 판결 [배당이의])

19

서울시 마포구 미등기 단독주택 입찰

미등기건물의 소액임차인도 최우선변제권이 인정되나요?

Q 서울시 마포구의 대지 38평이 경매로 나왔습니다. 면적이 작은 것이 많이 아쉽긴 하지만, 지하철이 불과 1분 거리이고, 근처에 1천 가구가 넘는 아파트 단지도 건설 중입니다. 코너의 아주 좋은 자리는 아니지만, 골목 첫 번째 자리여서 향후는 괜찮을 것 같아요.

입찰을 할까 관심이 가는데, 지상에 매각에서 제외된 미등기 건물이 있습니다. 임차인도 있고요. 보증금이 소액이라 알아봤더니, 소액임차인으로서 최우선변제권에 해당됩니다. 그런데 미등기 건물을 임차한 소액임차인이 대지만 경매로 매각될 경우 그 매각대금에서 최우선배당을 받을 수 있는지요?

주택임대차보호법은 주택의 전부 또는 일부의 임대차에 관하여 적용된다고 규정(법 제2조)하고 있을 뿐, 임차주택이 관할관청의 허가를 받은 건물인지, 등기를 마친 건물인지 아닌지를 구별하고 있지 않습니다.

따라서 미등기 건물의 임차인도 주택임대차보호법의 규정에 따라 보호받을 수 있고, 임차인이 우선변제권을 행사할 수 있는 주택의 환가대금은 대지의 환가대금도 포함하고 있으므로(법 제3조의2 제2항 참고), 건물이 제외된 대지만을 매각하는 경매절차에서도 소액임차인의 최우선변제권은 인정됩니다.

> 대항요건 및 확정일자를 갖춘 임차인과 소액임차인은 임차주택과 그 대지가 함께 경매될 경우뿐만 아니라 임차주택과 별도로 그 대지만이 경매될 경우에도 그 대지의 환가대금에 대하여 우선변제권을 행사할 수 있고, 이와 같은 우선변제권은 이른바 법정담보물권의 성격을 갖는 것으로서 임대차 성립 시의 임차 목적물인 임차주택 및 대지의 가액을 기초로 임차인을 보호하고자 인정되는 것이므로, 임대차 성립 당시 임대인의 소유였던 대지가 타인에게 양도되어 임차주택과 대지의 소유자가 서로 달라지게 된 경우에도 마찬가지이다.
> (대법원 2007. 6. 21. 선고 2004다26133 전원합의체 판결 [배당이의])

이에 관해 소액임차인의 최우선변제권을 규정하고 있는 주택임대차보호법 제8조 제1항이 그 후문에서 "이 경우 임차인은 주택에 대한 경매신청의 등기 전에 대항요건을 갖추어야 한다"라고 규정하고 있고, 매각에서 제외된 주택에는 경매개시결정이 등기되지 않았으므로 임차인의 최우선변제권은 인정될 여지가 없다는 취지의 항변이 있었습니다.

그러나 대법원은 위 규정은 소액보증금을 배당받을 목적으로 배당절차에 임박하여 가장 임차인을 급조하는 등의 폐단을 방지하기 위해 소액임차인의 대항요건의 구비시기를 제한하기 위한 것이라고 보았습니다. 즉, 반드시 임차주택과 대지를 함께 경매하여 임차주택 자체에 경매신청의 등기가 되어야 한다거나, 임차주택에 경매신청의 등기가 가능한 경우로 제한하는 취지는 아니라는 것입니다. 그래서 위 규정이 미등기 주택에서 소액임차인의 대지에 관한 우선변제권을 배제하는 것은 아니라고 판단했습니다.

20

경기도 수원시 주택 입찰

증액 후 확정일자 받지 않은 임차인, 최우선변제권은?

경기도 수원시(수도권과밀억제권역)의 한 주택을 2011년 3월 보증금 500만원에 월세 25만원으로 임차한 사람이 전입신고와 동시에 확정일자를 받았습니다. 그후 2013년 4월 새마을금고가 채권최고액 5천만원으로 저당권을 설정했고, 임차인은 다시 2015년 3월 월세 없이 보증금 3,500만원의 전세계약으로 전환했지만, 증액한 3천만원에 대하여는 확정일자를 받지 않았습니다.(새마을금고의 실제 채권액이 채권최고액과 같고, 경매비용과 당해세를 배당하고 남은 배당재원이 1억원이라고 가정.)

1. 2011년 3월 1일, 임차인, 월세 계약 (보증금 500만원/확정일자 有)
2. 2013년 4월 1일, 새마을금고, 저당권 설정 (채권최고액 5천만원)
3. 2015년 3월 1일, 임차인 3천만원 증액 (보증금 3,500만원/확정일자 無)
4. 경매개시결정

임차인은 수도권과밀억제권역에 적용되던 최우선변제금 규정(2010.7.26~2013.12.31)에 따라 보증금 6,500만원 이하일 경우 2,200만원까지 배당받을 수 있습니다. 그러므로 보증금 3,500만원 중 2,200만원을 저당권자인 새마을금고보다 먼저 배당받습니다. 2순위로 새마을금고가 5천만원을 배당받으면 남는 재원은 2,800만원이 되는데요. 이때 임차인은 확정일자에 의한 우선변제권으로 500만원을 추가로 배당받을 수 있는지요? 또 낙찰자가 반환의무를 인수하는 보증금은 얼마인지요?

소액임차인의 최우선변제권과는 별도로 우선변제권은 확정일자를 받은 보증금에 한해 인정되므로, 이 임차인이 확정일자에 의한 우선변제권으로 배당받을 금액은 500만원입니다. 따라서 소액임차인 최우선변제권으로 먼저 배당받은 2,200만원 중에 확정일자의 효력이 미치는 500만원이 포함된 것이라면 임차인은 남은 배당재원에서 추가로 배당을 받을 수 없고, 그렇지 않다면 추가로 배당받을 수 있습니다.

주택임대차보호법 제8조 제1항에서 임차인이 보증금 중 일정액을 다른 담보물권자보다 우선변제 받을 수 있도록 한 것은, 소액임차인의 경우 비록 소액이라도 그에겐 큰 재산이므로 다른 담보권자의 지위를 해하더라도 최소한의 금액을 회수할 수 있도록 사회보장적 고려에서 나온 것입니다. 따라서 어떤 명목으로든 법이 규정한 최소금액을 회수했다면 먼저 배당받은 2,200만원이 확정일자의 효력이 미치는 500만원을 제외한 나머지 3,000만원에 대한 것이라고 볼 근거는 없으며, 결국 임차인은 추가 배당을 받기는 어려울 것으로 판단됩니다.

대항요건과 확정일자를 갖춘 임차인이 주택임대차보호법 제8조 제1항에 의하여 보증금 중 일정액의 보호를 받는 소액임차인의 지위를 겸하는 경우, 먼저 소액임차인으로서 보호받는 일정액을 우선 배당하고 난 후의 나머지 임차보증금채권액에 대하여는 대항요건과 확정일자를 갖춘 임차인으로서의 순위에 따라 배당을 하여야 하는 것이다.(대법원 2007. 11. 15. 선고 2007다45562 판결 [배당이의])

또한, 새마을금고의 근저당권보다 선순위로 대항력을 취득한 임대차보증금은 500만원뿐이고, 이는 이미 배당받아 반환채권이 소멸했으므로 낙찰자가 반환해야 하는 보증금도 없을 것입니다.

21

거주 아파트가 경매로 매각된 임차인

월세를 안 낸 경우, 배당받는 보증금에서 공제되나요?

Q 월세로 거주 중인 아파트가 경매로 매각됐습니다. 8개월 전 법원 직원이 방문해 아파트가 경매로 매각된다고 알려줘서 그때부터 월세를 내지 않았어요. 그런데 아파트 매각 후, 월세를 내지 않았다는 이유로 채권자가 이의를 제기해 보증금 전액을 배당받을 수 없다고 합니다. 경매 진행 중인 주택도 월세를 계속 내야 하나요? 또 월세는 집주인에게 내야 하는 것인데, 아무런 관계도 없는 채권자가 배당에 이의를 제기할 수 있나요?

경매로 인하여 누구에게든 부당이득이 발생하는 것은 허용되지 않습니다. 경매 개시 후라도 계속 살면서 월세를 내지 않았다면, 임차인에게 차임(월세) 상당의 부당이득이 발생한 것이죠. 따라서 임차인은 배당받을 보증금에서 연체차임을 공제한 나머지를 배당받습니다.

이때, 채권자가 임차인의 연체차임과 아무런 관련이 없다고 할 수는 없습니다. 채권자가 채권액 전부를 배당받지 못했다면 채무자(임대인)의 다른 재산에도 채무변제를 강제할 수 있는데, 임차인에 대한 연체차임지급청구권도 임대인의 재산으로 볼 수 있죠. 즉, 채권자는 임차인이 연체한 금액을 자기에게 지급하라고 청구할 수 있습니다.

> 보증금이 수수된 저당 부동산에 관한 임대차 계약이 저당 부동산에 대한 경매로 종료되었는데, 저당권자가 차임채권 등에 대하여는 민사집행법 제273조에 따른 채권집행의 방법으로 별개로 저당권을 실행하지 아니한 경우에 저당 부동산에 대한 압류의 전후와 관계없이 임차인이 연체한 차임 등의 상당액이 임차인이 배당받을 보증금에서 당연히 공제됨은 물론, 저당권자가 차임채권 등에 대하여 위와 같은 방법으로 별개로 저당권을 실행한 경우에도 채권집행 절차에서 임차인이 실제로 차임 등을 지급하거나 공탁하지 아니하였다면 잔존하는 차임채권 등의 상당액은 임차인이 배당받을 보증금에서 당연히 공제된다.(대법원 2016. 7. 27. 선고 2015다230020 판결 [배당이의])

한편, 주택 경매에서 임차인이 경매법원에 배당요구를 하는 것은 스스로 더 이상 임대차관계의 존속을 원하지 않음을 명백히 표명하는 것입니다. 특별한 사정이 없는 한 임대차 해지의 의사표시로 볼 수 있고, 그 배당요구 통지가 임대인에게 도달되는 즉시 임대차 관계는 해지로 종료됩니다.(대법원 1996. 7. 12. 선고 94다37646 판결 [배당이의] 참고)

따라서 위와 같은 과정에 의해 임대차 관계가 종료된 후 임차인이 그 주택을 비우고 다른 곳으로 이사했다면, 이사 후부터는 차임지급의무가 없으므로 차임을 지급하지 않더라도 연체로 볼 수 없습니다.

다만, 임차인이 경매절차에서 대항력과 우선변제권을 인정받기 위해서는 그 경매사건의 배당요구종기까지는 대항요건을 유지하고 있어야 하기 때문에, 임대차 관계가 종료된 후라 하더라도 아직 배당요구종기 전이라면 임차권 등기를 하고 전출해야 배당받을 수 있다는 점은 꼭 기억해두어야 합니다.

22

서울시 관악구 경매 예정 빌라의 임차인

임대인의 채무초과 상태에서 한 소액임대차 계약, 사해행위인가요?

Q 서울 관악구의 한 빌라에서 월세로 거주 중인데, 계약 당시 등기부에 선순위로 고액의 저당권이 설정되어 있었어요. 하지만 공인중개사가 "보증금이 소액이라 나중에 경매가 되더라도 선순위 저당권보다 먼저 배당받을 수 있기에 안전하다"라고 해서 계약했습니다.

그런데 이사 몇 개월 후 법원에서 소장을 받았습니다. 선순위 저당권자가 저의 임대차 계약에 대해 사해행위취소의 소를 제기했더군요.

여기저기 알아보니 "소액임대차 계약으로 채권자가 해를 입었다면 어쨌든 사해행위가 맞다"라는 의견도 있고, "소액임차인 최우선변제권은 (주거용 건물의 임대차에 관하여 민법에 대한 특례를 규정하고 있는) 주택임대차보호법의 규정이므로, 민법이 규정하고 있는 사해행위취소보다 당연히 우선한다"라는 의견도 있습니다. 어떤 해석이 옳은지요? 경매 후 저는 보증금을 돌려받을 수 있을까요?

채무자가 채권자를 해함을 알고 재산권을 목적으로 한 법률 행위를 '사해행위'라 하는데, 채무자가 사해행위를 한 때에는 채권자는 그 취소 및 원상 회복을 법원에 청구할 수 있습니다(민법 제406조). 즉, 선순위로 은행의 근저당이 있는 줄 알면서도 소액임대차 계약을 체결하고, 그로 인해 은행이 경매에서 배당받을 금액이 줄었다면 당연히 사해행위이며, 은행은 채무자(임대인)를 대위하여 그 임대차계약을 취소할 수 있습니다.

> 주택임대차보호법 제8조의 소액보증금 최우선변제권은 임차 목적 주택에 대하여 저당권에 의하여 담보된 채권, 조세 등에 우선하여 변제받을 수 있는 일종의 법정 담보물권을 부여한 것이므로, 채무자가 채무초과 상태에서 채무자 소유의 유일한 주택에 대하여 위 법조 소정의 임차권을 설정해준 행위는 채무초과 상태에서의 담보 제공 행위로서 채무자의 총재산의 감소를 초래하는 행위가 되는 것이고, 따라서 그 임차권 설정 행위는 사해행위 취소의 대상이 된다고 할 것이다.(대법원 2005. 5. 13. 선고 2003다50771 판결 [배당이의])

그런데 임대차 계약이 취소되면, 결국 임대인의 채무로 인해 임차인이 피해를 보겠죠. 따라서 임대인의 임대차 계약 행위가 사해행위라 임차인이 그 사실을 알지 못했다면, 은행은 임대차 계약의 취소를 청구할 수 없습니다. 결국 임차인이 임대인의 임대차 계약 행위가 사해행위임을 알았다면(악의) 계약은 취소될 것이고, 몰랐다면(선의) 임대차 계약은 유효하므로 임차인의 선의 여부가 관건입니다.

소액임대차 계약 행위가 사해행위인 경우 채무자(임대인)뿐만 아니라 수익자(임차인)에게도 악의가 추정됩니다. 그러나 주택임대차보호법의 입법 취지는 소정의 요건을 갖춘 임차인에게 선순위 담보권자 등에 우선하여 소액보증금을 받을 수 있게 하는 것입니다. 이러한 입법 취지에 비추어보면, 소액임대차 계약 시 임차인은 보증금 회수 가능성에 대하여 상당한 신뢰를 갖게 되고, 따라서 임대인의 과다 채무 여부를 비롯하여 자신의 임대차 계약이 사해행위가 되는지에 대하여 통상적인 거래 때보다는 주의를 덜 기울이게 될 것입니다.

따라서 대법원의 판례는 수익자인 임차인의 선의를 판단할 때, 실제로 보증금 지급 여부, 그 보증금 액수는 적정한지, 등기부상 권리제한 등기가 있어 임대인의 채무초과 상태를 의심할 만한데도 굳이 계약을 체결할 사정이 있었는지, 임대인과 친인척 관계 등 특별한 관계는 없는지 등을 종합적으로 고려하여 논리와 경험칙을 통하여 합리적으로 판단해야 한다는 것입니다.(대법원 2005. 5. 13. 선고 2003다50771 판결 [배당이의] 참고)

물론 저당권이 설정된 후 소액임대차를 계약한 경우라고 해서 무조건 사해행위가 성립하는 것은 아닙니다. 저당권자보다 소액임차인에게 먼저 배당이 되더라도, 주택의 가액이 매우 높아서 저당권자가 채권 전액을 배당받을 수 있다면, 소액임대차 계약 행위는 채권자를 해한 것이 아니므로, 임차인의 선의 여부를 따지기 전에 그 자체로 사해행위를 구성하지는 않습니다.

채무자가 근저당권이 설정된 부동산에 관하여 보증금이 최우선 변제되는 임대차계약을 체결한 경우, 당시 부동산의 가액이 근저당권의 피담보 채권액과 최우선 변제되는 소액보증금의 합계액을 초과하여 근저당권자가 소액보증금 우선변제권을 감안하더라도 근저당권으로 피담보채권에 대한 우선변제권을 확보하고 있었다면, 채무자가 임대차 계약을 체결한 행위는 근저당권자를 해하지 아니하므로 근저당권자에 대하여 사해행위가 성립하지 아니한다.(대법원 2015. 11. 26. 선고 2015다48825 판결 [배당이의])

23

임대차보증금의 지급과 대항력

임대차계약 잔금 지급 전에 대항요건을 갖춘 경우

Q 임차인이 임대차보증금 중 일부를 임대인에게 주고 입주하면서 동사무소에 전입신고도 하고 확정일자도 받았는데, 보증금 잔금을 나중에 줬다면 대항력 발생시점은 언제인가요? 또한 확정일자를 받은 후 보증금을 전부 지급하기 전에 등기부에 근저당권이 설정되었다면, 나중에 지급한 보증금(임대차잔금)은 근저당권보다 후순위로 배당을 받나요?

주택임대차보호법은 임차인에게 대항력, 그리고 우선변제권을 인정받기 위해 대항요건과 임대차계약증서상의 확정일자를 갖추는 것 외에, 계약 당시 임대차보증금을 전액 지급했을 것을 요구하지는 않습니다.

따라서 임차인이 임대인에게 임차보증금의 일부만을 지급하고 주택임대차보호법 제3조 제1항에서 정한 대항요건과 임대차계약증서상의 확정일자를 갖춘 다음 나머지 보증금을 나중에 지급했더라도, 특별한 사정이 없는 한 대항요건과 확정일자를 갖춘 때를 기준으로 임차보증금 전액에 대해서 대항력과 후순위권리자나 그 밖의 채권자보다 우선하여 변제를 받을 권리를 갖는다고 보아야 합니다.(대법원 2017. 8. 29. 선고 2017다212194 판결 [배당이의] 참고)

24

낙찰자의 임대차 인수

임차권 양도양수 및 전대차의 대항력 발생시점은?

Q 임차인의 전입신고 일자가 말소기준권리 설정일자보다 늦더라도 낙찰자에게 임대차가 인수되는 것은 어떤 경우이고, 입찰 전에 어떤 방법으로 그 위험성을 알 수 있나요?

대항력을 갖춘 주택 임차인이 임대인의 동의를 얻어 적법하게 임차권을 양도하거나 전대한 경우, 양수인이나 전차인에게 점유가 승계되고 전입신고(주민등록이 단절된 것으로 볼 수 없을 정도의 기간 내)가 이루어졌다면, 그 양도나 전대에 의하여 점유와 주민등록이 변경되었더라도 원래 임차인이 갖는 임차권의 대항력은 소멸되지 않고 동일성을 유지한 채 존속하는 것으로 봅니다. 이 경우 임차권 양수인은 원래 임차인의 대항력과 우선변제권을 행사할 수 있고, 전차인은 대위하여 행사할 수 있습니다.(대법원 2010. 6. 10. 선고 2009다101275 판결 [배당이의] 참고) 그러나 경매로 매각하는 주택의 임차인이 종전의 임차인으로부터 임차권을 양수한 사람인지, 또는 전차한 사람인지 알 수 있는 방법은 없습니다.

25

서울시 양천구 아파트의 지분 입찰

아파트 지분 매각사건, 대항력 있는 임차인이 있어요

Q 서울시 양천구 목동의 아파트 지분 경매에 입찰하려고 합니다. 갑 2/3, 을 1/3 지분으로 공유하고 있는 아파트의 갑 지분만을 매각하는 경매사건인데요. 배당요구를 하지 않은 선순위 임차인이 있습니다. 임차인의 보증금은 1억 5천만원인데, 갑 지분을 낙찰받을 경우 보증금 중 1억원을 반환해주고 아파트의 인도를 청구할 수 있는지요?

임대주택의 양수인은 임대인의 지위를 승계합니다. 따라서 갑의 지분을 낙찰받으면 임대인 중 갑의 지위를 승계하는 것입니다. 그래서 사실상 보증금 반환의무도 보증금 총액 1억 5천만원 중 1억원에 대한 반환의무만 승계하는 것으로 볼 수 있습니다.

다만, 그러한 사정은 공유자인 을과의 관계에서만 주장할 수 있습니다. 즉, 승계한 임대차의 만기 때 을이 보증금 중 5천만원을 임차인에게 반환하지 않는다면, 낙찰자는 자기가 승계한 1억원을 지급하며 임차인에게 주택의 인도를 청구할 수는 없습니다. 임차인은 누구에게든 보증금 전액을 반환받기 전까지 주택의 인도를 거부할 수 있는 것입니다.

Q 만약 갑이 공유자 을의 동의 없이 단독으로 임대한 것이라면, 을은 받지도 않은 보증금을 반환해주지 않을 것 같습니다. 그렇다면 이런 경우 낙찰자는 보증금 전부를 반환해야 하는지요?

민법은 공유물을 임대하는 것은 관리행위로 보고, 공유물의 관리에 관한 사항은 공유자의 지분의 과반수로 결정한다고 규정하고 있습니다(제265조). 따라서 과반수 지분을 가지고 있는 갑이 단독으로 임대할 경우, 그 임대차는 적법합니다. 이때 적법하다는 의미는 공유물을 갑이 단독으로 임대했다는 이유로 어떠한 형태로든 임차인에게 피해가 발생하면 안 된다는 것입니다.

을은 갑이 단독으로 임대할 경우 보증금과 차임에 대해 자기 지분에 해당되는 금액을 지급하라고 갑에게 청구할 수 있습니다. 이처럼 갑에 대해 청구권이 있는데도 이를 청구하지 않는 것은 을의 자유입니다. 그러나 자유의지로 자기의 권리를 행사하지 않았다고 해서 제3자인 임차인에 대한 의무를 면할 수는 없습니다.

결국 공유자는 보증금 반환에 관하여 연대책임이 있습니다. 만약 임차인이 낙찰자에게만 그 반환을 청구할 경우, 낙찰자는 보증금 전액을 반환한 후 을에게 을의 지분에 상당하는 임대차 보증금에 대한 구상권을 행사할 수 있습니다.

26

두 사람이 지분 공유한 아파트 입찰

공유부동산 경매에서 지분별로 말소기준권리가 다른 경우

두 사람이 공유하고 있는 아파트 경매사건을 분석하던 중, 매각물건명세서의 등기상 최선순위 설정권리(말소기준권리)가 지분별로 다르다는 것을 발견했습니다.

김삼순 지분: 2023년 1월 3일 경매개시 결정
나부자 지분: 2022년 6월 13일 근저당권

김삼순 지분은 경매개시결정등기가 말소기준권리가 되고, 나부자 지분은 근저당권이 말소기준권리라고 하는데, 문제는 임차인의 전입신고 일자가 2022년 11월 8일입니다.

이 임차인을 김삼순 지분을 기준으로 분석하면 낙찰자에게 대항할 수 있는 임차인이고, 나부자 지분을 기준으로 분석하면 대항할 수 없는 임차인입니다. 이 사건의 임차인은 낙찰자에게 대항할 수 있는 임차인인가요?

A경매정보회사는 나부자 지분에 대해서는 대항력이 없으나, 임차인의 보증금은 불가분채권이므로 김삼순 지분에 대해서는 대항력이 있으므로 미배당보증금은 매수인이 인수해야 한다고 합니다. B경매정보회사에서는 인수되지 않는다고 합니다. 어느 쪽의 설명이 맞는지요?

임차권은 부동산의 '물리적 일부'에 설정할 수 있습니다. 가령 다가구주택의 한 호실을 임차하거나, 아파트에서 방 1개를 임차하면 그 물리적 범위에 한정하여 임차권이 성립합니다.

그러나 '권리의 일부'에는 설정할 수 없습니다. 즉, 2인 이상이 공유하는 부동산에 대해 공유자 중 특정인의 지분에만 임차권을 설정할 수는 없습니다. 임차권은 그 부동산을 사용함으로써 이익을 얻는 용익권인데, 부동산의 물리적 일부만을 사용할 수는 있지만, 일부 지분만(가령 부부 공동명의의 아파트에서 남편의 지분만)을 사용할 수는 없다는 것을 생각해보면 쉽게 이해할 수 있을 것입니다.

따라서 공유부동산에 설정된 임차권은 그 일부(둘 중 한 사람의 지분에 대한 임차권)만 낙찰자에게 인수되는 것은 법률적으로 불가능하고, 전부가 소멸하거나 전부가 인수됩니다.

이때 인수인지 소멸인지를 판단하는 방법은 다른 권리분석과 다르지 않습니다. 즉, 누군가에게 불측의 피해가 발생하는지를 살펴보면 답을 간단하게 찾을 수 있습니다.

앞의 경매사건의 경우 만약 낙찰자에게 임차권이 인수된다면, 임차인이 대항력을 취득하기 전에 먼저 나부자 지분에 근저당권을 설정한 채권자가 불측의 피해를 봅니다. 임차권이 인수되면 그만큼 낮은 가격에 낙찰될 것이고, 결국 근저당권자가 배당받을 재원이 줄어들 테니까요.

반면 임차권이 소멸된다면, 누구도 불측의 피해를 보지 않습니다. 이때 임차인은 비록 나부자의 지분에 한정된 것일지라도 저당권이 설정된 것을 알고도 임대차계약을 체결한 것이므로, 매각으로 임차권이 소멸되더라도 불측의 피해를 보는 것은 아닙니다.

그렇다면 답은 나왔습니다. 이 사건의 임차권은 매각으로 소멸하여 낙찰자에게 그 부담이 인수되지 않습니다.

참고로 A경매회사가 인수된다는 주장의 근거로 삼은 불가분채권은 이 사건과 전혀 무관합니다. 불가분채권(민법 제409조)은 채권자가 여러 명일 때 그들이 공동으로 가지고 있는 채권을 말합니다. 즉, 임차인(채권자)이 여러 명(공동임차인)일 때 그 임차인들이 가지고 있는 채권이 바로 불가분채권입니다. 따라서 임차인이 1명인 이 사건을 설명하기에는 적절하지 않은 근거입니다. 설령 불가분채권이라고 하더라도, 임차권이 불가분채권이기 때문에 인수된다는 논리 전개는 전혀 법률적 인과관계가 없는 주장입니다.

> 민법 제409조(불가분채권)
> 채권의 목적이 그 성질 또는 당사자의 의사표시에 의하여 불가분인 경우에 채권자가 수인인 때에는 각 채권자는 모든 채권자를 위하여 이행을 청구할 수 있고, 채무자는 모든 채권자를 위하여 각 채권자에게 이행할 수 있다.

27

주택 1채에 대항력 있는 임차인 2명 이상

한 공간에 2명의 선순위 임차인, 임차권이 인수되나요?

Q 동일한 공간에 2명 이상의 선순위 임차인이 있을 때, 각 세대별 대항력과 우선변제권을 인정해 주나요? 한 공간의 일부를 임대한 것이 아니라 동일한 공간의 전체에 대해 선순위 임차인으로 각각 권리신고를 한 것을 인정해 준다면, 불측의 피해자가 발생하는 것은 아닌지 궁금합니다.

동일한 주거공간에 전입과 확정일자를 모두 갖춘 임차인으로 신고한 세대가 2세대 이상이라도, 상식적으로 다른 세대와 주거를 함께할 수 없는 공간임에도 말소기준권리보다 선순위라는 이유만으로 낙찰자에게 인수 대상이라고 판단해야 한다면, 채권자나 낙찰자 입장에서 불합리할 것 같다는 생각이 들어서요.

결론부터 말씀드리면 대항력과 우선변제권이 인정됩니다. 다만, 그 임대차의 실체가 있다는 전제입니다. 즉, 허위 임차인이 아니어야 합니다.

1. 위의 질문이 동일한 공간에 2세대가 현실적으로 거주할 수 있느냐에 방점이 찍힌 것이라면, 적어도 둘 중 하나는 허위 임차인일 것이라는 매우 합리적인 의심을 하고 있을 것입니다. 다만, 그 의심은 주장하는 자가 소송을 통해, 또는 객관적 자료를 통해 입증해야 할 문제

입니다.

2. 둘 다 임대차의 실체가 있다는 전제로 한 질문이라면, 당연히 대항력과 우선변제권이 인정됩니다. 주택임대차보호법은 임차인이 대항요건을 갖추고 임대차계약서상 확정일자를 받으면, 그다음 날부터 제3자에 대한 대항력과 우선변제권을 취득한다고 규정하고 있을 뿐, 그 조건으로 "아무도 전입신고를 하지 않은 주택에 국한한다"는 취지의 규정은 없기 때문입니다.

위의 질문자는 이때 후순위 채권자 등 다른 권리자나 낙찰자에게 불측의 피해가 발생하므로 불합리하다고 생각하는 듯합니다. 그런데 후순위 권리자는 그 주택에 이미 2세대가 전입신고가 되어 있는 상태에서 법률행위를 한 것이므로 불측의 피해자라고 할 수 없고, 낙찰자가 권리분석을 잘못해서 입은 피해도 불측의 피해가 될 수 없습니다.

28

임대차보증금 반환 지연에 따른 이자

임대차보증금반환채권의 지연이자도 승계되나요?

Q 낙찰자에게 대항할 수 있는 임차인이 배당받을 수 있는 금액에 대한 질문입니다. 임대차보증금이 8천만원이고, 임차권등기 후 임대인에게 임대차보증금반환 소송을 하여 원금과 연 12%의 이자에 대하여 승소 판결을 받았습니다. 현재까지 발생된 이자가 약 1,800만원인데, 이 상태에서 경매가 진행되어 낙찰자가 2천만원에 낙찰받았고, 임차인은 1천만원을 배당받았다는 전제로 질문을 드립니다.

【질문1】 임차인이 낙찰자에게 청구할 수 있는 미배당보증금은 원금을 한도로 한 7천만원인지, 아니면 이자를 포함한 8,800만원인지요?

【질문2】 임차인이 배당받은 1천만원은 이자를 변제받은 것인가요? 배당금이 이자부터 변제 충당된 것이라면 임차보증금 8천만원은 고스란히 낙찰자가 물어줘야 하는지요?

우선 임대차보증금 반환 지연에 따른 이자의 지급의무는 낙찰자에게 인수되지 않고, 오로지 임대차보증금 원금의 반환의무만 인수됩니다. 다만, 만약 임차인이 경매절차에서 배당받은 1천만원이 이자채권이라면, 낙찰자는 8천만원 전부를 임차인에게 반환해야 하고, 원금채권이라면 7천만원을 임차인에게 반환해야 할 것입니다.

민법 제479조(비용, 이자, 원본에 대한 변제충당의 순서)
① 채무자가 1개 또는 수개의 채무의 비용 및 이자를 지급할 경우에 변제자가 그 전부를 소멸하게 하지 못한 급여를 한 때에는 비용, 이자, 원본의 순서로 변제에 충당하여야 한다.

이에 관해 민법 제479조 1항을 근거로 이자채권이 먼저 배당된 것이라는 주장을 할 수도 있겠지만, 이 사건의 임차인이 임차권등기(또는 확정일자)로 취득한 우선변제권의 효력은 원금에 한정된 것이고, 소송을 통해 확정된 이자채권은 경매절차에서 일반채권으로서 우선변제권을 인정받지 못합니다. 즉, 우선변제권 있는 원금채권이 우선변제권이 없는 이자채권보다 당연히 먼저 배당되므로, 임차인이 배당받은 1천만원은 원금채권으로 보아야 할 것입니다.

따라서 민법 제479조 1항을 이 사건에 대한 판단근거로 하기에는 적절치 않은 것으로 보입니다. 아울러 낙찰자는 임차인에게 7천만원을 반환하는 것으로 주택의 인도를 청구할 수 있을 것으로 판단됩니다.

29

서울시 강서구 빌라 낙찰자

낙찰 주택의 기존 임차인과 임대차계약 할 때 주의점은?

Q 서울시 강서구 화곡동의 한 빌라를 낙찰받았습니다. 기존 월세 임차인은 배당요구를 했고, 소액임차인으로서 보증금 전액을 배당받을 수 있을 것으로 보입니다.

그런데 이 임차인이 저와 다시 임대차 계약을 체결하고 계속 거주하기를 원하고 있습니다. 저 또한 임대를 목적으로 낙찰받은 빌라라서 문제가 없다면 이분과 임대차 계약을 하고 싶습니다.

【질문1】 임차인이 배당을 받으려면 저의 명도확인서가 있어야 합니다. 그런데 임차인이 이사를 가지 않은 상태에서 명도확인서를 주면 차후에 문제가 되지는 않는지요?

【질문2】 경락잔금* 대출을 받은 후에, 서류상 은행의 우선권을 위해 임차인이 계속 거주할 것인데도 전출 후 재전입 신고를 해야 하나요?

【질문3】 임차인이 경매가 개시된 후 전 소유자에게 월세를 지급하지 않았다고 합니다. 법원에서 보증금을 배당받을 때 그동안 지급하지 않은 월세를 제하고 받게 되나요?

많은 분들이 임차인이 이사하지 않은 상태에서 명도확인서를 주는 것은 위험하다고 말합니다. 임차인이 보증금을 배당받고도 주택을 인도

하지 않으면 낙찰자가 곤란해질 수 있다는 우려 때문일 것입니다.

그러나 제 생각은 좀 다릅니다. 임차인 입장에서 생각해보면 배당받을 보증금 외에 재산이 없다면 이사를 가고 싶어도 갈 수가 없겠지요. 그런 임차인을 상대로 이사를 나가야 명도확인서를 주겠다고 하면 오히려 명도를 지연시키는 결과가 될 수 있습니다.

물론 임차인이 보증금을 배당받고도 부동산을 인도하지 않으면 낙찰자는 인도명령을 통한 강제집행을 할 수밖에 없습니다. 그러나 명도확인서를 미리 주지 않아 임차인이 부동산을 인도하지 못한다면, 역시 인도명령에 의한 강제집행을 해야 하는 것은 마찬가지입니다.

경락잔금• 대출을 받을 때, 대부분의 은행은 대출 실행 후 정해진 기간 안에 낙찰자를 제외한 모든 세대가 전출하는 것을 조건으로 돈을 빌려줍니다. 따라서 은행의 대출조건을 미리 확인하고, 임차인이 협조해줄 수 있는지도 합의해야 나중에 곤란한 상황이 발생하지 않습니다.

월세 임차인이 차임을 지급하지 않으면 그 연체차임은 반환되는 보증금에서 당연히 공제됩니다. 따라서 전 소유자나 채권자가 연체차임을 이유로 배당에 이의를 제기하면 임차인은 연체차임을 공제한 나머지 금액만을 배당받을 수 있습니다. 다만, 법원은 임차인이 차임을 연체한 사실을 알 수 없기 때문에 이해관계인의 이의가 없을 경우 보증금 전부가 배당되기도 합니다.

• **경락잔금** 경매로 낙찰된 물건에 대해 낙찰자가 내야 할 잔금. 낙찰가에서 입찰 보증금을 뺀 금액.

30

서울시 서대문구 오피스텔 낙찰자

법원에서 임차권 등기를 말소할 수 없다고 연락이 왔어요

Q 서울 서대문구 연희동의 오피스텔을 낙찰받았습니다. 선순위 임차인이 임차권 등기 후 이미 전출한 상태이고, 경매절차에서 보증금을 전부 배당받을 수 있습니다.

잔금 지급과 동시에 등기상의 모든 권리를 말소한다는 조건으로 은행에 대출을 받아 잔금을 지급하고, 소유권이전등기촉탁과 함께 말소등기촉탁도 신청했습니다. 그런데 오늘 임차권 등기는 지금 바로 말소할 수 없다고 법원으로부터 전화를 받았습니다. 은행은 조건대로 빨리 임차권 등기를 말소하라고 독촉하는데, 왜 임차권 등기가 바로 말소되지 않는지, 어떻게 대처해야 할지 궁금합니다.

임차인이 보증금을 반환받는 것과 주택을 소유자에게 인도하는 것은 동시이행의 관계에 있습니다. 즉 소유자에게 주택을 인도하지 않으면서 보증금을 반환해달라고 요구할 수 없지만, 보증금을 반환받기 전까지 주택의 인도를 거부할 수도 있는 것입니다.

이러한 법리는 경매에도 적용됩니다. 보증금을 배당받기 전까지 주택의 인도를 거부할 수 있습니다. 그런데 임차권 등기로 자기의 임차권을 공시하고 이미 전출한 상태라면, 임차권 등기의 말소를 거부할 수 있습니다.

임차권 등기로 공시하고 있는 임차권이 낙찰자에게 대항할 수 없는 임차권이라면, 배당과 무관하게 낙찰자가 잔금을 지급함과 동시에 말소를 청구할 수 있습니다. 하지만 낙찰자에게 대항할 수 있는 임차권이라면 말소는 배당이 확정될 때까지 사실상 불가능합니다. 그러나 임차권 등기가 지금 당장 말소되지 않는 것뿐이고, 예상대로 임차인이 보증금을 전액 배당받는다면 배당이 확정되는 시점에 말소할 수 있으니, 문제가 되지는 않을 것입니다.

다만, 은행의 담당자가 위와 같은 법리를 알지 못해 당장 임차권 등기를 말소하지 않으면 대출금을 상환해야 한다고 독촉하는 경우가 있습니다. 이럴 때는 담당자에게 위 법리를 설명하고 배당기일까지 기다려 달라고 요구하는 수밖에 없습니다. 만일 은행 담당자가 이를 수긍하지 않더라도 원리금이 약정대로 상환되고 있는 이상, 은행이 주택을 경매할 수는 없습니다. 임차권 등기를 당장 말소하지 못하는 것은 낙찰자가 대출조건을 이행하지 않는 것이 아니라, 법률이 정한 방법에 따라 이행하고 있을 뿐이기 때문입니다.

31

세대분가 앞둔 임대차 계약자

가족은 두고 저만 주소지를 옮겨도 되나요?

Q 임대차계약서상 세입자이며 계약자인데요. 지금 가족은 그대로 두고 저만 주소지를 이전하려고 합니다. 만약 집이 경매로 넘어간다면 기존의 전입신고 부분은 무효가 되는 것인지 궁금합니다. 즉, 가족 구성원은 그대로 살면서 계약 당사자가 주소지를 이전하면 전입신고의 효력이 무효가 되는 것인지요?

주택임차인이 그 임대차로 제3자에게 대항하기 위한 요건으로서의 주택임대차보호법의 주민등록은 그 대항력 취득 시점뿐만 아니라 그 대항력을 유지하기 위해서도 계속 존속하고 있어야 합니다.

그러나 임차인이 가족과 함께 계속 그 주택을 점유하고 있으면서, 가족의 주민등록은 그대로 둔 채 임차인만 주민등록을 일시적으로 다른 곳으로 옮긴 경우가 있습니다. 이런 경우라면 전체적으로나 종국적으로 주민등록의 이탈이라고는 볼 수 없으므로 임대차의 제3자에 대한 대항력을 상실하지 않습니다.

32

경매로 매각된 빌라 임차인의 질문

배당 확정 후에도 계속 거주 중인 임차인, 월세는?

Q 3년 전부터 전세로 거주 중인 빌라가 작년에 경매로 매각됐습니다. 전입신고는 말소기준권리보다 앞서 대항력이 있었지만 확정일자를 늦게 받아서 보증금 1억 4천만원 중 9천만원 정도만 배당을 받았고, 나머지 5천만원은 못 받았습니다.

법률구조공단에 물어보니, 전입신고가 말소기준권리보다 빠르기에 5천만원은 낙찰자에게 받을 수 있고, 그때까지는 이사를 거부할 수도 있다고 했습니다. 경매가 끝난 후 낙찰자와 이 문제로 몇 번 대화도 했지만 돈이 없다며 5천만원을 주지 않아 지금까지 살고 있습니다.

그런데 며칠 전 낙찰자로부터 배당받지 못한 보증금을 줄테니 나가달라고 연락이 왔습니다. 최근 아파트 가격이 급등해서 5천만원을 물어주고도 이익이라고 생각한 모양이에요.

그런데 경매과정에서 배당받은 9천만원에 대하여 배당 확정 후 지금까지 약 14개월간의 월세를 달라고 합니다.

저는 월세가 아니라 전세 임차인이고, 14개월간 낙찰자가 배당받지 못한 보증금을 돌려주지 않아 어쩔 수 없이 거주하고 있었던 것인데, 이런 경우에도 제가 그 월세를 주어야 하나요?

대항력과 우선변제권을 가진 임차인이 배당요구를 했더라도 보증금 전액을 배당받지 못했다면, 이를 반환받을 때까지 임대차관계의 존속을 주장할 수 있습니다. 이처럼 경매절차에서 임차인이 배당요구를 한 경우 임대차는 해지되어 종료되지만, 보증금 전액을 배당받지 못했다면 잔액을 반환받을 때까지 임대차 관계가 존속되는 것으로 보기 때문에, 낙찰자는 임대차가 종료된 상태의 임대인 지위를 승계합니다. 이로 인해 임대차 종료 후 임차인의 명도 의무와 임대인의 연체 임대료, 기타 손해배상금을 공제하고 남은 임차보증금 반환의무는 동시이행의 관계에 있습니다.

따라서 낙찰자가 미배당 보증금을 반환하지 않아서 임차인이 동시이행의 항변권에 근거하여 주택을 점유하고 사용 · 수익했다면 불법점유라고 할 수 없으므로 손해배상 책임은 지지 않습니다. 그러나 그로 인해 얻은 이익이 있다면 이는 부당이득으로서 당연히 반환해야 합니다.

정리하면, 보증금 1억 4천만원 중 5천만원을 배당받지 못했다면 그 5천만원에 대해서는 반환받을 때까지 임대차 관계의 존속을 주장할 수 있지만, 이미 배당받은 9천만원 부분에 대해서는 주장할 수 없습니다. 따라서 경매가 끝난 뒤에도 주택 전부를 사용 · 수익하여 실질적 이익을 얻고 있다면, 임대차 관계가 존속되는 것으로 보고, 5천만원에 해당하는 부분을 제외한 9천만원에 해당하는 부분에 대해서는 부당이득을 얻고 있는 것이므로, 이를 반환해야 합니다.

33

주택 입찰 예정자의 질문

주택임대차보호법상 중소기업의 대항력 발생시점은?

Q 예전에는 주택임대차보호법상 법인은 대항력이 인정되지 않았으나, 2014년 1월 1일부터 중소기업에게도 대항력과 확정일자에 의한 우선변제권을 인정하는 것으로 알고 있습니다.

관심 있는 경매사건에서 중소기업이 2014년 1월 1일 이전에 임대차 계약을 하고 직원이 전입신고와 확정일자를 받았습니다. 이 경우 대항력과 우선변제권 모두 2014년 1월 2일 0시부터 발생하는 것인지요?

중소기업의 대항력 인정(2014년 1월 1일부터 시행)

2011년 9월 9일	2013년 3월 3일	2013년 4월 4일	2013년 5월 5일	
B기업/임대차계약 1억원 확정일자	B기업 직원을 전입	농협/근저당 1억원	수협/가압류 1억원	낙찰 2억원

주택임대차보호법상 중소기업의 대항력에 관한 규정이 2014년 1월 1일부터 발효되었다고 해서, 그전부터 존속 중이던 중소기업의 임대차에 대한 대항력도 2014년 1월 2일 0시에 발생하는 것은 아닙니다.

주택임대차보호법 제3조(대항력 등)

③ 「중소기업기본법」 제2조에 따른 중소기업에 해당하는 법인이 소속 직원의 주거용으로 주택을 임차한 후, 그 법인이 선정한 직원이 해당 주택을 인도받고 주민등록을 마쳤을 때에는 제1항을 준용한다. 임대차가 끝나기 전에 그 직원이 변경된 경우에는 그 법인이 선정한 새로운 직원이 주택을 인도받고 주민등록을 마친 다음 날부터 제3자에 대하여 효력이 생긴다.〈신설 2013. 8. 13.〉

위 규정이 2014년 1월 1일 발효된 것은 맞습니다. 그러나 이 규정은 시행 시점이 아닌 "직원이 해당 주택을 인도받고 주민등록을 마쳤을 때"에 임차인의 대항력에 관한 규정을 준용한다고 규정하고 있습니다. 또한 이 규정이 발효된 것이 2014년 1월 1일이니 그 이후에 대항요건을 갖춘 임대차만 적용되는 것도 아닙니다.

주택임대차보호법 부칙 〈법률 제12043호, 2013. 8. 13.〉

제3조(중소기업 법인의 대항력에 관한 적용례 및 경과조치)

① 제3조 제3항의 개정규정은 법인(「중소기업기본법」 제2조에 따른 중소기업인 법인에 한정한다)이 임차인인 이 법 시행 당시 존속 중인 임대차에 대하여도 적용하되, 이 법 시행 전에 물권을 취득한 제3자에 대하여는 그 효력이 없다.

주택임대차보호법 부칙 제3조 제1항은 중소기업 법인의 대항력에 관하여 이 법 시행 당시 존속 중인 임대차에 대해서도 적용한다고 규정하고 있습니다. 즉, 2014년 1월 1일 이전에 대항요건을 갖춘 B기업의 임대차도 주택임대차보호법 제3조 제3항이 적용됩니다. 또 제3조 제3항의 내용은 "주민등록과 점유를 마친 때 대항력 발생"입니다. 따라서 B기업의 대항력은 2014년 1월 2일이 아닌 2013년 3월 4일 0시에 발생한 것입니다.

그러나 시행부칙에 "이 법 시행 전에 물권을 취득한 제3자에 대하여는 그 효력이 없다"라고 규정하고 있으므로, 결국 B기업의 대항력은 2013년 3월 4일에 발생했으나 2014년 1월 1일 전에 물권을 취득한 자(사례의 농협)에게는 대항할 수 없다는 의미입니다.

이러한 법리에 관하여 "어차피 2014년 1월 1일 이전에 물권을 취득한 자에게 대항할 수 없다면 2014년 1월 2일 0시에 대항력을 취득한 것과 차이가 없는 것 아니냐"라는 오해도 있습니다. 그러나 법 시행 전에 취득한 물권에만 대항할 수 없을 뿐, 물권이 아닌 권리에는 대항할 수 있습니다. 그래서 2013년 3월 4일과 2014년 1월 1일 사이에 다른 권리가 설정됐다면 그 권리가 물권인지 아닌지에 따라 달라집니다.

사례로 풀어보겠습니다.

현장사례1

1. 2011년 B기업 임대차 계약
2. 2012년 B기업 직원 전입신고 및 점유 개시
3. 2013년 수협은행 근저당권 설정

이 경매사례의 낙찰자는 B기업의 임대차를 인수하지 않습니다. B기업의 대항력 발생시점이 등기상 최선순위인 수협은행의 근저당권보다 빠르지만 부칙 제3조 1항에 의하여 낙찰자에게 대항하지 못합니다.

현장사례2

1. 2011년 B기업 임대차 계약
2. 2012년 B기업 직원 전입신고 및 점유 개시
3. 2013년 수협은행 가압류 집행

반면 이 경매사례의 낙찰자는 B기업의 임대차를 인수합니다. B기업의 대항력 발생시점이 등기상 최선순위인 수협은행의 가압류보다 빠르기 때문에 이 임대차는 낙찰자에게 인수됩니다.

34

경기도 성남시 법인사업자

법인인 임차인의 대항력 발생시점은?

Q 경기도 성남시 판교의 법인사업자입니다. 법인이 직원들 숙소로 주택에 임대차 계약을 했고, 직원이 전입신고와 점유를 했습니다. 이 경우 대항력이 발생한다고 알고 있는데요. 법인이 주택을 임차해 그 직원이 사용하는 경우는 사택으로 사용하는 경우가 대부분일 것입니다.

【질문1】 만약 기존의 직원이 퇴직이나 전근으로 그 주택에서 퇴거하고 새로운 직원이 전입하면 어떻게 되나요? 법인의 대항력 발생시점은 기존 직원의 전입신고 일자와 새로운 직원의 전입신고 일자 중에 무엇을 기준으로 판단하는지요?

【질문2】 법인이 아닌 경우 임차인이 전출하더라도 그 세대원이 주민등록을 유지하면 대항력이 존속된다고 알고 있습니다. 법인의 경우도 기존의 직원이 전출하기 전에 새로운 직원이 전입하면 대항력이 유지되는 건가요?

【질문3】 임차주택을 여러 직원이 공동으로 사용하고 있다면 대항력 발생시점은 무엇을 기준으로 판단하는지요?

먼저 관련 법 조항인 주택임대차보호법의 제3조 제3항부터 살펴보죠.

주택임대차보호법 제3조(대항력 등)

③ 「중소기업기본법」 제2조에 따른 중소기업에 해당하는 법인이 소속 직원의 주거용으로 주택을 임차한 후 그 법인이 선정한 직원이 해당 주택을 인도받고 주민등록을 마쳤을 때에는 제1항을 준용한다. 임대차가 끝나기 전에 **그 직원이 변경된 경우에는 그 법인이 선정한 새로운 직원이 주택을 인도받고 주민등록을 마친 다음 날부터 제3자에 대하여 효력이 생긴다.**〈신설 2013. 8. 13.〉

1. 기존 직원이 전출하고 새로운 직원이 전입신고를 한 경우, 새로운 직원이 전입신고를 한 다음 날 0시에 새로이 법인의 대항력이 발생합니다.
2. 위 규정은 "직원이 변경된 경우에는 그 법인이 선정한 새로운 직원이 주택을 인도받고 주민등록을 마친 다음 날부터 제3자에 대하여 효력이 생긴다"라고 규정하고 있을 뿐, 기존 직원과 새로운 직원 주민등록의 연속성에 대해서는 어떠한 언급도 없습니다.
   따라서 기존 직원이 전출하기 전에 새로운 직원이 전입했다 하더라도 대항력은 새로운 직원이 전입한 날을 기준으로 새로이 발생한다고 봐야 할 것입니다.
3. 가장 먼저 전입한 직원의 전입신고일자를 기준으로 대항력이 인정됩니다.

35

경기도 화성시 상가건물 입찰

경매 예정 상가건물의 사업자등록사항을 열람할 수 있나요?

Q 상가건물을 사려고 경매물건들을 알아보고 있는 중입니다.

경매로 매각되는 주택은 주민등록 세대열람이 가능한 것으로 알고 있습니다. 그렇다면 상가건물의 경우 입찰자가 사업자등록사항을 열람할 수 있는지요? 권리분석에 꼭 필요한 정보라서 입찰자들에게도 열람이 허용되어야 할 것 같은데요.

부동산 경매사건에 입찰하기 위해서는 임차인에 대한 정보가 반드시 필요합니다. 그러나 주택의 전입 세대열람은 입찰자들에게 열람이 허용되는 반면, 상가건물의 사업자등록사항은 열람이 허용되지 않습니다. 이는 주택과 상가건물의 임대차 및 정보열람에 관하여 규정하고 있는 법률이 다르기 때문입니다.

우선, 주택의 경우 주민등록법 제29조 제2항 2목에서 열람에 대해 규정하고 있습니다. 경매 목적 수행상 필요한 경우에는 누구라도 해당 주택의 주민등록표를 열람할 수 있다는 것입니다.

주민등록법 제29조(열람 또는 등 · 초본의 교부)

② 제1항에 따른 주민등록표의 열람이나 등 · 초본의 교부신청은 본인이나 세대원이 할 수 있다. 다만, 본인이나 세대원의 위임이 있거나 다음 각호의 어느 하나에 해당하면 그러하지 아니하다.〈개정 2007. 5. 17., 2009. 4. 1., 2016. 5. 29.〉

1. 국가나 지방자치단체가 공무상 필요로 하는 경우
2. 관계 법령에 따른 소송 · 비송사건 · **경매 목적 수행상 필요한 경우**
3. 다른 법령에 주민등록자료를 요청할 수 있는 근거가 있는 경우
4. 다른 법령에서 본인이나 세대원이 아닌 자에게 등 · 초본의 제출을 의무화하고 있는 경우
5. 다음 각 목의 어느 하나에 해당하는 자가 신청하는 경우
   가. 세대주의 배우자
   나. 세대주의 직계혈족
   다. 세대주의 배우자의 직계혈족
   라. 세대주의 직계혈족의 배우자
   마. 세대원의 배우자(주민등록표 초본에 한정한다)
   바. 세대원의 직계혈족(주민등록표 초본에 한정한다)
6. 채권 · 채무관계 등 대통령령으로 정하는 정당한 이해관계가 있는 사람이 신청하는 경우(주민등록표 초본에 한정한다)
7. 그 밖에 공익상 필요하여 대통령령으로 정하는 경우

이에 반해 상가건물은 상가건물임대차보호법의 규정에 따라 확정일자 및 임대차정보에 대해 이해관계인의 열람이 일부 허용되고 있기는 합니다.(상가건물임대차보호법 제4조 제3항) 하지만 경매 입찰자는 아쉽게도 이해관계인에 포함되지 않습니다.(상가건물임대차보호법 제4조 제5항 및 동법 시행령 제3조의 2)

상가건물임대차보호법 제4조(확정일자 부여 및 임대차정보의 제공 등)
③ 상가건물의 임대차에 **이해관계가 있는 자**는 관할 세무서장에게 해당 상가건물의 확정일자 부여일, 차임 및 보증금 등 **정보의 제공을 요청할 수 있다.** 이 경우 요청을 받은 관할 세무서장은 정당한 사유 없이 이를 거부할 수 없다.
⑤ 확정일자부에 기재하여야 할 사항, 상가건물의 임대차에 **이해관계가 있는 자의 범위**, 관할 세무서장에게 요청할 수 있는 정보의 범위 및 그 밖에 확정일자 부여사무와 정보제공 등에 필요한 사항은 **대통령령으로 정한다.**

상가건물임대차보호법 시행령 제3조의2(이해관계인의 범위)
법 제4조 제3항에 따라 정보의 제공을 요청할 수 있는 상가건물의 임대차에 이해관계가 있는 자(이하 "이해관계인"이라 한다)는 다음 각호의 어느 하나에 해당하는 자로 한다.
1. 해당 상가건물 임대차계약의 임대인 · 임차인
2. 해당 상가건물의 소유자
3. 해당 상가건물 또는 그 대지의 등기부에 기록된 권리자 중 법무부령으로 정하는 자
4. 법 제5조 제7항에 따라 우선변제권을 승계한 금융기관 등
5. 제1호부터 제4호까지에서 규정한 자에 준하는 지위 또는 권리를 가지는 자로서 임대차 정보의 제공에 관하여 법원의 판결을 받은 자

이처럼 현행법상 입찰자가 상가건물의 사업자 등록사항을 열람할 수는 없습니다. 하지만 주택뿐만 아니라 상가건물의 경매사건도 매각물건명세서에 임대차에 관한 정보가 기재되어 있고, 특별한 사정이 없는 한 매각물건명세서에 기재된 내용만으로 임대차를 분석하더라도 큰 문제는 없습니다.

36

서울시 은평구 경매 빌라 임차인의 보증금 반환

보증금 중 일부를 반환받은 임차인의 최우선변제권은?

Q 서울시의 한 빌라를 보증금 7천만원으로 임차하여 거주하다가 만기가 되었는데, 집주인이 보증금을 돌려주지 않아 우선 임차권 등기를 하고 퇴거했습니다. 이후 집주인에게 독촉하여 보증금 중 4천만원을 반환받았고 나머지 3천만원을 반환받지 못한 상태에서 이 주택에 대해 경매가 개시됐습니다.

제 전입신고보다 선순위인 근저당권의 설정일자가 2011년 8월이고, 당시의 주택임대차보호법 규정으로는 7,500만원 이하의 임대차에 대해서 2,500만원까지 최우선변제권이 인정된다고 알고 있습니다.

그런데 이미 보증금 중 4천만원을 임대인으로부터 반환받은 상황에서도 2,500만원을 최우선으로 배당받을 수 있는지요? 아니면 이미 최우선변제권으로 보장하는 보증금액 이상을 반환받았으므로 더 이상 최우선변제권은 인정되지 않는 것인지요?

주택임대차보호법의 입법 목적은 주거용 건물에 관하여 민법에 대한 특례를 규정함으로써 국민의 주거생활 안정을 보장하려는 것입니다.(제1조) 이 법의 제8조 제1항에서 임차인이 보증금 중 일정액을 다른 담보물권자보다 우선하여 변제받을 수 있도록 하고 있습니다. 이는 소액임차인의 경우 비록 그 임차보증금이 소액이라도 그에게는 큰 재산이므로 다른 담보권자의 지위를 해하게 되더라도 회수를 보장하는 것이 타당하다는 사회보장적 고려에서 나온 것입니다. 이는 민법의 일반규정에 대한 예외 규정인 셈입니다.(대법원 2001. 5. 8. 선고 2001다14733 판결 [배당이의] 참고)

그러한 입법 목적과 제도의 취지 등을 고려할 때 이미 보증금 중 소액임대차보증금 보장금액 이상을 반환받았다면, 나머지 미반환 보증금에 대해서는 최우선변제권이 인정되지 않을 것으로 판단됩니다.

다만, 동일한 사례의 대법원 판례는 아직 없으므로 판단은 법원에 맡기고, 일단 배당요구는 하는 것이 좋겠습니다.

37

충남 아산시 상가 입찰

임차권 등기를 한 임차인의 우선변제권은?

Q 충남 아산시 배방읍의 상가 경매물건에 입찰할까 고민중입니다.

말소기준권리보다 선순위로 임차권을 등기한 임차인이 있고, 매각물건명세서의 비고란에는 다음과 같이 기재되어 있습니다.

> "매수인에 대항할 수 있는 을구 순위번호 2번 임차권 등기(2009.6.12.제32131호) 있음(임대차보증금 8천만원), 배당에서 보증금이 전액 변제되지 아니하면 잔액을 매수인이 인수함."

이 임차인에게 우선변제권이 있는지요? 우선변제권이 있다면 경매절차에서 보증금 전액을 배당받아 낙찰자가 인수하는 부담이 없겠지만, 우선변제권이 없다면 낙찰자는 보증금 8천만원을 반환해줘야 할 텐데요.

확정일자를 받은 임차인에게 우선변제권이 인정되는 것은 알고 있지만, 이 사건의 임차인처럼 확정일자 없이 임차권을 등기한 임차인에게 우선변제권이 인정되는지에 대하여 이곳저곳에 질문해도 의견이 나뉩니다.

충남 아산시 상가, 임차인의 최우선변제권

2013타경 11798[7] 천안지원 7계 전화 : (041)620-3077

관련물건번호	[1]	[2]	[3]	[4]	[5]	[6]	[7]	[8]	[9]

소 재 지	충남 아산시 배방읍 장재리 [redacted]프라자 [redacted]				
경 매 구 분	기일입찰	채 권 자	한국투자저축은행	매 각 기 일	종결물건
용 도	상가(점포)	채무/소유자	김[redacted]	접 수 일	2013-06-03
감 정 가	577,000,000	청 구 액	2,410,185,451	경매개시일	2013-06-04
최 저 가	197,911,000 (34%)	토지총면적	98 m² (29.69평)	배당종기일	2013-08-13
입찰보증금	10% (19,791,100)	건물총면적	305 m² (92.12평)	조 회 수	금일1 공고후1 누적1

구분	입찰기일	매각금액	결과
	2014-05-08		종결
4차	2014-01-21	197,911,000	매각
		259,650,000 (45%) (입찰 11명)	
3차	2013-12-17	282,730,000	유찰
2차	2013-11-12	403,900,000	유찰
1차	2013-10-08	577,000,000	유찰

임차조사

임차인	전입일	확정/배당요구	보증금/월세	용도/점유	비고
[redacted]건설		배당:2013-07-24	80,000,000 月4,200,000	점포	
기타참고	*임차인이 점유하는것으로 탐문조사 되었으나 일부는 폐문으로 조사치 못하고 목록1,2,6번은 현장에서 점유자 및 직원을 만나 임대차조사서 작성함(조사현장에 현황조사 안내문을 놓고 옴)				

등기권리

구분	권리명	접수일	권리자	금액	기타	소멸
	소유	2009-05-20	김[redacted]			
	임차	2009-06-12	[redacted]건설	80,000,000	확정: 월세4,200,000	
	근저	2009-09-30	한국투자상호저축은행 평택	3,250,000,000	말소기준권리	소멸
	압류	2010-11-12	아산시			소멸
집합	근저	2012-02-20	한국투자상호저축은행 평택	3,250,000,000		소멸
	압류	2012-04-27	천안세무서			소멸
	가등	2012-06-27	[redacted]건설		소유이전청구가등	소멸
	임의	2013-06-04	한국투자저축은행 여신관리팀	청구금액: **2,410,185,451**	2013타경11798	소멸
참고사항	· 先임차권 * 소멸되지않는권리 매수인에 대항할 수 있는 을구 순위번호 2번 임차권등기(2009.6.12.제32131호) 있음(임대차보증금 80,000,000원), 배당에서 보증금이 전액 변제되지 아니하면 잔액을 매수인이 인수함					

현행법상 임차권 등기는 두 종류가 있습니다. 하나는 민법의 규정에 따른 임차권 등기이고, 또 하나는 주택/상가건물임대차보호법의 규정에 따른 임차권 등기입니다. 질문에 대한 정확한 답을 얻기 위해서는 우선 그 두 종류의 임차권 등기의 차이를 알아야 합니다.

민법과 임대차보호법, 임차권 등기의 차이점

표에서 보듯, 민법의 임차권 등기는 임대인과 임차인 쌍방의 공동신청으로 이루어집니다. 대항력이 인정될 뿐 우선변제권(최우선변제권 포함. 이하 같음)은 인정되지 않습니다. 반면 임대차보호법의 임차권 등기는 만기가 지났는데도 집주인이 보증금을 반환해주지 않을 경우, 임차인의 일방적인 신청에 따라 법원의 명령으로 등기가 됩니다. 이 경우 대항력뿐만 아니라 우선변제권도 인정됩니다.

민법 및 임대차보호법의 임차권 등기 비교

구 분	민법의 임차권 등기	임대차보호법의 임차권 등기
등기방법	임대인과 임차인의 약정에 따라 쌍방 공동으로 등기신청 (민법 제621조 제1항)	임차인의 일방적 신청에 따라 법원의 명령 (상임법 제6조 제1항)
대항력	인정 (민법 제621조 제2항)	인정 (상임법 제6조 제5항)
우선변제권	부정 (관련규정 없음)	인정 (상임법 제6조 제5항)
최우선변제권	부정 (관련규정 없음)	인정 (상임법 제6조 제5항)

이 두 규정만 보면 임차권 등기에 대한 분석이 그리 어렵지 않을 것 같습니다. 그 임차권 등기가 설정계약에 의한 것인지, 명령에 의한 것인지만 등기사항전부증명서를 통해 확인하면 되니까요.

상가건물임대차보호법의 함정

하지만 상가건물임대차보호법 제7조 제1항의 규정으로 인해 해석이 복잡해지기 시작합니다.

상가건물임대차보호법 제7조(「민법」에 따른 임대차등기의 효력 등)
① 「민법」 제621조에 따른 건물임대차등기의 효력에 관하여는 제6조 제5항 및 제6항을 준용한다.

* 제6조 제5항 및 제6항은 대항력과 우선변제권에 관한 규정임.

앞에서 보았듯이, 민법의 임차권 등기는 우선변제권을 인정하지 않지만, 임대차보호법의 위 규정 때문에 우선변제의 권능이 부여됩니다. 결국 이 규정으로 인해 민법의 임차권 등기와 임대차보호법의 임차권 등기 모두 대항력과 우선변제권이 인정된다고 볼 수 있습니다. 그러나 함정은 또 있습니다. 다음의 법 조항을 봅시다.

상가건물임대차보호법 제2조(적용범위)
① 이 법은 상가건물(제3조 제1항에 따른 사업자등록의 대상이 되는 건물을 말한다)의 임대차(임대차 목적물의 주된 부분을 영업용으로 사용하는 경우를 포함한다)에 대하여 적용한다. 다만, **대통령령으로 정하는 보증금액을 초과하는 임대차에 대하여는 그러하지 아니하다.**

상가건물임대차보호법은 영세소상공인을 보호하기 위한 법률로서 보증금액이 대통령령으로 정하는 금액 이상인 임대차(이하 '고액임대차')에 대해서는 적용하지 않습니다. 즉, 고액임대차는 상가건물임대차보호법에 의한 임차권 등기는 있을 수 없고, 민법에 의한 임차권 등기만 가능합니다. 그런데 민법에 의한 임차권 등기에 우선변제의 권능을 부여한 규정 또한 상가건물임대차보호법(제7조 제1항)의 규정이므로 적용받지 못합니다. 결국 고액임차권 등기는 민법에서도(관련 규정이 없으므로),

상가건물임대차보호법에서도(고액임대차이므로) 우선변제권을 주장할 수 있는 근거가 없습니다.

충남 아산시 상가의 임대차 분석

그럼 159쪽 질문의 임대차를 분석해보죠. 보증금 8천만원에 월차임이 420만원으로, 환산보증금은 5억원입니다.(월세×100+보증금) 그런데 등기상 최선순위(임차권 등기 제외)인 한국투자상호저축은행의 근저당권 설정 당시, 이 지역의 상가건물임대차보호법 적용대상 임대차는 보증금 1억 5천만원 이하였습니다. 즉 고액임대차로서 임대차보호법의 적용을 못 받죠. 따라서 이 임차인은 경매절차에서 배당을 받을 수 없고, 민법의 규정에 따른 대항력으로 낙찰자에게 대항할 수 있습니다. 낙찰자는 임대차의 부담을 인수해 보증금 8천만원 전액을 반환해야 합니다.

이처럼 등기된 임차권은 여러 규정에 의해 법리가 복잡하게 얽힐 수 있으므로 권리분석에 각별한 주의가 필요합니다. 상가건물이라면 사업자 등록을 하지 않은 임차인이나 고액임차인 등과 같이 임대차보호법의 적용 대상이 아닌 임차인이 민법의 규정에 따라 임차권을 등기했다면, 우선변제권은 인정받지 못하고 오직 대항력만을 주장할 수 있습니다. 그러므로 이 경매사건은 입찰자가 함정에 빠지기 쉽다는 것을 명심해야 합니다.

민법의 규정에 따른 임차권등기 예시

【 을 구 】	(소유권 이외의 권리에 관한 사항)			
순위번호	등 기 목 적	접 수	등 기 원 인	권 리 자 및 기 타 사 항
2	임차권설정	2009년6월12일 제32131호	2009년6월12일 설정계약	임차보증금 금80,000,000원 차 임 금4,200,000원 차임지급시기 매월 말일 범 위 건물의 전부 존속기간 2009년6월18일부터 2010년12월31일까지 임차권자 [redacted]주식회사 110111-0038805 서울특별시 종로구 [redacted]

임대차보호법의 규정에 따른 임차권등기 예시

【 을 구 】	(소유권 이외의 권리에 관한 사항)			
순위번호	등 기 목 적	접 수	등 기 원 인	권 리 자 및 기 타 사 항
3	주택임차권	2016년4월18일 제22176호	2016년3월10일 서울북부지방법원의 임차권등기명령(2016카 임34)	임차보증금 금260,000,000원 범 위 14층 1402호 전부 임대차계약일자 2010년10월4일 주민등록일자 2010년10월29일 점유개시일자 2010년10월29일 확정일자 2010년10월29일 임차권자 김[redacted] 730129-******* 서울특별시 강북구 삼양로27길 [redacted]

민법 제621조(임대차의 등기)

① 부동산 임차인은 당사자 간에 반대약정이 없으면 임대인에 대하여 그 임대차등기절차에 협력할 것을 청구할 수 있다.

② 부동산 임대차를 등기한 때에는 그때부터 제3자에 대하여 효력이 생긴다.

상가건물임대차보호법 제6조(임차권 등기명령)

① 임대차가 종료된 후 보증금이 반환되지 아니한 경우 임차인은 임차건물의 소재지를 관할하는 지방법원, 지방법원지원 또는 시 · 군법원에 임차권 등기명령을 신청할 수 있다.〈개정 2013. 8. 13.〉

⑤ 임차권 등기명령의 집행에 따른 임차권 등기를 마치면, 임차인은 제3조 제1항에 따른 대항력과 제5조 제2항에 따른 우선변제권을 취득한다. 다만, 임차인이 임차권 등기 이전에 이미 대항력 또는 우선변제권을 취득한 경우에는 그 대항력 또는 우선변제권이 그대로 유지되며, 임차권 등기 이후에는 제3조 제1항의 대항요건을 상실하더라도 이미 취득한 대항력 또는 우선변제권을 상실하지 아니한다.

⑥ 임차권 등기명령의 집행에 따른 임차권 등기를 마친 건물(임대차의 목적이 건물의 일부분인 경우에는 그 부분으로 한정한다)을 그 이후에 임차한 임차인은 제14조에 따른 우선변제를 받을 권리가 없다.

38

경기도 시흥시 원룸 입찰

전세권 설정된 주택에 전입한 소액임차인의 최우선변제권은?

Q 경기도 시흥시에 거주하는 주민입니다. 경매로 시흥이나 안산의 월세용 원룸주택을 취득하고자 공부 중인데요. 임차인 관련 부분이 쉽지 않네요.

임차권이 등기된 주택을 임차한 임차인은 최우선변제권이 인정되지 않으나, 전세권이 등기된 주택을 임차한 임차인은 최우선변제권이 인정된다고 배웠는데 다소 이해하기가 어렵습니다. 전세권과 임차권 모두 용익권으로서 하나의 부동산에 양립할 수 없는 것이 아닌지요? 따라서 당연히 전세권이 설정된 주택을 빌린 임차인에게도 최우선변제권이 부정되어야 하지 않는지요?

아시는 바와 같이, 소액임차인은 경매절차에서 최우선으로 보증금 중 일정 금액을 변제받습니다.(주택임대차보호법 제8조) 그러나 이 법 제3조의3 제6항은 소액임차인의 최우선변제권을 제한하고 있습니다.

주택임대차보호법 제3조의3(임차권 등기명령)
⑥ 임차권 등기명령의 집행에 따른 임차권 등기가 끝난 주택(임대차의 목적이 주택의 일부분인 경우에는 해당 부분으로 한정한다)을 그 이후에 임차한 임차인은 제8조에 따른 우선변제를 받을 권리가 없다.

위 규정에 따라 '명령에 의해 임차권이 등기된 주택'을 임차한 소액임차인의 최우선변제권이 제한됩니다.

그러나 전세권이 설정된 주택을 임차한 임차인이 최우선변제를 받을 권리가 없다는 규정은 어디에도 없습니다. 그럼에도 최우선변제권이 인정되지 않는다는 판단은 위 규정을 확대해석한 것으로 볼 수 있습니다.

그뿐만 아니라 위의 규정은 모든 임차권 등기가 아닌 "임차권 등기명령의 집행에 따른 임차권 등기"로 범위를 명확히 표시하고 있습니다. 따라서 임차권이 등기된 주택의 임차인이라도 그것이 민법의 규정에 따른(임대인과 임차인의 설정계약에 따른) 임차권 등기라면 당연히 최우선변제권을 인정받습니다.

그렇다면 주택임대차보호법은 왜 유독 명령에 의한 임차권 등기 이후의 임차인에게만 최우선변제권을 인정하지 않을까요?

가령 어떤 주택에 소액임차인이 있었고, 그 임차인이 만기가 되어서도 보증금을 돌려받지 못해 명령에 의한 임차권 등기를 설정하고 퇴거한 후 다른 소액임차인이 그 주택을 임차했다면, 그 주택이 경매될 때 소액임차인이 2명이겠지요? 그런 일이 몇 번 반복되면 소액임차인이 다수가 될 수 있고, 그 많은 임차인들에게 모두 최우선변제권을 인정한다면 다른 권리자(가령 선순위 근저당권자 등)들이 너무 큰 손해를 보게 됩니다. 그래서 그러한 불측의 피해를 방지하기 위해 최우선변제권을 제한하는 것입니다.

그러나 전세권은 최우선변제권이 인정되지 않습니다. 즉, 전세권 이

후에 소액임차인이 그 주택을 임차한다고 해서 경매절차에서 최우선으로 변제받는 임차인이 2명이 되지는 않고, 따라서 제3자에게 불측의 피해도 발생하지 않습니다.

전세권은 '점유'가 요건이 아닙니다. 등기만으로 효력이 발생하는 물권입니다. 따라서 전세권과 임차권이 공존하더라도 문제될 것이 없습니다.

하나의 물건에 2개 이상의 용익권이 양립할 수 없다는 법률 규정도, 판례도 없습니다. 물론 전세권자가 전세권에 근거해 건물의 인도를 청구한다면 임차인은 그 청구에 따라야 하겠지만, 전세권자에게 그럴 권리가 있다는 의미일 뿐 그 자체로 임차권이 부정되는 것은 아닙니다.

39

서울시 강서구 선순위 임차인 있는 다세대주택

임차권을 등기한 임차인이 배당요구를 하지 않았어요

Q 서울시 강서구 화곡동의 다세대주택이 경매로 나왔습니다. 부동산 현황조사서를 보니 선순위 임차인이 있고, 배당요구도 하지 않았더군요.

이런 경우 낙찰자가 보증금 1억 5천만원을 인수해야 하겠지요? 그래서 계속 유찰될 것으로 예상했는데 2회차에 낙찰됐습니다. 감정가가 2억 1,400만원인데 1회 유찰 후, 2회차에는 5명이나 입찰하여 감정가격 대비 89%로 낙찰되었습니다. 예상과 달라서 제가 공부를 잘못하고 있나 의아했습니다. 이 경매사건에서 제가 미처 파악하지 못하고 간과한 것이 있을까요?

말소기준등기보다 후순위로 임차권이 등기되었던데, 그것 때문일까요?.

임차인은 경매절차에서 배당요구를 해야 배당을 받을 수 있습니다. 그러나 주택임대차보호법의 규정에 따라 '법원의 명령에 의해' 임차권을 등기한 임차인은 별도의 배당요구가 없더라도 당연히 배당을 받을 수 있습니다.

임차권 등기명령에 의하여 임차권 등기를 한 임차인은 우선변제권을 가지며, 위 임차권 등기는 임차인으로 하여금 기왕의 대항력이나 우선변제권을 유지하도록 해주는 담보적 기능을 주목적으로 하고 있다. 그러므로 위 임차권 등기가 첫 경매개시결정등기 전에 등기된 경우, 배당받을 채권자의 범위에 관하여 규정하고 있는 민사집행법 제148조 제4호의 "저당권 · 전세권, 그 밖의 우선변제청구권으로서 첫 경매개시결정 등기 전에 등기되었고 매각으로 소멸하는 것을 가진 채권자"에 준하여, 그 임차인은 **별도로 배당요구를 하지 않아도 당연히 배당받을 채권자에 속하는 것**으로 보아야 한다.(대법원 2005. 9. 15. 선고 2005다33039 판결 [배당이의])

그렇다면 이 다세대주택 경매사건에서 임차권 등기가 민법(설정계약)에 의한 것인지, 주택임대차보호법(명령)에 의한 것인지가 관건입니다. 등기부사항전부증명서를 살펴보지요.

7	주택임차권	2016년12월29일 제223083호	2016년12월21일 서울남부지방법원의 임차권등기명령 (2016카임10032)	임차보증금 금150,000,000원 차 임 없음 범 위 건물의전부 임대차계약일자 2014년8월26일 주민등록일자 2014년10월7일 점유개시일자 2014년9월24일 확정일자 2014년10월7일 임차권자 도[illegible] 801208-******* 서울특별시 강서구 가로공원로[illegible]

법원의 명령에 의해 집행된 임차권 등기

등기사항전부증명서를 보니, 이 경매사건의 임차권 등기는 법원의 명령에 의해 집행된 등기입니다. 즉, 임차인은 별도의 배당요구 없이도 당연히 배당받을 채권자에 속하지요. 주택임대차보호법 제3조의3 제5항은 단서로서 "임차인이 임차권 등기 이전에 이미 대항력 또는 우선변제권을 취득한 경우에는 그 대항력 또는 우선변제권은 그대로 유지된다."라고 규정하고 있으므로, 이 사건 임차인의 배당순위는 임차권이 등기된 시점이 아닌 확정일자를 받은 시점으로 결정됩니다.

서울시 강서구 다세대주택, 배당요구를 하지 않은 임차인

2018타경 101120 서울남부지방법원 1계 전화 : (02)2192-1331

소 재 지	서울 강서구 화곡동				
경매구분	기일입찰	채 권 자	(주)	매각기일	매각물건
용 도	다세대(빌라)	채무/소유자	고	접 수 일	2018-02-14
감 정 가	214,000,000	청 구 액	513,388,198	경매개시일	2018-02-27
최 저 가	171,200,000 (80%)	토지총면적	30 m² (9.06평)	배당종기일	2018-06-04
입찰보증금	10% (17,120,000)	건물총면적	64 m² (19.38평)	조 회 수	금일2 공고후20 누적29

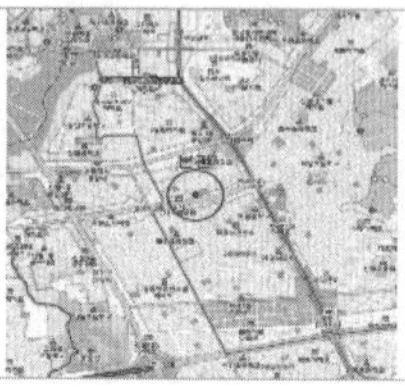

구분	입찰기일	매각금액	결과
2차	2018-10-17	171,200,000	매각
		190,350,000 (88.9%) (입찰 5명)	
1차	2018-08-29	214,000,000	유찰

감정가의 약 89%로 2회차에 낙찰됨

임차조사

임차인	전입일	확정/배당요구	보증금/월세	용도/점유	비고
도	2014-10-07	확정:2014-10-07	150,000,000	주거 전부	등기부상
기타참고	*임대차관계 미상. 현장에 임한 바 폐문부재로 이해관계인을 만날 수 없어 상세한 점유자 및 임대차 관계는 알수 없었음. 전입세대 열람서상 해당주소의 세대주가 존재하지 않아 주민등록 등본을 발급받을 수 없었음				

등기권리

구분	권리명	접수일	권리자	금액	기타	소멸
집합	소유	2014-01-06	고		전소유자:홍	
	가압	2015-05-04	주식회사	300,000,000	말소기준권리 2015 카단 200963 서울남부	소멸
	임차	2016-12-29	도	150,000,000	전입: 2014.10.07 확정: 2014.10.07 보증금150,000,000	소멸
	강제	2018-02-28	(주)	청구금액: **513,388,198**	2018타경101120	소멸

결국 이 경매사건에서 임차권을 등기한 임차인은 가장 선순위로 보증금 전액을 배당받을 것입니다. 그러므로 낙찰자에게 승계되는 임대차의 부담이 없는 안전한 경매물건이어서 2회차에 낙찰되었던 것으로 보입니다.

40

경기도 양평군 주택 입찰

일괄매각사건에서 건물마다 말소기준권리가 다르네요

Q 경기도 양평군 양평읍의 주택 경매사건입니다.

등기상 인수되는 권리는 없는 것으로 보이고, 임차인이 2명 있지만 사업자등록일자와 전입신고일자가 모두 말소기준권리보다 늦어, 임대차의 부담 역시 낙찰자에게 인수되지는 않을 것으로 판단됩니다.

제 분석으로는 낙찰 후에도 임대차 부담이 없을 것으로 보여, 이번에 입찰할 예정입니다. 제가 한 분석에 오류는 없는지요? 권리분석을 부탁드립니다.

여러 개의 부동산을 일괄하여 매각하는 일괄매각사건의 경우, 대부분의 경매정보사이트는 매각하는 모든 부동산이 아니라 그중 하나의 부동산에 대한 등기사항만을 정보로 제공하고 있습니다. 하지만 등기사항이 항상 같은 것은 아니기 때문에, 일괄로 매각되는 부동산의 등기사항전부증명서를 모두 열람해봐야 합니다.

위의 경매사건은 토지 1필지(목록1)와 건물 2채(목록2-가동, 목록3-나동)를 매각하는 일괄매각사건으로서 등기사항전부증명서를 모두 열람해보았습니다.

경기도 양평군 주택, 일괄매각되는 경우

2017타경 10041 여주지원 6계 전화 : (031)880-7450

소재지	경기 양평군 양평읍 오빈리 [redacted]				
경매구분	기일입찰	채권자	신[redacted]	매각기일	2018-11-21 (10:00) [2 일전]
용도	주택	채무/소유자	김[redacted]/오[redacted]	접수일	2017-11-30
감정가	581,956,330	청구액	300,000,000	경매개시일	2017-12-01
최저가	285,158,000 (49%)	토지총면적	1,122 ㎡ (339.4평)	배당종기일	2018-03-05
입찰보증금	10% (28,515,800)	건물총면적	139 ㎡ (41.98평)	조회수	금일1 공고후19 누적128

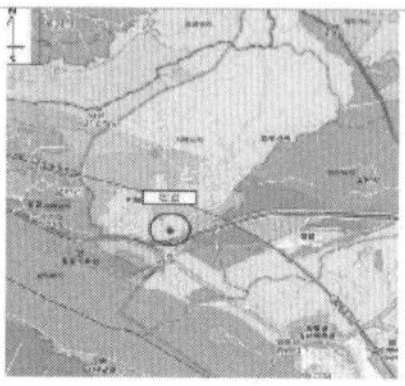

구분	입찰기일	매각금액	결과
3차	2018-11-21	285,158,000	진행
	2018-10-10	285,158,000	변경
	2018-08-22	285,158,000	변경
2차	2018-07-04	407,369,000	유찰
1차	2018-05-23	581,956,330	유찰

임차조사

임차인	전입일	확정/배당요구	보증금/월세	용도/점유	비고
[redacted]건설(주), 김[redacted]	(사업:2015-01-15)			점포	
함[redacted]	2014-12-30			주거	
기타참고	▶가동 *소재지에 출장한 바 문이 잠겨있고, 거주자가 부재중이어서 점유관계 등을 조하사지 못하였음. 전입세대열람 내역 기재와 같이 본건에는 제3자 세대가 주민등록 전입이 되어 있으므로, 제3자 주민등록 전입된 세대를 임차인으로 보고함. 다만 사망말소된 김[redacted] 세대주는 임차인으로 보고하지 않음. 상가건물임대차 현황서에 등재된 [redacted]건설(주) 김[redacted]를 상가건물임차인으로 보고함. ▶나동 *본건 목적물 소재지에 출장한 바 문이 잠겨있고, 거주자가 부재중이어서 점유관계 등을 조하사지 못하였음. 전입세대열람 내역 기재와 같이 본건에는 제3자 세대가 주민등록 전입이 되어 있으므로, 제3자 주민등록 전입된 세대를 임차인으로 보고함. 다만 사망말소된 김[redacted] 세대주는 임차인으로 보고하지 않음. 상가건물임대차 현황서에 등재된 [redacted]건설(주) 김[redacted]를 상가건물임차인으로 보고함.				

등기권리

구분	권리명	접수일	권리자	금액	기타	소멸
건물	소유	2007-11-05	오[redacted]		전소유자:장[redacted]	
	근저	2014-10-29	하나은행	288,000,000	말소기준권리	소멸
	근저	2016-01-21	신[redacted]	300,000,000		소멸
	임의	2017-12-01	신[redacted]	청구금액: **300,000,000**	2017타경10041	소멸
토지	소유	2007-11-05	오[redacted]		전소유자:장[redacted]	
	근저	2014-10-29	하나은행	288,000,000	말소기준권리	소멸
	근저	2016-01-21	신[redacted]	300,000,000		소멸
	임의	2017-12-01	신[redacted]		2017타경10041	소멸

일괄매각사건, 하나의 부동산에 대한 등기사항만 제공한 경우

등기사항전부증명서에서 목록1과 목록2의 등기상 최선순위 설정 권리(말소기준권리)는 2014년 10월 29일 설정된 근저당권으로 동일하지만,

목록3의 최선순위 설정 권리는 2016년 1월 21일에 설정된 근저당권입니다. 그리고 그러한 사정은 매각물건명세서에도 분명하게 표시되어 있습니다.

여주 2017-10041 부동산표시목록

번호	소재지	용 도/구 조/면 적	비 고
1	경기도 양평군 양평읍 [redacted]	대 1122㎡	---
2	경기도 양평군 양평읍 [redacted] (가동)	경기도 양평군 양평읍 [redacted] 가동 [도로명 주소] 경기도 양평군 양평읍 [redacted] 시멘트벽돌조,경량철골구조 슬라브지붕 2층 단독주택 1층 61.38㎡ 1층 25.16㎡ 2층 19.89㎡ 가동	---
3	경기도 양평군 양평읍 [redacted] (나동)	경기도 양평군 양평읍 [redacted] 나동 [도로명 주소] 경기도 양평군 양평읍 [redacted] 위 지상 일반목구조 일반목구조지붕 2층 사무소 1층 22.74㎡ 2층 9.6㎡ 나동	---
부동산임의경매			

일괄매각사건은 매각되는 부동산의 등기사항전부증명서를 모두 열람해 보아야 합니다.

매각물건명세서

사 건	2017타경10041 부동산임의경매	매각물건번호	1	작성일자	2018.11.01	담임법관(사법보좌관)	박준의
부동산 및 감정평가액 최저매각가격의 표시	별지기재와 같음	최선순위 설정	목록1,2 2014.10.29.근저당권 목록3.2016.1.21.근저당권			배당요구종기	2018.03.05

일괄매각사건의 근저당 날짜가 다름

임차인의 대항력은 토지가 아닌 건물의 등기사항에 따라 인수 여부가 결정됩니다. 그런데 임차인 함OO은 목록2(가동)에 대한 임차인으로 전입 신고일자가 2014년 12월 30일이므로 등기상 최선순위 설정일자인 2014년 10월 29일보다 늦어 임대차의 부담이 낙찰자에게 인수되지 않습니다.

그러나 2015년 1월 15일에 사업자등록을 한 OO건설㈜은 목록3(나동)에 대한 임차인으로서 목록3의 등기상 최선순위 설정일자(2016.1.21.)보다 먼저 대항력을 취득한 임차인입니다. 따라서 OO건설㈜의 임대차는 낙찰자에게 인수됩니다.

그러므로 이 경매사건에 입찰하려면 낙찰 후에 OO건설㈜에게 임대 보증금을 돌려줄 것을 감안하여 입찰가를 산정해야 합니다. 이처럼 일괄매각 경매물건은 임차인 등을 분석할 때 주의를 기울일 필요가 있습니다. 자칫하면 낙찰 후 돌려주어야 할 임대 보증금 등으로 인해 손해를 볼 수도 있기 때문입니다.

41

경기도 수원시 아파트 입찰

금융기관 등이 임차인을 대위하여 배당요구를 했다면?

Q 경기도 수원시 영통구의 경매 아파트인데, 임차인은 윤○○으로 되어 있고, 서울보증보험은 그의 대위자라고 합니다. 주민등록 세대열람상으로는 임차인이 없고, 현황조사서에도 등재된 임차인은 없는 것으로 나옵니다.

【질문1】 "대위자 ○○○"라는 표시는 어떤 경우에 사용하며, 무슨 뜻인가요?

【질문2】 추측컨대, 서울보증보험이 임차인 윤○○의 권리를 대신 행사하고 있는 것으로 보이는데요. 그렇더라도 임차인 윤○○이 대항요건을 계속 유지하고 있어야 서울보증보험이 배당을 받을 수 있는 것 아닌가요?

금융기관 등이 임차인(주택 또는 상가건물)이 확정일자를 받거나 임차권 등기를 함으로써 우선변제권을 취득한 보증금반환채권을 계약으로 양수한 경우, 양수한 금액 범위에서 우선변제권을 승계하게 됩니다. 그러므로 경매에서 임차인을 대위하여 그 우선변제권을 행사할 수 있지요. 이 사건은 서울보증보험(주)이 윤○○의 보증금반환채권을 양수한 경우로 볼 수 있습니다. 관련 주택임대차보호법을 살펴볼까요.

경기도 수원시 아파트, 대위자가 있는 경매사건

2016타경 29509 수원지방법원 16계 전화 : (031)210-1276

소재지	경기 수원시 영통구 신동 [redacted]				
경매구분	기일입찰	채권자	국민은행	매각기일	종결물건
용도	아파트	채무/소유자	김[redacted]/강[redacted]	접수일	2016-10-20
감정가	491,000,000	청구액	213,298,766	경매개시일	2016-10-21
최저가	343,700,000 (70%)	토지총면적	54 m² (16.42평)	배당종기일	2016-12-30
입찰보증금	10% (34,370,000)	건물총면적	85 m² (25.69평)[34평형]	조회수	금일1 공고후19 누적29

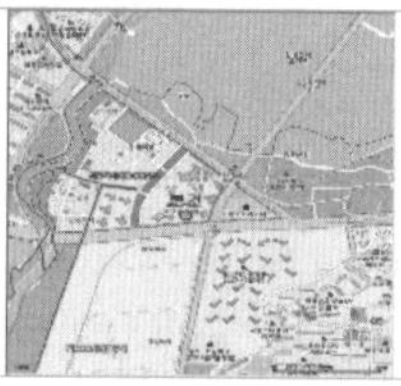

구분	입찰기일	매각금액	결과
	2017-06-09		종결
2차	2017-04-13	343,700,000	매각
		430,970,000 (87.8%) (입찰 10명)	
1차	2017-03-14	491,000,000	유찰

임차조사

임차인	전입일	확정/배당요구	보증금/월세	용도/점유	비고
윤[redacted]	2011-03-08	확정:2014-02-21 배당:2016-12-15	190,000,000	주거 전부	대위자서울보증보험(주)
기타참고	*현황조사차 방문하였으나 폐문부재로 소유자 및 점유자를 만나지 못하였으며,이에 `안내문`을 부착하여 두었으나 점유자들의 연락이 없어 점유관계를 확인할 수 없으며 관할동사무소에서 전입세대열람 결과 해당 주소에 전입세대가 없음				

등기권리

구분	권리명	접수일	권리자	금액	기타	소멸
집합	근저	2014-02-21	국민은행 곡선동	240,000,000	말소기준권리	소멸
	소유	2016-01-20	강[redacted]		전소유자:김[redacted]외1	
	가처	2016-02-17	신용보증기금 오산		2016 카단 200356 수원	소멸
	가처	2016-03-23	서울보증보험 경원신용지원		2016 카단 426 서울중앙	소멸
	임의	2016-10-21	국민은행 여신관리센터	청구금액: **213,298,766**	2016타경29509	소멸

주택임대차보호법 제3조의2(보증금의 회수)

⑦ 다음 각호의 금융기관 등이 제2항, 제3조의3 제5항, 제3조의4 제1항에 따른 우선변제권을 취득한 임차인의 보증금반환채권을 계약으로 양수한 경우에는 양수한 금액의 범위에서 우선변제권을 승계한다.〈신설 2013. 8. 13., 2015. 1. 6., 2016. 5. 29.〉

1. 「은행법」에 따른 은행
2. 「중소기업은행법」에 따른 중소기업은행
3. 「한국산업은행법」에 따른 한국산업은행
4. 「농업협동조합법」에 따른 농협은행

5. 「수산업협동조합법」에 따른 수협은행
6. 「우체국예금 · 보험에 관한 법률」에 따른 체신관서
7. 「한국주택금융공사법」에 따른 한국주택금융공사
8. 「보험업법」 제4조 제 1항 제2호 라목의 보증보험을 보험종목으로 허가받은 보험회사
9. 「주택도시기금법」에 따른 주택도시보증공사
10. 그 밖에 제1호부터 제9호까지에 준하는 것으로서 대통령령으로 정하는 기관
⑧ 제7항에 따라 우선변제권을 승계한 금융기관 등(이하 "금융기관 등"이라 한다)은 다음 각 호의 어느 하나에 해당하는 경우에는 우선변제권을 행사할 수 없다. 〈신설 2013. 8. 13.〉
1. 임차인이 제3조제 1항 · 제2항 또는 제3항의 대항요건을 상실한 경우
2. 제3조의3 제5항에 따른 임차권 등기가 말소된 경우
3. 「민법」 제621조에 따른 임대차등기가 말소된 경우
⑨ 금융기관 등은 우선변제권을 행사하기 위하여 임차인을 대리하거나 대위하여 임대차를 해지할 수 없다. 〈신설 2013. 8. 13.〉

경매에서 임차인이 대항력과 우선변제권을 인정받으려면 배당요구종기까지 대항요건을 유지하고 있어야 합니다. 그런데 이 경매사건의 경우 배당요구종기 전인 2016년 10월 24일에 조사 · 작성된 현황조사보고서는 전입세대가 없는 것으로 되어 있습니다. 그렇다면 임차인이 배당요구종기 전에 대항요건을 상실한 것으로 볼 수 있어서 주택임대차보호법 제3조의2 제8항 제1호 '임차인이 대항요건을 상실한 경우'에 해당하여 서울보증보험㈜는 배당을 받을 수 없을 것입니다. 같은 법리로 임차인의 대항력 또한 소멸하게 되므로 낙찰자에게 인수되는 부담은 없습니다.

42

은행의 보증금반환채권 양수

은행이 임차인을 대위하여 배당요구 할 수 있나요?

Q 금융기관이 우선변제권이 있는 주택 임차인의 보증금반환채권을 양수한 경우, 경매절차에서 임차인의 동의 없이 배당요구를 할 수 있나요? 전문가마다 이 문제에 관해 의견이 다릅니다. 정확한 내용과 그 근거가 궁금합니다.

우선 배당요구는 누구나 할 수 있습니다. 배당요구 자체가 거부되는 경우는 없고, 다만 그 효력이 인정되는지가 문제가 될 뿐입니다. 따라서 이 질문을 '임차인의 동의 없이 배당요구를 할 수 있는지'가 아니라, '임차인의 동의 없이 한 배당요구가 효력이 있는지'에 그 취지를 두고 판단해 보겠습니다.

주택임대차보호법 제3조의 2 제7항은 "금융기관 등이 우선변제권을 취득한 임차인의 보증금반환채권을 계약으로 양수한 경우에는 양수한 금액의 범위에서 우선변제권을 승계한다"고 규정하고 있습니다. 따라서 금융기관 등이 경매절차에서 임차인이 배당받을 금액을 대신 배당받을 수 있습니다.

다만, 같은 조의 제9항은 "금융기관 등은 우선변제권을 행사하기 위하여 임차인을 대리하거나 대위하여 **임대차를 해지할 수 없다**"고 규정하고 있는데, 경매절차에서 **배당요구는 임대차 해지의 의사표시**입니다. 배당요구는 보증금을 돌려달라는 요구이고, 보증금을 돌려받는다면 당연히 주택을 반환해야 하기 때문입니다.

> 임대차의 목적물인 주택이 경매되는 경우에 대항력을 갖춘 임차인이 임대차 기간이 종료되지 아니하였음에도 경매법원에 배당요구를 하는 것은, 스스로 더 이상 임대차관계의 존속을 원하지 아니함을 명백히 표명하는 것이어서 다른 특별한 사정이 없는 한 이를 임대차해지의 의사표시로 볼 수 있고, 한편 민사소송법 제606조 제1항은 배당요구 사실을 경매법원이 채무자에게 통지하도록 규정하고 있고, 제728조가 담보권실행을 위한 경매에도 준용하고 있으므로, 경매법원이 위 법조에 정한 바에 따라 임대인에게 배당요구 사실의 통지를 하면 결국 임차인의 해지의사가 경매법원을 통하여 임대인에게 전달되어 그때 해지통지가 임대인에게 도달된 것으로 볼 것이니, 임대차관계는 그 배당요구 통지의 임대인에 대한 도달 즉시 해지로 종료된다.(대법원 1996. 7. 12. 선고 94다37646 판결 [배당이의])

결국 임차인이 임차권등기명령에 따른 임차권등기를 했거나, 내용증명 등으로 임대차 해지의 의사표시를 임대인에게 한 경우, 후순위 임차권 등과 같이 이미 임대차가 해지된 것으로 볼 수 있거나 매각으로 효력을 잃는 임차권이라면 금융기관 등의 배당요구는 그 효력이 있다 할 것입니다. 하지만 낙찰자에게 대항할 수 있는 임차권에서 임차인의 동의 없이 금융기관 등이 일방적으로 한 배당요구는 그 효력이 없다고 보아야 할 것입니다.

43

주택도시보증공사의 보증금반환채권 양수

주택도시보증공사가 임차인의 대항력도 승계하나요?

Q 주택도시보증공사가 주택임차인의 보증금반환채권을 양수하면 우선변제권을 행사할 수 있는데, 이때 임차인의 대항력도 함께 양수하는 것인가요?

만약 대항력은 승계되지 않는다면, 경매절차에서 배당받지 못한 보증금이 있는 경우, 보증금반환채권을 양도한 임차인은 이미 주택도시보증공사로부터 보증금 전액을 돌려받았으니 대항력을 행사할 수 없고, 주택도시보증공사는 대항력을 양수받지 못했으니 주택을 점유할 수 없게 되어, 결국 미배당보증금을 회수할 수 있는 방법이 없는 것 아닌지요?

주택임대차보호법 제3조의 2 제7항은 "금융기관 등(주택도시보증공사 등)이 우선변제권을 취득한 임차인의 보증금반환채권을 계약으로 양수한 경우에는 양수한 금액의 범위에서 우선변제권을 승계한다"고 규정하고 있을 뿐, 대항력의 승계에 대한 언급이 없습니다. 따라서 이 경우 대항력은 승계되지 않습니다.

그러나 우리 판례는 비록 임차인이 보증금반환채권 전부를 돌려받았더라도, 금융기관 등이 보증금 전부를 배당받지 못했다면, 그 보증금 잔액을 배당받을 때까지 임대차관계의 존속을 주장할 수 있다고 판시하고 있습니다. 중요한 것은 주택의 양수인(낙찰자)에게 미배당보증금의 반환을 청구할 권리를 가지고 있는 자는 금융기관 등이고, 대항력을 행사할 수 있는 자는 임차인이라는 점도 기억해 두어야 합니다.

주택임대차보호법에 정한 대항력과 우선변제권 두 가지 권리를 겸유하고 있는 임차인이 먼저 우선변제권을 선택하여 임차주택에 대하여 진행되고 있는 경매절차에서 배당요구를 하였으나 보증금 전액을 배당받지 못한 경우, 임차인은 여전히 대항요건을 유지함으로써 임대차관계의 존속을 주장할 수 있으므로, 임차인이 대항력을 구비한 후 임차주택을 양수한 자는 그와 같이 존속되는 임대차의 임대인 지위를 당연히 승계한다.
이는 주택임대차보호법 제3조의 2, 제7항에서 정한 금융기관이 임차인으로부터 보증금반환채권을 계약으로 양수함으로써 양수한 금액의 범위에서 우선변제권을 승계한 다음 경매절차에서 배당요구를 하여 보증금 중 일부를 배당받은 경우에도 마찬가지이다. 따라서 주택임대차의 대항요건이 존속되는 한 **임차인은 보증금반환채권을 양수한 금융기관이 보증금 잔액을 반환받을 때까지 임차주택의 양수인을 상대로 임대차관계의 존속을 주장할 수 있다.**(대법원 2023. 2. 2. 선고 2022다255126 판결 [구상금])

44

충북 충주시 아파트 임차인의 질문

임차인이 선순위 근저당권을 대위변제하는 경우는?

Q 현재 전세로 거주하고 있는 아파트가 경매로 매각되게 되었습니다.

전세보증금은 1억 2천만원이고, 입주하면서 전입신고와 확정일자를 받았습니다. 하지만 선순위로 1억원의 근저당권이 설정되어 있었습니다. 매매시세는 2억원도 안 되어서, 낙찰가는 1억 5천만원 정도에 불과할 것으로 예상됩니다. 이대로 둔다면 보증금 중 대부분을 돌려받지 못할 것 같아서 걱정입니다.

여기저기 알아보니, 후순위 임차인이 선순위 근저당권을 대위변제할 경우, 경매로 배당받지 못한 보증금을 낙찰자가 물어줘야 한다고 하더군요. 집안 어른들께 부탁하면 1억원은 급한 대로 마련할 수 있을 것 같은데요. 대위변제할 경우 문제는 없는지요?

즉, 근저당권을 대위변제해 낙찰가격이 1억 5천만원일 경우 그중 1억원은 대위변제한 근저당권으로 배당받고, 5천만원은 보증금으로 배당받고, 배당받지 못한 7천만원은 낙찰자에게 돌려받는다면, 전세보증금을 모두 찾을 수 있을 것으로 생각됩니다. 가능할까요?

임차인이 대항력을 취득하기 전에 등기상 저당권이 설정되어 있는 경우, 임차인의 대항력은 매각으로 소멸합니다. 따라서 임차인이 보증금을 지키기 위해 선순위 저당권의 피담보채권을 채무자를 대위하여 변제함으로써 선순위의 저당권을 소멸시키기도 합니다.

그러나 위와 같은 목적의 대위변제에서 중요한 것은 '선순위 저당권의 소멸'입니다. 즉, 임차인이 저당권자에게 채무를 변제하고 등기상 저당권을 말소한다면, 임차인의 대항력 취득시점보다 먼저 설정된 등기상의 권리가 없어지므로 임차인은 낙찰자에게 대항할 수 있습니다.

하지만 저당권설정등기의 채권자를 임차인으로 변경하는 '저당권 변경등기'를 한 경우, 선순위의 권리가 소멸된 것이 아니라서 임차인은 여전히 낙찰자에게 대항할 수 없습니다. 이때 저당권자와 임차인이 동일인이라는 것은 대항력 소멸 여부에 영향을 미치지 않습니다.

기억해야 할 것은, 대위변제를 통해 선순위 저당권을 말소시킨 경우 임차인은 대위변제한 채권에 대해 임대인을 상대로 구상권을 행사할 수는 있지만, 저당권이 소멸한 이상 우선변제권을 행사할 수는 없습니다. 또한 임대인에게 다른 재산이 없다면, 결국 대위변제한 채권을 회수할 수 있는 방법은 사실상 없다고 봐야 합니다.

따라서 임차인이 대항력을 상실할 경우, 선순위 저당권의 피담보채권액에 비해 반환받지 못할 보증금액이 현저히 클 때에만 대위변제를 통한 저당권 말소의 실익이 있을 것입니다.

부동산 경매 실전사례 120

오늘부터 1일

3

PART

현장에서 부닥치는 전세권 10

2강 전세권(21분)

3강 전세권/법정지상권 1(21분)

01

경남 진주시 아파트 입찰

채권담보를 목적으로 설정된 전세권의 효력은?

Q 지방에 거주하고 있는데, 몇 년간 아파트 가격이 많이 올랐습니다. 그런데 최근 거래가 많지 않고 가격도 떨어지는 추세가 뚜렷합니다. 그래서 경매로 아파트를 취득할 수 있을지 공부하는 중입니다.

그런데 임대차 계약의 주된 목적이 주택을 사용 수익하려는 것이 아니고, 소액임차인으로 보호받아 기존 채권을 회수하려는 것이라면 주택임대차보호법상의 소액임차인으로 보호받을 수 없다고 되어 있는 내용을 봤는데, 잘 이해가 안 됩니다.

그렇다면 채권을 담보할 목적으로 등기상에 전세권을 설정한 경우, 그 전세권의 효력이 인정되는지요? 또 전세권자가 그 주택에 실제로 거주하는 경우와 그렇지 않은 경우에 따라 다르게 해석되는 것인지요?

전세권은 기본적으로 집이나 건물 등을 사용하기 위한 권리이므로 물권 중에서도 용익권이라 볼 수 있지요. 물권이란 물건과 직접적으로 관련된 권리를 말하는데, 물건을 직접 지배하여 이익을 얻는 배타적인 권리입니다. 즉 물권인 전세권을 가지고 있으면 계약기간 안에는 그 집을 사용할 수 있는 배타적 권리를 가지게 됩니다.

한편 전세권을 가지고 있으면 집주인이 만기 후에도 보증금을 돌려주지 않을 경우 경매를 신청할 수 있고, 후순위 채권자보다 먼저 배당받을 수도 있으므로 담보권의 성격도 가지고 있습니다.

전세권은 이처럼 용익물권적 성격과 담보물권적 성격을 모두 가지고 있고, 목적물의 인도는 전세권의 성립요건이 아닙니다.

이런 점 등으로 비추어 당사자가 주로 채권담보의 목적으로 전세권을 설정하였고, 그 설정과 동시에 목적물을 인도받지 않았다 하더라도, 장차 전세권자가 목적물을 사용 · 수익하는 것을 완전히 배제하는 것이 아니라면, 그 전세권의 효력을 부인할 수는 없을 것입니다.

한편 전세금의 지급은 전세권 성립의 요소가 되지만, 반드시 현실적으로 전세금이 수수되어야만 하는 것은 아니고, 기존의 채권으로 전세금의 지급에 갈음할 수도 있습니다.(대법원 1995. 2. 10. 선고 94다18508 판결 [전세권설정등기말소등기])

02

선순위 전세권의 미배당 보증금

배당요구한 선순위 전세권, 낙찰자에게 인수되나요?

Q 인터넷 경매 관련 칼럼에서 "선순위 전세권자가 경매절차에서 배당을 요구하거나 그 경매사건의 신청 채권자일 경우, 그 전세권은 말소기준권리가 되어 매각으로 소멸한다. 그러나 선순위 전세권자가 보증금 전액을 배당받지 못하면 낙찰자는 그 배당받지 못한 보증금 중 일부를 인수해야 한다"라는 글을 봤습니다.

선순위 임차인이 배당요구를 한 경우, 경매절차에서 우선 배당을 받고, 배당받지 못한 보증금은 낙찰자가 반환해줘야 한다는 것에는 이견이 없는데요, 선순위 전세권의 경우에도 미배당 보증금에 대한 반환의무가 낙찰자에게 인수되는 것인지 궁금합니다.

질문에서 언급하신 칼럼은 전세권에 대한 정확한 이해 없이 쓴 글인 것 같습니다. 선순위 임차권과 달리 전세권자는 일단 배당요구를 하거나 경매신청 채권자일 경우, 배당금액과 상관없이 그 전세권은 소멸하여 낙찰자에게 부담이 인수되지 않습니다.

우선, 민사집행법 제91조 제3항은 지상권 · 지역권 · 전세권 및 등기된 임차권은 저당권 · 압류채권 · 가압류채권에 대항할 수 없는 경우, 즉 말소기준권리보다 후순위로 설정된 경우에는 매각으로 소멸된다고 규정하고 있습니다.

민사집행법 제91조(인수주의와 잉여주의의 선택 등)
① 압류 채권자의 채권에 우선하는 채권에 관한 부동산의 부담을 매수인에게 인수하게 하거나, 매각대금으로 그 부담을 변제하는 데 부족하지 아니하다는 것이 인정된 경우가 아니면 그 부동산을 매각하지 못한다.
② 매각부동산 위의 모든 저당권은 매각으로 소멸된다.
③ 지상권 · 지역권 · 전세권 및 등기된 임차권은 저당권 · 압류채권 · 가압류채권에 대항할 수 없는 경우에는 매각으로 소멸된다.
④ 제3항의 경우 외의 지상권 · 지역권 · 전세권 및 등기된 임차권은 매수인이 인수한다. 다만, 그중 **전세권의 경우에는 전세권자가 제88조에 따라 배당요구를 하면 매각으로 소멸된다.**
⑤ 매수인은 유치권자(留置權者)에게 그 유치권(留置權)으로 담보하는 채권을 변제할 책임이 있다.

그리고 민사집행법 제91조 제4항은 선순위로 설정된 지상권 · 지역권 · 전세권 및 등기된 임차권은 낙찰자에게 인수된다고 규정하고, 그 단서로서 유독 전세권에 대해서만 "배당요구를 하면 매각으로 소멸된다"라고 명시했습니다. 이 단서에 '보증금을 전액 배당받은 경우'라는 취지는 찾을 수 없으므로, 배당요구를 한 전세권은 '무조건' 소멸한다고 해석하는 것이 맞습니다.

한편, 채권자가 경매를 신청하는 이유는 받을 돈이 있는데 채무자가 임의로 지급하지 않기 때문입니다. 즉, 채무자의 부동산을 매각하여 그 대금으로 채권을 만족시켜달라는 신청이 바로 경매신청이고, 따라서 채권자가 경매를 신청하면 별도로 배당요구를 하지 않더라도 경매신청

자체로 배당요구의 효력이 있습니다.

그러므로 민사집행법 제91조 제4항 단서에 구체적으로 명시되지 않았더라도, 경매를 신청한 전세권은 배당요구를 한 전세권으로 보아 매각으로 소멸하는 것입니다.

한편 등기된 임차권의 경우, 제3항에서 전세권과 같이 규정하고 있으므로 말소기준권리보다 후순위의 임차권은 매각으로 소멸한다는 점에서 전세권과 같습니다. 그러나 제4항에서는 배당요구를 하면 소멸되는 권리를 전세권으로 한정하고 있으므로, 선순위 임차권의 인수와 소멸은 다른 규정으로 판단해야 합니다.

또한 주택임대차보호법 제3조의5는 우선 임차권(등기된 임차권을 포함합니다)은 경매로 소멸한다고 규정한 다음, 그 단서로 보증금이 모두 변제되지 않은, 대항력이 있는 임차권은 낙찰자에게 인수된다고 명시하고 있습니다.

주택임대차보호법 제3조의5(경매에 의한 임차권의 소멸)
임차권은 임차주택에 대하여 「민사집행법」에 따른 경매가 행하여진 경우에는 그 임차주택의 경락(競落)에 따라 소멸한다. 다만, 보증금이 모두 변제되지 아니한, 대항력이 있는 임차권은 그러하지 아니하다.

따라서 선순위 임차인은 배당요구(경매신청)를 했더라도 경매절차에서 보증금을 전액 배당받지 못했다면, 그 미배당 보증금의 반환을 낙찰자에게 청구할 수 있습니다.
전세권과 임차권은 이처럼 그 인수와 소멸에 관한 규정이 서로 다릅니다. 따라서 전세권자와 임차인을 '세입자'라는 통념으로 같이 본다면, 인수와 소멸에 관한 판단에서 치명적인 오류를 범할 수 있으니 주의해야 합니다.

03

매매시세보다 전세금이 큰 경매물건

깡통주택의 선순위 전세권은 어떻게 되나요?

Q 빌라 경매사건을 보면 매매시세보다 전세권설정금액이 큰 경우도 종종 발견됩니다. 처음 전세권설정계약을 할 때에 비해 시세가 많이 떨어진, 이른바 '깡통주택'으로 보이는데요. 선순위 전세권자가 배당요구(경매신청)를 한 것을 보았습니다. 깡통주택으로 보이는데 왜 배당요구를 했는지 이해가 안 됩니다.

전세권자가 배당요구를 하면 보증금을 전액 배당받지 못하더라도 매각으로 소멸되므로, 보증금보다 낮은 가격으로 낙찰될 것이 예상되는 상황에서 배당요구를 한다면 배당받지 못한 보증금 잔액을 잃어버리는 것이 아닌지요?

이런 경우라면 배당요구를 하지 않고 전세권을 인수시켜 낙찰자에게 보증금 전액을 반환받는 것이 더 현명한 선택이 아닌지요?

전세보증금보다 매매시세가 낮아진 경우(경매절차와는 별도로 임대인에게 미반환 보증금을 돌려받는 것은 별론으로 하고), 전세권자가 보증금 중 일부를 손해 보지 않을 수 있는 방법은 없습니다. 가령, 전세권 설정금액이 1억원인데 낙찰가격은 8천만원에 불과하다면, 전세권자는 8천만원을 배당받고 나머지 2천만원은 사실상 반환받기 어렵다고 볼 수 있습니다(전세권보다 선순위로 배당되는 경매비용과 세금 등은 고려하지 않음).

그렇다면 질문과 같이 배당요구를 하지 않는 경우는 어떨까요?

법률적으로만 판단하면 전세권자는 보증금 전부를 낙찰자에게 반환받을 수 있으므로 손해를 보지 않겠다고 생각할 수 있지만, 현실은 다릅니다.

인수되는 부담이 전혀 없는(전세권자가 배당요구를 한) 경우도 낙찰가격이 8천만원에 불과할 빌라를 전세권 1억원을 인수하면서 매수할 입찰자는 없을 것이기 때문입니다. 그래서 이 경매사건은 유찰을 거듭해 결국 잉여가망이 없어 기각될 것입니다.

따라서 전세권자는 보증금 8천만원을 배당받고(2천만원을 포기하고) 이주할 것인지, 아니면 보증금 전액을 반환받을 수 있을 만큼 매매시세가 오를 때까지 그 빌라에서 계속 거주할 것인지 결정해야 합니다. 매매시세가 오르기를 기대할 수 없거나 당장 이주해야 하는 사정이 있다면, 결국 보증금을 전부 배당받지 못할 것이 예상되더라도 배당요구를 할 수밖에 없을 것입니다.

04

광주시 광산구 아파트 입찰

전세권과 주택임대차보호법의 대항력을 겸비한 임차인이 있어요

Q 광주시 광산구의 아파트 경매물건입니다.

등기상 선순위 전세권자가 전입신고도 해놓았는데, 전세권설정일자보다 전입신고일자가 늦습니다. 이런 경우 임차인은 낙찰자에게 대항할 수 있는지요?

전세권으로 경매를 신청할 경우, 담보권 실행으로 인한 경매로 보아 임의경매가 되는 것으로 알고 있는데요. 이 사건은 강제경매사건으로 표시되어 있습니다. 전세권과 대항력을 모두 가지고 있는 임차인 분석이 어렵네요.

전세권자는 별도의 소송절차 없이 경매를 신청할 수 있고, 그 경매는 담보권의 실행에 따른 경매로 보아 임의경매가 됩니다.

그러나 전세권자가 전세권과는 별도로 임대차보증금반환청구소송에서 승소하여 그 판결을 집행권원으로 경매를 신청하면 강제경매가 됩니다. 이때 임의경매라면 전세권으로 신청한 경매이므로 별도의 배당요구가 없더라도 당연히 배당요구의 효력이 발생하고, 강제경매라면 전세권자가 경매신청과는 별도로 배당요구를 해야 우선변제를 받을 수

광주시 아파트, 전세권과 대항력 모두 있는 임차인

2017타경 1354[2] 광주지방법원 9계 전화 : (062)239-1671

관련물건번호	[1]	[2]

소 재 지	광주 광산구 월계동 [redacted]				
경 매 구 분	기일입찰	채 권 자	조[redacted]	매 각 기 일	매각물건
용 도	아파트	채무/소유자	[redacted]하우징	접 수 일	2017-01-20
감 정 가	140,000,000	청 구 액	6,185,640	경매개시일	2017-01-23
최 저 가	50,176,000 (36%)	토지총면적	12 m² (3.61평)	배당종기일	2017-04-21
입찰보증금	10% (5,017,600)	건물총면적	44 m² (13.27평)	조 회 수	금일1 공고후9 누적15

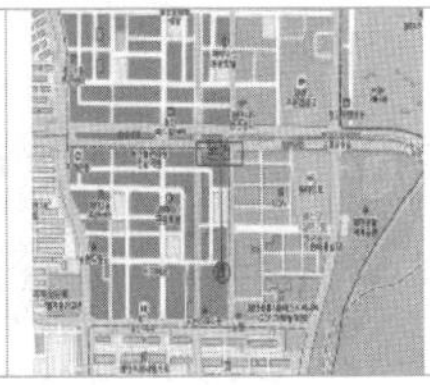

구분	입찰기일	매각금액	결과
7차	2018-08-29	50,176,000	매각
		53,000,000 (37.9%) (입찰 2명)	
6차	2018-07-18	62,720,000	유찰
5차	2018-05-02	62,720,000	매각
		70,145,000 (50.1%) (입찰 2명)	
		62,720,000	매각

임차조사

임차인	전입일	확정/배당요구	보증금/월세	용도/점유	비고
박[redacted]	2016-07-19	배당:2017-03-07	90,000,000	주거 506호	현황조사점유:2016.03-
기타참고	*채무자(소유자)점유, 임차인 박[redacted]에게 문의함.				

등기권리

구분	권리명	접수일	권리자	금액	기타	소멸
집합	소유	2016-03-02	[redacted]하우징			
	전세	2016-03-23	박[redacted]	90,000,000	존속기간:2018.03.22	
	가압	2016-10-27	[redacted]철물	5,992,690	말소기준권리 2016 카단 4132 광주	소멸
	가압	2016-11-10	[redacted]산업	92,288,000	2016 카단 4336 광주	소멸
	압류	2016-11-16	서광주세무서			소멸
	가압	2016-12-01	조[redacted]	7,900,000	2016 카단 4501 광주	소멸
	강제	2017-01-23	조[redacted]	청구금액: **6,185,640**	2017타경1354	소멸
	압류	2017-02-03	국민건강보험공단 광주서부지사			소멸
참고사항	· 先전세권 · 재매각					

있고, 그 전세권은 매각으로 소멸합니다.

질문자가 말한 광주시 광산구 아파트의 경우, 살펴보니 임차인이 배당요구를 했으나 법원문건접수내역 표시만으로는 전세권자로서 배당요구를 한 것인지, 임차인으로서 한 것인지 명확하지 않습니다.

그러나 매각물건명세서를 보면 "등기상 최선순위 설정"란에 2016.

03.23. 전세권 설정"이라고 표기되어 있습니다. 즉, 법원은 임차인이 전세권자로서 배당을 요구했다고 판단한 것을 볼 수 있습니다. 따라서 이 경매사건의 전세권은 전세권자가 보증금을 전부 배당받지 못하더라도 매각으로 소멸하여 미배당 보증금의 반환의무가 낙찰자에게 인수되지 않습니다.

그러나 전세권자는 전세권과는 별도로 대항요건(주민등록과 점유)을 갖추고 있으므로, 만약 전세권으로 보증금 전액을 배당받지 못한다면 주택임대차보호법의 규정에 따른 대항력으로 낙찰자에게 대항할 수 있는지 판단해야 합니다.

임차인이 대항요건을 갖추었더라도, 대항력 발생시점이 등기상 최선순위 설정일자보다 후순위라면 낙찰자에게 대항할 수 없습니다. 이 경매사건 임차인의 전입신고일자는 등기상 최선순위 설정권리인 전세권의 설정일자보다 늦으므로, 이것만으로는 낙찰자에게 대항할 수 없는 임차인으로 볼 수도 있을 것입니다. 그러나 등기상 최선순위 전세권자와 임차인이 동일인이라면 판단은 달라집니다.

주택에 관하여 최선순위로 전세권설정등기를 마치고 등기부상 새로운 이해관계인이 없는 상태에서 전세권설정 계약과 계약 당사자, 계약 목적물 및 보증금(전세금액) 등에서 동일성이 인정되는 임대차 계약을 체결하여 주택임대차보호법상 대항요건을 갖추었다면, 전세권자로서의 지위와 주택임대차보호법상 대항력을 갖춘 임차인으로서의 지위를 함께 가지게 됩니다.

이러한 경우 전세권과 더불어 주택임대차보호법상의 대항력을 갖추는 것은 자신의 지위를 강화하기 위한 것이지, 원래 가졌던 권리를 포기하고 다른 권리로 대체하려는 것은 아닙니다. 또한 자신의 지위를 강화하기 위하여 설정한 전세권 때문에 오히려 주택임대차보호법상의 대항력이 소멸된다는 것은 부당하고, 동일인이 같은 주택에 대해 전세권과 대항력을 함께 가지므로 전세권 설정 당시 확보한 담보가치가 대항력으로 훼손되는 문제는 발생하지 않는다는 점 등을 고려하면, 최선순위 전세권자로서 배당요구를 해서 전세권이 매각으로 소멸되었다 하더라도 변제받지 못한 나머지 보증금에 기하여 대항력을 행사할 수 있고, 그 범위 내에서 임차주택의 매수인은 임대인의 지위를 승계한 것으로 봐야 합니다.(대법원 2010. 7. 26. 자 2010마900 결정 [부동산인도명령결정에 대한즉시항고])

따라서 이 경매사건의 낙찰자는 경매절차에서 전세권자(임차인)가 배당받지 못한 보증금에 대한 반환의무를 인수합니다. 따라서 입찰 시 이 보증금을 고려하여 입찰가를 산정해야 안전할 것입니다.

05

강원도 춘천시 아파트 입찰

후순위 전세권으로 인해 선순위 임차인이 손해를 본다면?

Q 강원도 춘천시의 아파트 경매사건입니다. 임차인이 먼저 대항요건을 갖춘 후 다른 사람이 전세권을 설정했더군요. 임차인이 경매를 신청한 것으로 보아 임대인이 보증금을 반환해주지 않은 것으로 보입니다. 그런데 경매절차에서 전세권자는 배당요구를 하지 않은 상태입니다.

【질문1】 임차권은 말소기준권리가 될 수 없으므로, 이 사건 전세권은 선순위 전세권인데 낙찰자에게 인수되나요?

【질문2】 만약 전세권이 인수된다면 낙찰이 안 될 수도 있고, 낙찰이 되더라도 전세권의 부담만큼 낮은 금액으로 낙찰될 것이므로 선순위 임차인이 보증금 전액을 반환받지 못할 수도 있을 듯합니다. 그렇다면 선생님께서 항상 강조하는 '불측의 피해는 허용되지 않는다'는 원칙이 깨지는 것은 아닌지요?

전세권자가 배당요구(경매신청)를 한 경우 그 전세권은 매각으로 소멸하고, 배당요구를 하지 않은 경우는 저당권 · 압류채권 · 가압류채권에 대항할 수 없을 때 매각으로 소멸됩니다(민사집행법 제91조 제3항 및 제4항). 그런데 주택임대차보호법의 임차권을 저당권 · 압류채권 · 가압류채권

강원도 춘천시 아파트, 선순위 임차인과 후순위 전세권

2016타경 8448 춘천지방법원 2계 전화 : (033)259-9710

소 재 지	강원 춘천시 동면 만천리 [redacted]				
경매구분	기일입찰	채 권 자	이[redacted]	매각기일	2018-11-12 (10:00) [21 일전]
용 도	아파트	채무/소유자	이[redacted]	접 수 일	2016-12-30
감 정 가	260,000,000	청 구 액	15,627,470	경매개시일	2017-01-02
최 저 가	21,412,000 (8%)	토지총면적	64 m² (19.45평)	배당종기일	2017-04-05
입찰보증금	20% (4,282,400)	건물총면적	128 m² (38.71평)[47평형]	조 회 수	금일1 공고후16 누적37

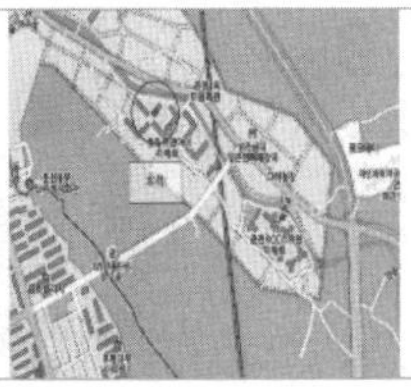

구분	입찰기일	매각금액	결과
10차	2018-11-12	21,412,000	진행
9차	2018-10-08	30,589,000	유찰
8차	2018-09-03	43,698,000	유찰
7차	2018-07-30	62,426,000	유찰
6차	2017-12-11	62,426,000	매각
		72,220,000 (27.8%) (입찰 2명)	
5차	2017-11-06	89,180,000	유찰

임차조사

임차인	전입일	확정/배당요구	보증금/월세	용도/점유	비고
[redacted](주)			205,000,000	주거 전부	전세권자 등기부상
이[redacted]	2011-12-15	확정:2011-12-15	15,000,000	주거 전부	임차권자 등기부상
기타참고	*주민등록등재자: 없음.동소 현장에 임한 바, 거주자를 만나지 못하고 폐문부재로 알림을 고시하였으나 제반서류를 제출치 않아 후평1동동사무소에서 주민등록등재자를 조사한 바, 주민등록등재자는 없으며 현장조사당시 이해관계인및 점유자를 만나지 못한 바, 점유관계 별도 확인및 요망됨 *이[redacted]는 임차권등기권자로서 경매 신청채권자임.임차권설정등기일은 2016. 2. 17.임 *[redacted] 주식회사는 전세권자로서 전세권설정등기일은 2016. 2. 12.임				

등기권리

구분	권리명	접수일	권리자	금액	기타	소멸
집합	소유	2009-09-29	이[redacted]		전소유자:[redacted]건설	
	전세	2016-02-12	[redacted](주)	205,000,000	존속기간:2018.02.12	
	임차	2016-02-17	이[redacted]		전입: 2011.12.15 확정: 2011.12.15 보증금15,000,000	
	강제	2017-01-03	이[redacted]	청구금액: **15,627,470**	말소기준권리 2016타경8448	소멸
참고사항	· 先전세권 · 재매각					

으로 볼 근거는 없으므로, 이 사건의 전세권은 매각으로 소멸하지 않고 낙찰자에게 인수됩니다.

이런 경우 법률적 논리만으로는 임차인에게 불측의 피해가 발생했다고 보지 않습니다. 전세권의 부담만큼 낮은 금액으로 낙찰되어 임차인이 보증금을 전액 배당받지 못했다고 하더라도, 그 미반환 보증금은 대항력으로 낙찰자에게 반환받을 수 있다는 것이 이유입니다.

그러나 이런 경우 현실적으로는 질문과 같이 임차인이 보증금을 반환받는 데에 예측할 수 없었던 상당한 장애가 발생했다고 볼 수 있습니다. 입찰자 입장에서 보면 전세권은 전부를, 임차권은 미배당보증금을 인수해야 하므로, 결국 임차보증금과 전세보증금을 합한 금액 미만으로는 이 부동산을 취득할 수 없습니다.

따라서 만약 이 아파트의 가치가 두 금액을 합한 금액에 미치지 못한다면 끝내 낙찰을 기대할 수도 없고, 등기상 어떤 권리도 설정되지 않은 상태에서 이 아파트를 임차한 선순위 임차인이 보증금을 한 푼도 반환받지 못하는 결과가 발생할 수도 있습니다.

이런 경우 임차인은 사해행위의 취소를 구할 수 있습니다. 사해행위란 채무자가 채권자를 해함을 알면서도 재산권을 목적으로 한 법률행위를 말합니다. 사해행위로 손해를 보는 채권자는 채무자를 대위하여 그 사해행위를 취소할 수 있습니다.

즉, 이 사건에서는 임대인(채무자)이 선순위 임차인(채권자)이 있는데도 타인(수익자)에게 전세권을 설정해주어서 임차인이 손해를 입은 것이지요. 그러므로 임차인은 임대인을 대위하여 전세권설정 계약의 취소(말소)를 구할 수 있습니다.

06

전세권을 건물에만 설정한 경우

전세권자가 임차인으로 보호받을 수 있나요?

Q 3년 전에 경기도 남양주시의 단독주택에 전세로 들어와 살고 있습니다. 들어오면서 전세권을 설정했고, 전세권을 설정하면 우선변제권을 인정받을 수 있다고 하여 확정일자를 따로 받지는 않았습니다.

그런데 전세 만기가 지났는데도, 집주인이 보증금을 돌려주지 않습니다. 어쩔 수 없이 경매를 신청하려고 법무사와 상담해봤더니, 문제가 있다는 것을 알았습니다. 전세권을 토지에도 설정했어야 했는데 건물에만 설정해서 문제라는 것입니다. 경매신청은 건물에 대해서만 할 수 있고, 전세권이 아닌 보증금반환청구소송으로 토지까지 같이 경매를 신청할 수는 있지만, 그런 경우라도 전세권의 효력은 건물에만 미치기 때문에 배당은 건물의 매각대금에서만 받을 수 있다고 합니다.

제가 전세로 살고 있는 이 집은 오래된 단독주택입니다. 거래금액의 대부분은 토지가격이고, 건물가격은 매매가격의 10% 정도에 불과합니다. 이런 사정이라면 전세보증금의 절반도 배당받기 어려울 것 같아 불안합니다.

제가 건물에 전세권을 설정한 후로 토지와 건물 모두에 근저당권과 가압류가 설정되어, 경매로 매각되더라도 집주인이 채무를 다 변제하지는 못할 것 같습니다. 보증금을 반환받을 수 있는 방법이 없는지요?

전세권을 설정하면 대항력과 우선변제권을 취득하지만, 그 효력 범위는 전세권이 설정된 부분에 한정됩니다. 반면 주민등록과 점유로 취득하는 대항력과 확정일자로 취득하는 우선변제권은 주택(건물)뿐만 아니라 그 부속토지에까지 효력이 미칩니다.

따라서 질문과 같이 건물에만 전세권을 설정했다면 배당은 매각대금 중 건물의 가액에서 받을 수 있기 때문에 보증금 전부를 배당받지 못하는 경우가 많습니다. 그러나 적절히 대응하면 주택임대차보호법의 확정일자 부 임차인으로서 토지매각대금에서도 우선변제권을 인정받을 수 있습니다. 그 방법을 알아보겠습니다.

주택임대차보호법은 대항요건과 임대차계약증서상의 확정일자를 갖춘 임차인은 민사집행법에 따른 경매 또는 국세징수법에 따른 공매를 할 때에 임차주택(대지 포함)의 환가대금에서 후순위권리자나 그 밖의 채권자보다 우선하여 보증금을 변제받을 권리가 있다(주택임대차보호법 제3조의2 제2항)고 규정하고 있습니다.

이때 임대차계약증서는 법정양식이 아니므로 설령 '임대차계약서'라고 기재되어 있지 않더라도, 제3자가 보았을 때 그 내용을 명확히 이해할 수 있는 정도면 됩니다. 따라서 전세권을 설정하기 위해 작성한 전세권설정 계약서도 그 내용이 임대차 계약내용과 동일하다면, 주택임대차보호법의 규정에 따른 임대차계약증서로 인정됩니다.

또한, 확정일자는 반드시 주민센터에서 받은 것만을 의미하지는 않습니다. "공무소에서 사문서에 어느 사항을 증명하고 기입한 일자"를 확정일자로 봅니다.(민법 부칙 제3조 제4항 후단 참고) 따라서 전세권을 설정할 때 등기관이 전세권 등기필증에 찍은 접수인도 적법한 확정일자가 될 수 있습니다.

즉, 전세권만을 설정하고 임대차 계약서를 따로 작성하지 않은 임차인이 대항요건을 유지하고 있다면, 전세권설정 계약서를 임대차 계약증서로, 등기관의 접수인을 확정일자로 보아 우선변제권이 있습니다.

이때 전세권설정계약서상 전세 목적물로 토지가 기재되어 있지 않더라도, 임차인의 우선변제권은 건물뿐만 아니라 토지의 매각대금에도 효력이 미칩니다.

다만, 임차인이 전세권자로서만 배당요구를 한 경우는 전세권의 효력이 미치는 범위 내에서 우선변제권이 인정되고, 확정일자가 있는 임대차 계약증서를 첨부하여 배당요구를 해야 주택임대차보호법상의 임차인으로서 배당을 받을 수 있습니다.

그러므로 반드시 배당요구종기 전에 등기관의 접수인이 찍힌 등기필증(전세권설정 계약서 첨부)을 첨부하여 배당요구를 해야 매각대금 전부에 대해 후순위 채권자보다 우선변제를 받을 수 있습니다.

주택에 관하여 임대차 계약을 체결한 임차인이 자신의 지위를 강화하기 위한 방편으로 따로 전세권설정 계약서를 작성하고 전세권설정등기를 한 경우, 따로 작성된 전세권설정 계약서가 원래의 임대차계약서와 계약일자가 다르다고 하여도 계약 당사자, 계약 목적물 및 보증금액(전세금액) 등에 비추어 동일성을 인정할 수 있다면 그 전세권설정 계약서 또한 원래의 임대차 계약에 관한 증서로 볼 수 있다. 그리고 등기필증에 찍힌 등기관의 접수인은 첨부된 등기원인 계약서에 대하여 민법 부칙 제3조 제4항 후단에 의한 확정일자에 해당한다고 할 것이다.
위와 같은 **전세권설정 계약서가 첨부된 등기필증에 등기관의 접수인이 찍혀 있다면 그 원래의 임대차에 관한 계약증서에 확정일자가 있는 것으로 보아야 할 것**이다.
이 경우 원래의 임대차는 대지 및 건물 전부에 관한 것이나 사정에 의하여 전세권설정 계약서는 건물에 관하여만 작성되고 전세권등기도 건물에 관하여만 마쳐졌다고 하더라도, 전세금액이 임대차 보증금액과 동일한 금액으로 기재된 이상 **대지 및 건물 전부에 관한 임대차의 계약증서에 확정일자가 있는 것으로 봄이 상당하다.**(대법원 2002. 11. 8. 선고 2001다51725 판결 [구상금])

07

말소기준권리로 인정받는 전세권

집합건물에 설정된 전세권만 말소기준권리가 될 수 있나요?

Q 전세권이 말소기준권리로서 인정을 받으려면, 다음의 3가지 요건이 충족되어야 한다고 많은 매체들이 설명하고 있습니다.

1. 아파트, 오피스텔, 다세대주택과 같은 집합건물에 설정된 전세권
2. 등기상 가장 선순위로 설정되어 있는 전세권
3. 배당요구나 경매신청을 한 전세권

등은 말소기준권리가 된다.

이것이 맞는지요? 맞다면 왜 집합건물에서만 말소기준권리로 인정을 받을 수 있는지요? 그 법률적 근거는 무엇인지요?

전세권은 용익물권의 대표적인 권리 중 하나입니다. 용익물권이란 물건을 사용하여 이익을 얻는 물권으로서, 이 문제를 이해하기 위해서는 우선 용익물권의 특성을 알아야 합니다.

용익물권은 담보물권과 달리 부동산의 일부에 설정이 가능합니다. 건물 전부가 하나의 소유권으로 이루어져 있지만, 부분별로 독립적인 가사생활이 가능한 주택을 다가구주택이라 하고, 보통 각 부분을 편의상 101호, 102호 등과 같이 호실로 구분하고 있습니다.

이러한 다가구주택에 저당권을 설정할 때는 그 물리적인 일부에 설정할 수 없지만, 전세권은 그 주택의 일부인 101호 또는 102호에 한정하여 설정할 수 있는 것입니다.

이러한 전세권의 특성은 다음과 같은 권리관계를 낳을 수 있습니다.

현장사례 다가구 주택의 임차인 분석

한 다가구주택의 경매절차에서 전세권자 '갑'은 배당요구를 했고, 임차인 '을'은 배당요구를 하지 않았다고 해봅시다. 이 사건의 말소기준권리는 무엇일까요?

순위	권리자	권리 내용	날짜	비고
1	갑	101호 전세권	2015년 8월 16일	배당요구 有
2	을	102호 전입신고	2016년 3월 12일	배당요구 無
3	병	근저당권	2017년 3월 18일	

선순위 전세권자인 갑이 배당요구를 했으니 그 전세권이 말소기준권리라고 한다면, 을의 임차권은 말소기준권리 후에 대항력을 취득한 임차권으로서 당연히 매각으로 소멸되겠지요.

그러나 생각해보면 갑의 전세권은 101호에 한정된 전세권이고, 을의 임차권은 102호에 한정된 임차권입니다. 즉, 두 권리는 그 효력범위가 충돌하지 않습니다.

다가구 주택의 권리분석 결과

이제 이 사례 권리들의 인수와 소멸을 판단해보겠습니다.

갑의 전세권은 전세권자가 배당요구를 하면 매각으로 소멸된다는 규정(민사집행법 제91조 제4항)에 따라 소멸하고, 을의 임차권은 임차주택의 양수인은 임대인의 지위를 승계한 것으로 본다는 규정(주택임대차보호법 제3조 제4항)에 따라 낙찰자에게 인수되고, 병의 근저당권은 매각부동산 위의 모든 저당권은 매각으로 소멸된다는 규정(민사집행법 제91조 제2항)에 따라 소멸됩니다.

이때 갑의 전세권과 을의 임차권이 서로 효력범위가 (일부라도) 같다면 선순위 전세권을 보호하기 위해 후순위 임차권은 소멸하겠지만, 앞에서 설명한 것처럼 이 주택의 전세권과 임차권은 효력범위가 전혀 충돌하지 않기 때문에 을의 임차권은 소멸하지 않습니다.

권리분석 결과

순위	권리자	권리 내용	날짜	권리인수 여부
1	갑	101호 전세권	2015년 8월 16일	소멸
2	을	102호 전입신고	2016년 3월 12일	인수
3	병	근저당권	2017년 3월 18일	소멸

권리분석은 권리의 인수와 소멸을 판단하는 절차입니다. 하나의 부동산에(효력범위가 서로 충돌하는 범위 내에) 여러 권리가 설정되어 있을 경우, 그중 어떤 권리를 보호할 것인지 판단하는 것이 권리분석의 결과인 것입니다.

그런데 위 사례의 전세권과 임차권은 그 효력범위가 다르고, 따라서 서로 영향을 미칠 수 없습니다. 즉, 이 사례에서는 전세권 때문에 임차권이 소멸하는 결과가 발생해서는 안 된다는 의미입니다.

말소기준권리 다시 보기

말소기준권리 이론에 따르면, 말소기준권리를 포함한 이후의 권리는 모두 소멸하고, 말소기준권리보다 먼저 설정된 권리들은 낙찰자에게 인수된다고 합니다.

위 사례의 권리들 중 말소기준권리는 무엇일까요?

① 갑의 전세권은 그보다 후순위의 임차권이 낙찰자에게 인수되니 말소기준권리가 될 수 없습니다.

② 을의 임차권은 스스로 인수되니 말소기준권리가 될 수 없습니다.

③ 병의 근저당권은 그보다 선순위인 전세권이 소멸되니 말소기준권리가 될 수 없습니다.

따라서 이 다가구주택의 경매사건은 말소기준권리가 없는 사건입니다.

집합건물의 전세권 들여다보기

그럼 이제 질문의 본질로 돌아가서, 요건1(집합건물에 설정된 전세권이어야 한다)에 대해 고민해보겠습니다.

전세권은 부동산의 일부에도 설정할 수 있지만 한 아파트의 안방, 빌라의 거실, 오피스텔의 화장실과 같이 독립적으로 사용할 수 없는 부분에 전세권을 설정하지는 않습니다. 즉 집합건물에 설정된 전세권이라면, 그 부동산의 일부가 아니라 전부에 설정된 전세권이 분명합니다. 그렇다면 그 부동산에 설정된 다른 모든 권리들과 효력범위가 충돌하겠지요. 그래서 말소기준권리 이론을 적용하더라도 오류가 없을 것이라는 신뢰에서 도출된 결과가 질문의 '요건1'입니다.

집합건물에 설정된 전세권과 집합건물이 아닌 건물에 설정된 전세권의 권능을 다르게 보는 취지의 규정은 현행법 어디에서도 찾을 수 없습니다.

이처럼 205쪽의 질문에서 '전세권이 말소기준권리가 될 수 있는 3가지 요건'에 대한 설명은 바르지 못한 설명입니다.

집합건물인 아파트나 빌라라도 상층과 하층으로 분리되어 있는 복층구조 등과 같이 부동산의 일부만으로 독립적인 가사생활이 가능한 구조라면 그 일부(상층 또는 하층)에만 전세권이 설정될 수 있고, 그런 경우에는 집합건물이라도 말소기준권리 이론을 적용할 수 없습니다.

또 '집합건물에 설정된 전세권이 말소기준권리가 되는 요건'을 설명한다면, '집합건물이 아닌 건물에 설정된 전세권이 말소기준권리가 되는 요건'에 대한 설명도 뒤따라야 할 것입니다. 그러나 그와 같은 설명은 찾아볼 수 없습니다.

08

서울시 양천구 목동 아파트 임차인

전세권 등기 후 전출, 기존 대항력과 우선변제권은?

Q 서울시 양천구 목동 아파트에 전입신고와 동시에 확정일자를 받은 임차인입니다. 등기부등본을 떼어봤더니, 제가 전입신고를 한 후에 집주인이 저축은행으로부터 근저당권을 설정하고 돈을 빌렸더군요.

아직 임대차의 만기가 1년이 남은 상태인데, 타 지역으로 전출해야 할 사정이 생겼습니다. 집주인에게 얘기했더니 공인중개사사무소에 의뢰하여 다른 임차인을 찾아 맞추라고 합니다. 그런데 공인중개사는 저축은행의 근저당권 때문에 임차인을 구하기 어렵다고 하네요.

사정이 급해 전세보증금은 만기가 지나 돌려받더라도, 우선 전출을 해야 할 것 같습니다. 이런 경우 전세권 등기를 설정하고 전출한다면 문제가 없는지요? 집주인에게 물어보니 전세권 등기를 해주겠다고 합니다.

전세권 등기를 하면 대항력과 우선변제권을 취득합니다. 그러나 그 취득시점은 등기시점이기 때문에 지금 전세권 등기를 하면 먼저 설정된 저축은행의 근저당권보다 후순위가 되어 혹시 그 아파트가 경매될 경우 저축은행이 채권 전부를 배당받은 뒤 남는 재원에서 보증금을 배당받을 수 있습니다.

주택임차인이 그 지위를 강화하고자 별도로 전세권설정등기를 마치더라도 주택임대차보호법상 주택 임차인으로서의 우선변제를 받을 수 있는 권리와 전세권자로서 우선변제를 받을 수 있는 권리는 근거 규정 및 성립요건을 달리하는 별개의 것이다.
또한 주택임대차보호법 제3조의3 제1항에서 규정한 임차권 등기명령에 의한 임차권 등기와 동법 제3조의4 제2항에서 규정한 주택임대차등기는 공통적으로 주택임대차보호법상의 대항요건인 '주민등록일자', '점유개시일자' 및 '확정일자'를 등기사항으로 기재하여 이를 공시하지만, 전세권설정등기에는 이러한 대항요건을 공시하는 기능이 없다.
그리고 주택임대차보호법 제3조의4 제1항에서 임차권 등기명령에 의한 임차권 등기의 효력에 관한 동법 제3조의3 제5항의 규정은 민법 제621조에 의한 주택임대차등기의 효력에 관하여 이를 준용한다고 규정하고 있을 뿐 주택임대차보호법 제3조의3 제5항의 규정을 전세권설정등기의 효력에 관하여 준용할 법적 근거가 없다.
위와 같은 점 등을 종합하면, 주택임차인이 그 지위를 강화하고자 별도로 전세권설정등기를 마쳤더라도 **주택임차인이 주택임대차보호법 제3조 제1항의 대항요건을 상실하면, 이미 취득한 주택임대차보호법상의 대항력 및 우선변제권을 상실한다.**(대법원 2007. 6. 28. 선고 2004다69741 판결 [배당이의])

따라서 전세권 등기보다는 임차권 등기를 권합니다. 임차권 등기를 하면 이미 취득한 대항력과 우선변제권이 그대로 유지되기 때문에, 이후 전출하더라도 저축은행보다 선순위의 지위를 지킬 수 있습니다. 아직 만기가 지나지 않았으므로 주택임대차보호법의 규정에 의한(법원의 명령에 의한) 임차권 등기는 할 수 없고, 민법의 규정에 의한(임대인의 협조에 의한) 임차권 등기만 가능합니다. 질문에서 임대인이 전세권설정에 동의했다고 하니, 임차권 등기도 거부하지는 않을 것으로 생각됩니다.

09

과밀억제권역의 주택 입찰

전세권이 소액보증금 보호 규정을 적용하는 기준이 되나요?

Q 소액임차인의 최우선변제권 판단 기준에 전세권도 포함되는 것으로 알고 있습니다. 매각으로 소멸하지 않고 인수되는 전세권도 소액임차인 최우선변제금액의 판단 기준이 될 수 있나요? 다음의 경매사건을 봐주세요.

[과밀억제권역•]

1. 임차인 A (배당요구 있음)

전입일: 2006년 1월 11일　　　　확정일: 2006년 1월 11일

보증금: 3천만원

2. 등기부

2007년 2월 1일 전세권 B (배당요구 없음)

2008년 5월 1일 압류(당해세)

2009년 12월 1일 압류(당해세)

2018년 10월 10일 강제경매

만약 임차인 A가 전세권 기준으로 소액 최우선변제를 받는다면 1,600만원을 받고, 나머지 1,400만원은 당해세에 밀려 낙찰자가 인수해야 될 것입니다. 반면 전세권이 최우선변제금액의 산정기준이 되지 못하면, 배당 확정 시점의 규정에 따라 임차인 A는 3,400만원까지 최우선변제를 받을 수 있겠지요. 결국 보증금 3천만원 전부를 배당받아, 낙찰자에게 인수되는 임대차의 부담도 없고 전세권도 말소할 수 있을 것입니다.

이처럼 낙찰자에게 인수되는 전세권도 소액임차인의 최우선변제금액을 산정하는 기준이 되는지요?

주택임대차보호법 시행령 부칙〈대통령령 제29162호, 2018. 9. 18.〉 제2조는 소액보증금 보호에 관한 적용례로서, 개정규정 시행 전에 '담보물권을 취득한 자'에 대해서는 종전의 규정에 따른다고 규정하고 있습니다.

> 주택임대차보호법 시행부칙〈대통령령 제29162호, 2018. 9. 18.〉
> 제1조(시행일) 이 영은 공포한 날부터 시행한다.
> **제2조(소액보증금 보호에 관한 적용례 등)** 제10조 제1항 및 제11조의 개정규정은 이 영 시행 당시 존속 중인 임대차계약에 대해서도 적용하되, 이 영 시행 전에 임차주택에 대하여 **담보물권을 취득한 자**에 대해서는 종전의 규정에 따른다.

이때 저당권은 우리 민법이 규정하고 있는 대표적인 담보물권이고, 담보가등기는 [가등기담보 등에 관한 법률] 제13조에 따라 저당권과 같은 담보물권이므로, 저당권과 담보가등기는 당연히 소액보증금 보호에 관한 규정을 적용하는 데 그 기준이 됩니다.

> 가등기담보 등에 관한 법률 제13조(우선변제청구권)
> 담보가등기를 마친 부동산에 대하여 강제경매 등이 개시된 경우에 담보가등기 권리자는 다른 채권자보다 자기채권을 우선변제받을 권리가 있다. 이 경우 그 순위에 관하여는 그 담보가등기권리를 저당권으로 보고, 그 담보가등기를 마친 때에 그 저당권의 설정등기(設定登記)가 행하여진 것으로 본다.

그런데 전세권은 민법 규정에 따라 용익물권적 권능과 담보물권적 권능을 모두 가지고 있기 때문에, 경매절차에서 전세권이 담보물권으로 행사되는 경우에만 소액보증금 산정의 기준이 됩니다.

즉, 질문의 경우처럼 전세권자가 배당요구를 하지 않았다면 그는 전세권을 담보물권이 아닌 용익물권으로 행사하고 있는 것이므로, 그 전세권은 소액보증금 보호에 관한 규정을 적용하는 데 기준이 될 수 없습니다. 따라서 질문의 임차인 A는 임대차보증금 3천만원 전부를 최우선변제권으로 배당받을 수 있습니다.

• **과밀억제권역** 인구 및 산업이 너무 집중됐거나 또는 집중될 우려가 있어 이전이나 정비가 있는 지역. 수도권과밀억제권역은 서울특별시, 인천광역시(일부 제외), 의정부시, 구리시, 남양주시 일부, 하남시, 고양시, 수원시, 성남시, 안양시, 부천시, 광명시, 과천시, 의왕시, 군포시, 시흥시(일부 제외) 등이다.

10

경기도 성남시 판교 전세권 입찰

전세권 낙찰, 보증금반환 채권과 연체차임이 상계되나요?

Q 판교신도시의 경매사건입니다. 처음에는 현 시세의 절반에도 미치지 않는 감정가격 때문에 지분 매각사건으로 생각했습니다. 그런데 매각물건명세서를 보니, 이 아파트의 소유권이 아니라 전세권을 매각하는 사건이더군요. 전세권자가 전세권을 근저당권의 담보로 제공하여 OO대부회사로부터 돈을 빌린 후 원리금을 상환하지 못해, 이 대부회사가 전세권에 대하여 경매를 신청한 것으로 보입니다.

매각물건명세서 비고란에는 다음과 같이 기재되어 있습니다.

1. 전세권에 대한 매각이며, 건물에 대한 매각이 아님.
2. 등기사항증명서상 전세권의 존속기간은 2019년 4월 27일까지이며, 존속기간 만료 시 반환될 전세금이 유동적일 수 있음.

그렇다면 이 경매사건은 등기상 최선순위로 설정된 전세권을 매각하는 사건으로서, 낙찰받을 경우 전세권자로서 만기까지 이 아파트에 거주하다가 전세보증금 6억원을 돌려받아 나올 수 있는지요?

만약 이 아파트의 전세권을 5억 5천만원에 낙찰받을 수 있다면, 만기까지 시세보다 저렴한 전세보증금으로 거주할 수 있고, 만기 때 5천만원의 이익도 발생하니 좋은 투자가 될 것 같은데요.

한 가지 걱정되는 것은, 비고란에 "존속기간 만료 시 반환될 전세금이 유동적일 수 있음"이라고 기재되어 있는 것입니다. 즉, 만기시점에 보증금 6

억원을 전부 돌려받지 못할 수도 있다는 의미인데요. 생각해보니 전세권자와 집주인이 월세 계약을 하고 그 보증금에 대해 전세권을 설정한 것이라면, 현 전세권자가 월세를 지급하지 않거나 아파트 관리비를 납부하지 않을 경우 집주인은 반환하는 보증금에서 연체된 월세나 관리비를 공제할 수도 있을 것 같습니다. 위 매각물건명세서의 2번 내용을 그런 의미로 생각하면 되는지요?

경기도 성남시 판교 아파트, 전세권 매각 사건

2018타경 3764 성남지원 3계 전화 : (031)737-1323

소재지	경기 성남시 분당구 판교동 [redacted]				
경매구분	기일입찰	채권자	[redacted](새)	매각기일	2018-12-03 (10:00) [14 일전]
용도	기타	채무/소유자	이[redacted]/김[redacted]	접수일	2018-04-11
감정가	600,000,000	청구액	361,275,970	경매개시일	2018-04-16
최저가	420,000,000 (70%)	토지총면적	55 ㎡ (16.54평)	배당종기일	2018-07-02
입찰보증금	10% (42,000,000)	건물총면적	101 ㎡ (30.63평)	조회수	금일1 공고후8 누적31

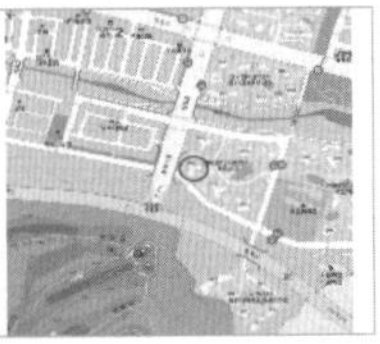

구분	입찰기일	매각금액	결과
2차	2018-12-03	420,000,000	진행
1차	2018-10-29	600,000,000	유찰

등기권리

구분	권리명	접수일	권리자	금액	기타	소멸
집합	소유	2009-11-16	김[redacted]		전소유자:한국토지주택공사	
	전세	2015-04-27	이[redacted]	600,000,000	존속기간:2019.04.27	
	근저	2015-04-27	[redacted]대부	455,000,000	말소기준권리 이[redacted]전세근저	소멸
	임의	2018-04-16	[redacted](새)	청구금액: **361,275,970**	2018타경3764	소멸
	질권	2018-08-10	완도금일수협	455,000,000	[redacted]대부근저질권	소멸
참고사항	· 先전세권					

전세권 매각 사건

경매신청자

채권인 임차권과 달리 전세권은 우리 민법이 규정하고 있는 8개의 물권 중 하나로서, 물권은 법정주의를 채용하고 있습니다. 즉, 물권의 종류나 내용은 법률의 규정에 따르는 것으로, 당사자의 합의로도 창설하거나 변경할 수 없습니다.

따라서 전세권 설정자(집주인)가 전세권자에게 전세금을 반환할 때 법률로 정한 채권 외의 채권으로 상계할 수 없습니다. 그런데 우리 민법은 전세금반환채권과 상계할 수 있는 채권을 "전세권자의 책임 있는 사유로 부동산이 멸실된 경우 그 손해배상 채권"으로 한정하고 있습니다.

민법 제315조(전세권자의 손해배상책임)
① 전세권의 목적물의 전부 또는 일부가 전세권자에 책임있는 사유로 인하여 멸실된 때에는 전세권자는 손해를 배상할 책임이 있다.
② 전항의 경우에 전세권설정자는 전세권이 소멸된 후 전세금으로써 손해의 배상에 충당하고 잉여가 있으면 반환하여야 하며 부족이 있으면 다시 청구할 수 있다.

한편, 민법 제108조 제1항은 "상대방과 통정한 허위의 의사표시는 무효로 한다"라고 규정하고 있고, 동조 제2항은 "전항의 의사표시의 무효는 선의의 제3자에게 대항하지 못한다"라고 규정하고 있습니다.

즉 질문에서 걱정한 바와 같이, 실제로는 전세권설정 계약이 없으면서도 월세보증금 반환채권을 담보할 목적으로 임차인과 임대인이 합의하여 임차인 명의로 전세권설정등기를 했다면 전세권설정은 통정허위표시에 해당하여 무효가 됩니다.(민법 제108조 제1항)

이 경우 임대차 계약만 유효하므로 임대인은 당연히 연체차임을 보증금에서 상계하고 반환할 수 있지만, 이와 같은 통정허위표시에 의한 전세권이라도 그에 대해 근저당권이 설정된 경우라면, 전세권설정계약으로 형성된 법률관계를 토대로 별개의 법률원인에 의하여 새로운 법률상 이해관계를 갖게 된 근저당권자에 대해서는 전세권의 무효를 주장할 수 없으므로(민법 제108조 제2항), 그 근저당권의 실행(경매)으로 전세권을 취득한 낙찰자에게는 연체차임의 상계를 주장할 수 없습니다.

다만, 근저당권자가 그 전세권이 임대차(월세) 보증금을 담보하기 위한 것임을 알고 근저당권을 설정한 경우라면, 근저당권자는 민법 제108조 제2항의 '선의'의 제3자에 해당하지 않으므로 전세권설정자는 전세권의 무효를 주장할 수 있습니다.(대법원 2008. 3. 13. 선고 2006다29372,29389 판결 [전세권말소 등 · 추심금] 참고)

전세권자가 연체한 월세, 관리비 상계 여부 따져보기

이 경매사건에서 집주인이 낙찰자에게 반환하는 전세금에서 현 전세권자가 연체한 차임(월세)이나 관리비를 상계할 수 있는지, 경우의 수에 따라 분석해보겠습니다.

1. 전세권이 적법한 전세권설정 계약에 의한 경우

① 월세 계약이 아니므로 차임은 없고(설령 연체차임이 있더라도 상계할 수 없고)

② 연체관리비가 있다고 하더라도 민법 제315조의 채권이 아니므로

상계할 수 없습니다.

2. 통정허위표시의 전세권인 경우

① 근저당권자(설정 당시 "새마을금고")가 알지 못했다면 상계할 수 없고

② 근저당권자 또한 통정허위의 전세권임을 알았다면 상계할 수 있습니다.

따라서 전세권이 설정될 당시의 이 아파트 전세 시세에 비춰 전세권설정금액이 적절한지 따져보고, 근저당권자에게 문의해 계약의 내용을 파악하는 것이 좋습니다. 이 사건의 전세권이 월세보증금을 담보하기 위한 것이 아닌 적법한 전세권인지에 대한 분석이 필요할 것입니다.

부동산 경매 실전사례 120
오늘부터 1일

4

PART

보전처분 핵심 사례 3

01

서울시 강북구 다세대주택 입찰

경매개시 결정 후 가압류를 집행한 채권자의 배당은?

Q 서울시 강북구 수유동의 다세대주택 경매사건에 입찰할까 고민중입니다. 이 경매물건에는 경매 개시 후에 가압류가 걸렸더군요. 가압류는 경매개시결정등기 후에 등기되는 경우도 많다고 들었습니다. 가압류가 보전처분의 일종으로, 담보권을 설정하지 않고 돈을 빌려주었다가 채무자가 변제하지 않을 경우에 채권자가 혼자서 집행하는 것이라서 그렇다고 하던데요.

한편 민사집행법 제148조는 배당받을 채권자의 범위에 관하여 "첫 경매개시결정등기 전에 등기된 가압류 채권자"를 명시하고 있더군요.

민사집행법 제148조(배당받을 채권자의 범위)

제147조 제1항에 규정한 금액을 배당받을 채권자는 다음 각호에 규정된 사람으로 한다.

1. 배당요구의 종기까지 경매신청을 한 압류 채권자
2. 배당요구의 종기까지 배당요구를 한 채권자
3. 첫 경매개시결정등기 전에 등기된 가압류 채권자
4. 저당권·전세권, 그 밖의 우선변제청구권으로서 첫 경매개시결정등기 전에 등기되었고 매각으로 소멸하는 것을 가진 채권자

그렇다면 경매개시결정 후에 가압류를 집행한 채권자는 배당받을 채권자

가 아니라고 봐야 할 텐데, 대부분의 경매정보사이트가 위 사건에 관해 경매개시결정 후 가압류를 집행한 OO대부회사를 배당에 참여할 수 있는 채권자로 분석하고 있더군요. 낙찰금액과 선순위 채권자들을 고려할 때 실제로 배당을 받을 수 있을지 모르겠지만, OO대부회사는 이 경매사건에서 배당의 자격이 있는지요? 있다면 그 근거는 무엇인지요?

서울시 강북구 수유동 다세대주택, 가압류 집행자

2017타경 10855 서울북부지방법원 3계 전화 : (02)910-3673

소재지	서울 강북구 수유동				
경매구분	기일입찰	채권자	이	매각기일	2018-11-05 (10:00) [31 일전]
용도	다세대(빌라)	채무/소유자	유	접수일	2017-10-25
감정가	242,000,000	청구액	225,000,000	경매개시일	2017-10-26
최저가	193,600,000 (80%)	토지총면적	36 m² (10.78평)	배당종기일	2018-01-09
입찰보증금	10% (19,360,000)	건물총면적	60 m² (18.13평)	조회수	금일1 공고후1 누적11

구분	입찰기일	매각금액	결과
2차	2018-11-05	193,600,000	진행
1차	2018-10-01	242,000,000	유찰

등기권리

구분	권리명	접수일	권리자	금액	기타	소멸
집합	소유	2017-03-13	유		전소유자: 정	
	근저	2017-04-11	이	225,000,000	말소기준권리	소멸
	전세	2017-04-11	이	30,000,000	존속기간:2018.04.06	소멸
	임의	2017-10-26	이	청구금액: **225,000,000**	2017타경10855	소멸
	가압	2017-11-20	대부	10,360,950	2017 카단 815330 서울중앙	소멸

경매개시 후 가압류를 한 경우

민사집행법 제88조 제1항은 경매개시결정이 등기된 뒤에 가압류를 한 채권자는 배당요구를 할 수 있다고 규정하고 있습니다.

따라서 경매개시결정 후에 가압류를 집행한 채권자가 배당요구의 종기까지 배당요구를 한 경우, 그 채권자는 민사집행법 제148조 제3호의 "첫 경매개시결정등기 전에 등기된 가압류 채권자"에는 해당하지 않지만, 동조 제2호의 "배당요구의 종기까지 배당요구를 한 채권자"에 해당하여 배당받을 채권자의 범위에 포함됩니다. 다만, 민사집행법 제88조에서 배당요구를 할 수 있는 '가압류를 한 채권자'는 단순히 가압류결정을 받은 채권자가 아니라, 그 결정을 집행권원으로 경매 부동산에 대하여 가압류 집행을 마친(등기된) 가압류 채권자를 의미합니다.

민사집행법 제88조(배당요구)
① 집행력 있는 정본을 가진 채권자, **경매개시결정이 등기된 뒤에 가압류를 한 채권자**, 민법 · 상법, 그 밖의 법률에 의하여 우선변제청구권이 있는 채권자는 배당요구를 할 수 있다.

따라서 가압류가 등기되기 전에 경매법원에 가압류 결정만을 제출하여 미리 배당요구를 했다면 부적법한 것이고, 그 후에 가압류가 등기됨으로써 배당요구의 하자가 치유된다고 할 것입니다. 그러나 이 경우에도 가압류 집행(등기)은 배당요구의 종기까지는 이루어져야 배당을 받을 수 있는 자격을 얻을 수 있습니다.

이 경매사건에서 OO대부회사의 가압류는 2017년 11월 20일에 집행(등기)됐고, 법원문건접수내역을 확인해본 결과 2017년 11월 27일 권리신고 및 배당요구신청서를 제출했습니다. 즉, 배당요구종기인 2018년 1월 9일 전에 가압류 집행과 배당요구를 했기 때문에, 이 대부업체는 배당받을 채권자가 됩니다.

02

서울시 동작구 다세대주택 입찰

가압류가 집행된 부동산을 매매할 수 있나요?

Q 서울시 동작구 상도동의 다세대주택 경매에 입찰하려고 권리분석을 하는 중입니다. 그런데 등기권리를 봤더니, 가압류가 등기된 상태에서 소유권이 이전되었더군요. 인터넷에서 가압류에 대해 검색해보니, 채권보전 처분으로서 가압류가 등기된 물건은 채무자가 매매, 증여 또는 저당권·질권 등 담보권의 설정, 기타 일체의 처분행위를 금지하는 효력이 있다고 하던데요.

【질문1】 이 다세대주택의 경우, 가압류가 등기된 상태에서 어떻게 소유권 이전이 가능했던 것인지 궁금합니다.

【질문2】 김○○의 가압류와 박○○의 근저당 중에 어떤 권리가 최선순위 권리(말소기준권리)인지요? 즉, 현 소유자에게 소유권이 이전된 이후에 설정된 권리들 중 최선순위의 권리를 의미하는 것인지, 소유권이전등기와 무관하게 등기부에 설정된 모든 권리들 중 최선순위의 권리를 의미하는 것인지 궁금합니다.

가압류는 보전처분으로서 순위보전의 효력과 경고적 효력이 있을 뿐입니다. 따라서 가압류가 등기상 집행(등기)되어 있더라도, 소유자는 재산권을 행사하는 데 아무런 지장도 받지 않습니다.

다만, 가압류가 집행된 후에 그 부동산에 대하여 법률행위를 한 사람은 가압류로 인한 부담을 감수한 것으로 보기 때문에, 불이익을 보더라도 가압류 채권자에게 대항할 수 없는 것입니다.

즉, 가압류의 처분금지효는 가압류가 있으면 처분이 불가하다는 의미

서울 동작구 상도동 다세대주택, 가압류 후 매매

2018타경 1354[2] 서울중앙지방법원 10계 전화 : (02)530-2714

관련물건번호 [1] [2] [3]

소 재 지	서울 동작구 상도1동 [illegible]				
경매구분	기일입찰	채 권 자	박[illegible]	매각기일	2018-11-07 (10:00) [15 일전]
용 도	다세대(빌라)	채무/소유자	백[illegible]/박[illegible]	접 수 일	2018-02-07
감 정 가	353,000,000	청 구 액	107,876,712	경매개시일	2018-02-09
최 저 가	282,400,000 (80%)	토지총면적	25 m² (7.54평)	배당종기일	2018-04-25
입찰보증금	10% (28,240,000)	건물총면적	54 m² (16.42평)	조 회 수	금일2 공고후3 누적8

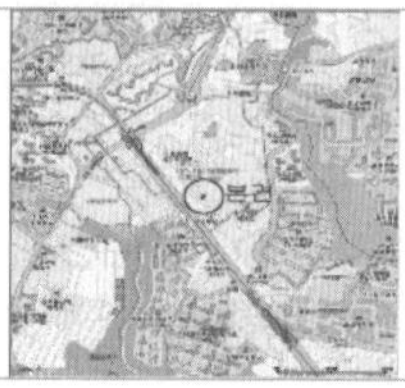

구분	입찰기일	매각금액	결과
2차	2018-11-07	282,400,000	진행
1차	2018-10-10	353,000,000	유찰

등기권리

구분	권리명	접수일	권리자	금액	기타	소멸
집합	가압	2016-08-04	김[illegible]	8,000,000	말소기준권리 2016 카단 1702 수원 성남	소멸
	소유	2016-08-16	박[illegible]		전소유자: 이[illegible]	
	근저	2016-10-14	박[illegible]	130,000,000		소멸
	임의	2018-02-09	박[illegible]	청구금액: **107,876,712**	2018타경1354	소멸

가압류 이후 소유권이 이전된 경우

가 아니라, 가압류가 있어도 그 부동산에 관하여 법률행위를 한 사람은 보호하지 않겠다는 의미일 뿐입니다.

심지어 가압류가 본압류로 이행되어 강제경매가 개시된 후라도 소유권이전등기는 얼마든지 가능하며, 다만 그렇게 가압류(또는 본압류) 집행 이후에 소유권을 취득한 자는 경매 낙찰자가 잔금을 지급함과 동시에

소유권을 잃습니다.

이 경매사건은 등기상 최선순위 설정권리(말소기준권리)가 가압류입니다. 소유권 이전은 아무런 변화도 주지 못하므로, 권리분석을 할 때 전혀 고려하지 않아도 될 것입니다.

03

등기권리의 순위

후순위 가처분권자가 선순위 근저당권자에게 대항할 수 있나요?

Q 선생님의 책 『부동산 권리분석 오늘부터 1일』로 공부하고 있는 중인데요. 책에서 후순위로 설정된 가처분등기에 대한 분석으로 "후순위 가처분 채권자가 본안소송에서 승소할 경우 (중략) 소유권이 가처분 채권자에게 이전되어 선순위 근저당권도 효력을 잃게 되고, 그 근저당권의 실행으로 진행된 경매도 무효가 되어 낙찰자는 소유권을 잃는다"라고 설명하고 있습니다.

그러나 저는 가처분 등기가 본안소송에서 승소하더라도 선순위 등기권리에는 효력이 미치지 않는다고 알고 있습니다. 제가 잘못 알고 있는 것인지요?

질문의 내용과 책의 내용에는 큰 차이가 있습니다.

질문에서 "승소할 경우 (중략) 소유권이 가처분 채권자에게 이전되어"라고 표시하셨는데, 여기서 (중략) 부분을 빼면 내용이 완전히 달라집니다. 중략한 내용은 "<u>본안소송에서 다투는 내용에 따라</u>"입니다. 즉, 본안소송에서 가처분 채권자(원고)가 승소할 경우 "본안에서 다투는 내용에 따라서는" 낙찰자가 위험해질 가능성도 있다는 의미입니다. 따라서 말소기준권리 이론으로 분석한 결과만으로 안심하고 입찰하면 안 된다는 취지입니다.

“후순위 권리는 선순위 권리에 영향을 미칠 수 없다”라는 것은 법리를 지나치게 단순화한 표현으로, 여러 경우의 수를 고려하지 않은 표현입니다. 중요한 것은 순위가 아니라 ‘선의’입니다. 일반적인 경우 권리를 먼저 설정한 사람은 이후에 그 부동산에 누가 어떤 권리를 또 설정(집행)할지 예측할 수 없었을 것입니다(이런 경우 ‘선의’라고 합니다). 그럼에도 후순위로 설정된 권리로 인해 선순위의 권리자(선의의 제3자)가 피해를 본다면, 이는 불측의 피해로서 허용될 수 없다는 것이 핵심입니다. 바꾸어 말하면, 선순위로 설정된 권리가 선의가 아닌 경우나 후순위의 권리가 악의뿐만 아니라 선의의 제3자에게까지 대항할 수 있는 권리라면 위 명제는 거짓이 됩니다.

가처분 본안소송 시 낙찰자에게 불리한 경우

그렇다면 이제 후순위일지라도 가처분의 본안소송에서 다투고 있는 내용이 어떤 내용일 때 낙찰자가 위험해질 수 있는지 한 예를 보겠습니다.

가처분 채권자의 청구 취지가 ‘소유권 이전등기의 말소 또는 회복’이고, 그 사유가 절대적 사유에 해당한다면 위험해질 수 있습니다. 이미 폐지됐지만 예고등기는 순위를 불문하고 무조건 낙찰자에게 인수된다고 합니다. 그 이유가 무엇일까요?

부동산등기법 제4조(예고등기)
예고등기는 등기원인의 무효나 취소로 인한 등기의 말소 또는 회복의 소가 제기된 경우(패소한 원고가 재심의 소를 제기한 경우를 포함한다)에 한다. 그러나 그 무효나 취소로써 선의의 제3자에게 대항할 수 없는 경우에는 그러하지 아니하다.(2012년 7월 26일 삭제)

이미 폐지된 예고등기에 관한 과거의 규정(부동산등기법)입니다. 풀어보면, 결과에 따라 소유권에 변동이 생길 수 있는 소송이 제기되면 판사가 예고등기를 결정해야 하는데, 소송의 사유가 선의의 제3자에게 대항할 수 없는 사유(악의의 제3자에게만 대항할 수 있는 사유로서 "상대적 사유"라고 합니다)인 경우는 예고등기를 하지 않는다는 의미입니다.

즉, 채권자가 자기 앞으로 소유권을 이전해달라고 소송을 했는데, 판사가 청구 이유를 보니 악의의 제3자에게뿐만 아니라 선의의 제3자에게까지 대항할 수 있는 사유("절대적 사유"라고 합니다)로 원고가 소유권이전을 청구할 때 판사의 결정으로(원고의 청구가 아닙니다) 예고등기를 했습니다. 원고의 승소만으로 선의의 제3자까지도 불측의 피해를 볼 수 있으니, 더 이상 제3자가 그 부동산에 관하여 법률행위를 하지 않을 수 있도록 소송의 위험성을 경고하기 위한 것이었습니다.

그런데 이 예고등기가 폐지되어 현재는 가처분을 통해서만 위험을 경고할 수 있습니다. 따라서 예고등기 폐지 이후 집행(등기)된 가처분은 과거의 예고등기가 표상하고 있던 위험을 경고하는 것일 수 있습니다.

가처분등기가 등기상 최선순위 설정권리(말소기준권리)보다 후순위로 집행됐다면, 낙찰자는 낙찰대금을 지급함으로써 그 가처분등기를 말소할 수 있습니다. 그러나 그렇다고 해서 그 본안소송의 결과로 발생할 수 있는 위험까지 제거되는 것은 아닙니다.

부동산 경매 실전사례 120

오늘부터 1일

5

PART

자주 접하는 저당권 사례 3

01

근저당권과 임차인 있는 아파트 입찰

근저당권자가 실제 채권액보다 적은 금액으로 경매 신청

Q 입찰을 고려하고 있는 아파트의 권리관계가 다음과 같습니다.

1. 2017년 4월 9일, 임차인 A 전입신고, 보증금 1억원
2. 2017년 5월 6일, 은행 B 근저당권 설정, 채권최고액 2억 4천만원
3. 2017년 6월 21일, 임차인 A 확정일자
4. 2018년 11월 8일, 은행 B 임의경매 신청(경매신청 채권액 1억원)

임차인 A는 등기상 최선순위 설정권리인 근저당권보다 선순위로 대항력을 취득했으므로, 경매절차에서 배당받지 못한 보증금이 있다면 낙찰자에게 반환의무가 인수될 것입니다. 그는 적법하게 배당요구를 했지만, 확정일자를 근저당권보다 후순위로 받아서, 근저당권자가 채권액 전부를 배당받고도 남는 재원이 있는 경우에 배당을 받을 수 있겠지요.

한편, 근저당권의 채권최고액은 2억 4천만원이지만 경매신청 채권금액은 1억원에 불과하더군요.. 따라서 이 주택을 2억 5천만원에 낙찰받는다면 임차인 A는 보증금 전액을 배당받을 수 있으므로 낙찰자에게 인수되는 부담은 없을 것 같습니다.

그런데 만약 근저당권의 실제 채권액이 2억 4천만원인데, 그중 일부 채권으로 경매신청을 하고, 배당 시점에 실제 채권액이 2억 4천만원임을 주장한다면, 낙찰자가 불측의 손해를 볼 수도 있을 것 같습니다. 이런 일이 가능한지요?

담보권의 실행을 위한 경매에서 신청 채권자가 경매를 신청하면서 경매신청서에 피담보채권 중 일부만을 청구금액으로 기재하였을 경우, 다른 특별한 사정이 없는 한 신청 채권자가 당해 경매절차에서 배당받을 금액은 그 기재된 채권액을 한도로 확정됩니다.

그러므로 이후 신청 채권자가 채권계산서를 추가로 제출하더라도 경매신청 당시의 청구금액을 초과하는 금액에 관해서는 배당에 참가할 수 없습니다. 다만 신청서에 기재하지 않은 채권에 대해서는 중복경매를 신청하여 배당에 참여할 수 있습니다.

따라서 근저당권자가 피담보채권 중 일부만을 청구금액으로 기재하여 경매를 신청한 후 청구금액을 확장한 채권계산서를 제출했을 뿐 별도로 중복경매를 신청하는 등 필요한 조치를 취하지 않았다면, 이후 채권금액의 확장으로 인해 낙찰자가 불측의 손해를 보는 일은 발생하지 않을 것입니다.(대법원 1997. 2. 28. 선고 96다495 판결 [부당이득금] 참고)

그러나 근저당권의 채권액이 확장되는 것과는 별도로, 등기상 표시되지 않은 체납세금과 임금채권 등으로 임차인이 보증금 전액을 배당받지 못할 수도 있으니, 낙찰 후 반드시 사건기록을 열람하여 그 위험을 확인해야 합니다.

02

경매신청 후 취하한 채권자

근저당권으로 경매를 신청하면 그 권리의 채권액이 확정되나요?

Q 돈을 빌려주면서 채무자의 아파트에 근저당권을 설정했는데요. 원리금을 상환하지 않아 경매를 신청하게 되었고, 개시결정이 났습니다. 하지만 채무자의 간곡한 부탁도 있고, 실제 채권액에 비해 채권최고액이 충분하여 원금 상환이 1~2년 더 지연되더라도 원리금을 손해 볼 일은 없을 것 같아 취하했습니다. 그런데 근저당권자가 일단 경매를 신청하면 피담보채권이 확정되고, 이후 그 경매사건을 취하하더라도 채권확정에는 영향을 미치지 않는다는 말을 듣고, 관련 판례를 찾아보니 그 말이 맞더군요.(대법원 89다카15601) 그렇다면 채무자가 원리금을 상환하지 않아 나중에 경매를 다시 신청하더라도, 그 경매절차에서 배당받을 수 있는 금액은 먼저 신청한 경매사건의 신청금액으로 한정되는지요? 즉, 경매 취하 후 다시 경매를 신청할 때까지 발생하는 이자는 받을 수 없는지요?

근저당권자가 그 피담보채무의 불이행을 이유로 경매신청을 하면 그 경매신청과 동시에 근저당권이 확정되는 것은 맞습니다. 그러나 경매신청으로 확정되는 근저당권의 피담보채권은 원금채권으로 한정되며, 그 이자나 지연손해금 채권까지 확정되는 것은 아닙니다. 즉, 경매신청으로 확정된 근저당권으로 더 이상 담보할 수 없는 채권은 근저당권이 확정된 후 새롭게 발생하는 원금채권에 한합니다.

근저당권은, 그 담보할 채권의 최고액만을 정하고 채무의 확정을 장래에 유보하여 설정하는 저당권을 말합니다. 장래에 확정될 채무란 그 금액만 의미하지는 않습니다. 가령 갑이 을에게 1억원을 빌려주면서 을 소유의 아파트에 채권최고액을 2억원으로 하는 근저당권을 설정했다면, 그 근저당권은 원금채권 1억원과 원금채권에 관한 이자나 지연손해금 채권까지 담보합니다.

그런데 만약 이후에 갑이 을에게 5천만원을 추가로 빌려준다면 갑과 을 사이에 새로운 원금채권이 발생한 것입니다. 이때 이미 설정된 근저당권이 아직 확정된 상태가 아니라면 그 근저당권으로 새로운 원금채권 5천만원(이자와 지연손해금 포함)까지 담보할 수 있지만, 이미 확정됐다면 5천만원은 근저당권의 피담보채권이 될 수 없습니다.

따라서 기존의 채권이 상환 등의 이유로 소멸되고 새로운 원금채권이 발생하는 등의 특별한 사정이 없는 한, 기존 채권에 관하여 계속 증가되는 이자 및 지연손해금은 그 채권최고액의 범위 내에서 담보되므로 경매절차에서 우선배당을 받을 수 있습니다.

근저당권자의 경매신청 등의 사유로 인하여 근저당권의 피담보채권이 확정되었을 경우, **확정 이후에 새로운 거래관계에서 발생한 원본채권은 그 근저당권에 의하여 담보되지 아니하지만**, 확정 전에 발생한 원본채권에 관하여 **확정 후에 발생하는 이자나 지연손해금 채권은** 채권최고액의 범위 내에서 근저당권에 의하여 **여전히 담보되는 것**이다.(대법원 2007. 4. 26. 선고 2005다38300 판결 [청구이의])

03

경기도 파주시 토지 경매 신청자

제3자 소유 지상건물도 일괄경매 신청할 수 있나요?

Q 지인에게 돈을 빌려주면서 그의 소유인 경기도 파주시의 토지에 근저당권을 설정했는데요. 약정한 날에 돈을 갚지 않아서 토지에 대한 경매를 신청하려고 보니, 근저당권이 설정된 후에 지인의 동생이 그 토지 위에 건물을 신축했더군요.

이런 경우 토지 저당권자인 제가 토지와 함께 그 지상건물도 경매를 신청할 수 있는지요? 또 그 건물의 매각대금에서도 배당을 받을 수 있는지요?

민법 제365조에서 알 수 있듯이, 저당토지 위의 건물에 대한 경매신청은 토지 소유자가 건물을 축조했을 때만 인정됩니다. 따라서 토지 소유자의 동생이 건물을 신축한 경우, 그 건물을 함께 경매할 수 없습니다.

민법 제365조(저당지상의 건물에 대한 경매청구권)
토지를 목적으로 저당권을 설정한 후 **그 설정자가 그 토지에 건물을 축조한 때**에는 저당권자는 토지와 함께 그 건물에 대하여도 경매를 청구할 수 있다. 그러나 그 건물의 경매대가에 대하여는 우선변제를 받을 권리가 없다.

저당권의 실행으로 토지가 제3자에게 매각될 경우에 건물을 철거해야 한다면, 사회경제적으로 현저한 불이익이 생기게 되겠지요. 민법 제365조의 취지는 이러한 사회경제적 불이익을 방지하기 위해 각자의 이해관계를 조절하고, 저당권자에게도 저당토지상의 건물로 생기게 되는 경매의 어려움을 해소하여, 저당권을 쉽게 실행할 수 있도록 한 것입니다.

이런 점에 비추어볼 때, 저당지상의 건물에 대한 일괄경매청구권은 저당권설정자가 건물을 축조한 경우뿐만 아니라 저당권설정자로부터 저당토지에 대한 용익권을 설정받은 제3자가 그 토지에 건물을 축조한 경우라도 그후 저당권설정자가 그 건물의 소유권을 취득한 경우에는 저당권자는 토지와 함께 그 건물에 대하여 경매를 청구할 수 있습니다.(대법원 2003. 4. 11. 선고 2003다3850 판결 [원인무효에의한소유권말소등기] 참고)

한편 토지와 건물을 일괄하여 경매하는 경우, 토지에 설정된 저당권의 효력은 건물에 미치지 않으므로 토지 저당권자는 건물 매각대금에 대해서는 배당을 받을 수 없습니다.(민법 제365조 후단 단서) 저당권의 피담보채권의 지급을 구하는 소송을 통해 채권을 확정한 후, 그에 따라 적법하게 배당요구를 하면 건물의 매각대금에서도 배당을 받을 수 있지만, 이런 경우라도 건물매각대금에서는 우선변제권이 인정되지 않으므로 일반채권자와 동순위로 배당받게 됩니다.

부동산 경매 실전사례 120
오늘부터 1일

6

PART

토지 경매에서 중요한 지상권 사례 3

01

인천시 강화군 토지 입찰

지상권 인수되는 토지에 건물이 없어요

Q 인천시 강화군의 토지 경매에 입찰하려고 합니다. 그런데 선순위 지상권이 인수되더군요.

지상권은 1998년 12월에 설정되었고, 매각기일은 2010년 11월입니다. 현재 건물은 없고 수목만 있는데요. 수목의 지상권은 최대 15년이니까 3년 정도만 있으면 지상권이 소멸하지 않나요?

이후 따로 해줄 만한 건 없어 보입니다. 이 토지를 입찰받은 후에 3년 정도 보유하면서 양도세도 줄이고 지상권도 사라지길 기다리려고 합니다. 제가 잘못 판단한 것인가요?

질문의 취지는 알겠습니다만, 존속기간에 대한 설명이 먼저 필요할 것 같습니다.

민법 제280조(존속기간을 약정한 지상권)

① 계약으로 지상권의 존속기간을 정하는 경우에는 그 기간은 다음 연한보다 단축하지 못한다.

1. 석조, 석회조, 연와조 또는 이와 유사한 견고한 건물이나 **수목의 소유를**

목적으로 하는 때에는 30년
2. 전호 이외의 건물의 소유를 목적으로 하는 때에는 15년
3. 건물 이외의 공작물의 소유를 목적으로 하는 때에는 5년
② 전항의 기간보다 단축한 기간을 정한 때에는 전항의 기간까지 연장한다.

위 조문에서 보는 바와 같이, 수목의 소유를 목적으로 한 지상권도 그 최단 존속기간이 30년입니다. 그리고 위의 규정은 최단 존속기간에 대한 규정이지, 최장 존속기간에 대한 규정이 아닙니다. 지상권의 최장존속기간에 대한 규정은 없으며, 따라서 위 규정의 기간보다 길게 약정한 지상권도 유효합니다.

질문에 대한 답변을 드리자면, 지상권의 성립요건은 등기입니다. 즉, 지상권이 등기되어 있는 한 그 지상에 지상권의 목적인 물건(건물, 수목, 공작물 등)이 없더라도 지상권의 효력에는 아무런 영향을 미치지 않습니다.

따라서 지상에 수목만 있더라도 그 지상권이 수목을 소유하기 위한 지상권이라고 단정할 수는 없고, 무엇을 소유하기 위한 지상권인지와 존속기간은 등기사항전부증명서에서 별도로 확인해야 합니다.

지상권의 기간이 만료되더라도 그 지상물이 현존하는 경우 지상권자는 계약갱신을 청구할 수 있고, 지상권설정자(토지 소유자)가 그 청구를 거절하면 지상권자는 다시 지상물매수청구권을 행사할 수 있습니다. 즉, 토지 소유자는 그 지상물을 시가로 매수해야 합니다.

민법 제283조(지상권자의 갱신청구권, 매수청구권)

① 지상권이 소멸한 경우에 건물 기타 공작물이나 수목이 현존한 때에는 지상권자는 계약의 갱신을 청구할 수 있다.

② 지상권설정자가 계약의 갱신을 원하지 아니하는 때에는 지상권자는 상당한 가액으로 전항의 공작물이나 수목의 매수를 청구할 수 있다.

따라서 현재 그 지상에 건물이 없더라도 지상권의 목적이 '견고한 건물의 소유'라면 지상권자는 지상권이 만료되기 전에 언제라도 토지 소유자의 동의 없이 견고한 건물을 신축할 수 있고, 그후 지상권이 만료되더라도 토지 소유자에게 계약의 갱신을 청구할 수 있습니다. 물론 토지 소유자는 이 청구를 거절할 수 있지만, 건물을 시가로 매수해야 합니다.

02

충남 공주시 토지 입찰

담보권 강화를 위한 지상권일까요?

Q 토지 경매에 입찰하려고 경매물건을 찾고 있는 중입니다. 충남 공주시 탄천면의 토지를 봤는데, 지목은 전이고 금융기관에서 지상권을 설정했더군요.

이 경매사건의 지상권처럼, 금융기관이 근저당권과 함께 설정한 지상권은 담보권(근저당권)을 강화하기 위한 지상권이라고 하던데요. 그러나 건물이 없는 상태에서 근저당권을 설정한다면, 나중에 그 토지 위에 누군가 건물을 신축하더라도 법정지상권은 성립하지 않는 것 아닌지요?

법정지상권 성립요건(민법 제366조)

1. 근저당권 설정 당시 이미 토지와 건물이 존재했어야 한다.
2. 근저당권 설정 당시 토지와 건물이 동일인의 소유에 속했어야 한다.
3. 저당물의 경매로 토지와 건물의 소유자가 달라질 때 법정 지상권은 성립한다.

나중에 다른 사람이 건물을 지어도 법정지상권이 성립되지 않는다면, 굳이 담보권과 함께 지상권을 설정하지 않아도 되는 것 같아서 질문 드립니다. 오히려 누가 건물을 지으면 이득이 아닌지요?

토지에 저당권이 설정된 후 그 지상에 건물이 신축되면, 이후 진행되는 토지 경매에서 저당권자가 불측의 피해를 볼 수도 있습니다. 이때 저

충청남도 공주시 토지의 지상권 설정

2018타경 253 공주지원 2계 전화 : (041)840-5741

소재지	충남 공주시 탄천면 덕지리				
경매구분	기일입찰	채권자	탄천농협	매각기일	2018-08-06 (10:00) [6 일전]
용도	전	채무/소유자	백	접수일	2018-01-24
감정가	108,316,000	청구액	36,620,640	경매개시일	2018-01-25
최저가	75,821,000 (70%)	토지총면적	2,083 ㎡ (630.11평)	배당종기일	2018-04-16
입찰보증금	10% (7,582,100)	건물총면적	0 ㎡ (0평)	조회수	금일1 공고후3 누적3

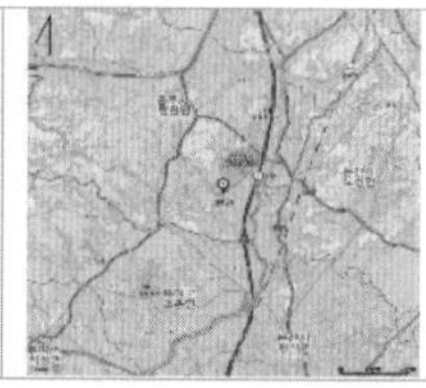

구분	입찰기일	매각금액	결과
2차	2018-08-06	75,821,000	진행
1차	2018-07-02	108,316,000	유찰

등기권리

구분	권리명	접수일	권리자	금액	기타	소멸
토지	소유	1964-05-20	백			
	근저	2008-10-24	탄천농협	35,000,000	말소기준권리	소멸
	지상	2008-10-24	탄천농협		30년	소멸
	근저	2011-01-13	탄천농협	9,800,000		소멸
	근저	2011-11-17	김	15,000,000		소멸
	임의	2018-01-25	탄천농협	청구금액: **36,620,640**	2018타경253	소멸
참고사항	· 입찰외 · 법정지상권 · 농취증					

근저당권과 지상권을 함께 설정

당권자가 피해를 보는 이유는 신축건물을 위한 법정지상권이 성립하기 때문이 아니라, 그 지상건물이 매각에 포함되지 않기 때문입니다.

이때 그 지상건물의 사용가치가 클 경우 토지를 우선 낙찰받은 후 건물까지 헐값에 취득할 수 있는 기회로 보는 경우도 있는데, 이런 경우 오히려 이익일 수 있지요. 그러나 특별한 사정이 없는 한 토지 경매사건에서 매각에서 제외되는 지상건물이 있다면 건물에 대한 철거소송과 강제집행이 불가피하므로 그 비용만큼 낮은 금액으로 입찰합니다.

물론 이렇게 저렴한 가격으로 토지를 낙찰받고 건물까지 헐값에 매수할 수 있으니, 낙찰자는 이익이라 할 수도 있습니다. 하지만 그 이익은 낙찰자의 이익일 뿐이고, 토지 매각대금으로 채권을 배당받아야 하는 저당권자에게는 손해일 수밖에 없습니다.

질문의 취지와는 별도로 설명하면, 민법 제366조의 규정은 질문에 표시된 내용과 다릅니다.

> 민법 제366조(법정지상권)
> 저당물의 경매로 인하여 토지와 그 지상건물이 다른 소유자에 속한 경우에는 토지 소유자는 건물 소유자에 대하여 지상권을 설정한 것으로 본다. 그러나 지료는 당사자의 청구에 의하여 법원이 이를 정한다.

질문에 표시한 법정지상권의 성립 요건은 법정지상권에 관한 분쟁이 발생하여 소송까지 간 경우가 많고, 그 판례들을 살펴보니 일정한 규칙이 발견되어 그 규칙들을 정리해놓은 것입니다.

그럼, 그런 규칙들은 왜 나온 것일까요? 법정지상권은 민법 제366조가 규정하고 있는 것처럼 "저당물의 경매로 인하여 토지와 그 지상건물이 다른 소유자에 속한 경우"에 성립합니다. 다만 그 규정을 적용할 때 선의의 피해를 보는 제3자가 있으면 안 되고, 그래서 선의의 제3자(대부분의 경우는 근저당권자)에게 피해가 가지 않는 경우를 분석해보니 질문에 올려주신 '법정지상권의 성립요건'이 정리되는 것입니다.

질문자의 결론에 큰 오류가 있는 것은 아니지만, 규칙과 함께 그러한 규칙이 나오게 된 경위까지 이해하면, 규정에 없는 사례까지 분석할 수 있는 능력이 키워질 것입니다.

03

전북 김제시 토지 입찰

담보권 강화를 위한 지상권은 어떻게 작용하나요?

Q 전북 김제시의 토지이며, 지목은 전입니다. 은행이 토지를 담보로 대출을 하면서 근저당권과 함께 지상권을 설정했더군요. 근저당권과 함께 설정하는 지상권은 담보권 강화를 위한 지상권이라고 들었는데요, 이처럼 근저당권과 지상권을 함께 설정하면 담보권이 어떻게 강화되는지 알고 싶습니다.

건물이 없는 토지에 저당권을 설정하고 돈을 빌려준 후, 그 토지에 건물이 신축되면 담보가치가 훼손됩니다. 대출 원리금이 상환되지 않으면 채권자는 저당권을 실행하여 토지를 경매할 수 있겠죠. 그런데 그 토지 위에 매각에서 제외되는 건물이 있다면, 입찰자에게 부담으로 작용해 낙찰가격이 떨어질 수밖에 없기 때문입니다.

결국 저당권자 입장에서는 담보한 토지에 자신의 동의 없이 건물이 신축되는 것을 막아야 합니다. 그런데 지상권을 설정하면 그러한 위험을 배제할 수 있습니다. 실무에서 담보권 강화를 위한 지상권이 어떻게 작용하는지 보겠습니다.

이 경매사건의 등기권리를 보면, 동군산농협은 이 토지에 근저당권

전라북도 김제시 토지의 지상권

⬆ 2015타경 13848 전주지방법원 7계 전화 : (063)259-5711

소 재 지	전북 김제시 흥사동 [redacted]				
경매구분	기일입찰	채 권 자	동군산농협	매각기일	종결물건
용 도	전	채무/소유자	[redacted]산업	접 수 일	2015-11-04
감 정 가	2,536,820,000	청 구 액	1,407,737,207	경매개시일	2015-11-05
최 저 가	1,243,042,000 (49%)	토지총면적	36,167 m² (10940.52평)	배당종기일	2016-02-04
입찰보증금	10% (124,304,200)	건물총면적	0 m² (0평)	조 회 수	금일1 공고후32 누적44

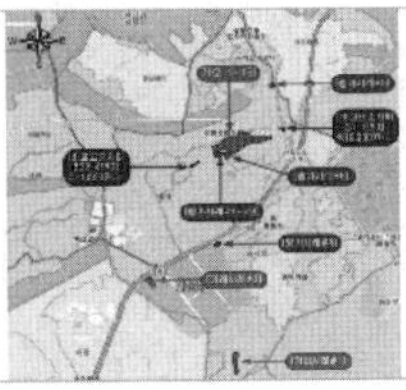

구분	입찰기일	매각금액	결과
	2016-12-14		종결
3차	2016-09-26	1,243,042,000	매각
		1,910,000,000 (75.3%) (입찰 2명)	
	2016-08-22	1,243,042,000	변경
2차	2016-07-18	1,775,774,000	유찰
	2016-06-13	1,775,774,000	변경
1차	2016-05-02	2,536,820,000	유찰

⬆ 등기권리

구분	권리명	접수일	권리자	금액	기타	소멸
토지	소유	2013-11-29	[redacted]산업		전소유자:조[redacted]	
	근저	2014-03-31	동군산농협	1,700,000,000	말소기준권리	소멸
	지상	2014-03-31	동군산농협		30년	소멸
	근저	2015-07-20	송[redacted]	727,320,000		소멸
	가등	2015-07-20	[redacted]스틸		소유이전청구가등	소멸
	가압	2015-07-27	(유)[redacted]	25,736,700	2015 카단 2398 전주	소멸
	가압	2015-07-29	[redacted]	79,160,958	2015 카단 2316 전주	소멸
	가압	2015-08-31	고[redacted]	151,000,000	2015 카단 1000656 전주	소멸
	압류	2015-09-11	국민건강보험 김제			소멸
	가처	2015-09-25	[redacted]		2015 카단 1422 전주 군산 송[redacted] 근저가처	소멸
	가처	2015-09-25	[redacted]		2015 카단 1422 전주 군산 [redacted]등가처	소멸
	임의	2015-11-05	동군산농협	청구금액: 1,407,737,207	2015타경13848	소멸

근저당권과 지상권을 함께 설정

을 설정함과 동시(법률적으로는 직후)에 지상권을 설정했습니다. 이후 채무자로부터 원리금이 상환되지 않자 임의경매를 신청했는데, 지상에 건물 신축공사를 하고 있던 여러 건설사가 유치권을 신고했습니다.

이에 동군산농협은 유치권이 입찰자에게 부담으로 작용하여 낙찰가격이 떨어질 것을 우려해서 유치권배제 신청서를 법원에 제출했습니다. 매각물건명세서 비고란에 보면, "A 건설사는 유치권 포기 및 현장

명도 각서를 제출했기 때문에 경매절차에서 유치권을 주장하는 것은 신의칙에 위배되므로 유치권이 인정될 여지가 없고, B 건설사와 C 건설사는 소유자에게 직접 공사를 수급한 것이 아니라 A 건설사로부터 하도급을 받은 자이므로 유치권신고금액을 토지 소유자가 아닌 A 건설사로부터 지급받아야 한다"라는 내용이 나옵니다.

동군산농협의 주장이 사실이라면 유치권이 인정될 여지는 없습니다. 그뿐만 아니라 토지를 매각하는 경매사건에서 건물에 투여된 비용을 피담보채권으로 유치권을 주장하는 것은 채권과 목적물 사이에 견련성•이 없기 때문에 인정되지 않습니다.

질문의 취지에서 벗어난 유치권의 성립에 관한 문제는 다른 기회에 살펴보기로 하고, 이 사건에서 주목해야 할 문제는 A 건설사가 자기의 공사대금채권을 담보할 수 있는 가장 손쉽고도 강력한 무기인 유치권에 관하여 채권자인 동군산농협에 포기각서를 제출한 이유입니다.

토지 소유자가 지상에 건물을 신축하기 위해 시청에 허가를 신청하려면, 토지의 등기사항전부증명서를 첨부해야 합니다. 그런데 지상권이 설정되어 있다면 그 토지 위에 건물을 소유할 권한을 가진 자는 토지 소유자가 아니라 지상권자가 됩니다. 즉, 토지 소유자라도 건물을 신축하기 위해서는 지상권자에게 동의를 구해야 하고, 지상권자는 토지 소유자에게 동의서를 교부해주는 대신 2가지 조건을 제시합니다.

하나는 소유자에게 공동담보제공확약서를 제출하도록 하는 것입니다. 즉 건물이 완공되면 소유권보존등기와 동시에 토지에 설정된 저당권의 공동담보로 건물을 제공할 것을 요구하는 것입니다.

그렇게 되면 저당권자는 토지와 건물 모두를 저당권의 담보물로 확보하게 되어 채권 회수가 그만큼 쉬워질 뿐만 아니라, 저당권을 실행하여 경매가 개시되면 토지와 건물 모두 매각대상이 되기 때문에 법정지상권으로 인한 담보가치의 훼손도 막을 수 있습니다.

또 하나는 건축업자에게 유치권포기각서를 제출하도록 요구하는 것입니다. 유치권포기각서란 건물신축 공사대금을 받지 못하더라도 경매절차에서 유치권을 주장하지 않겠다는 확약서로서, 건축업자가 저당권자에게 제출하면 이후 경매절차에서 유치권을 주장하는 것은 신의칙에 위배되어 인정될 여지가 없습니다.

그렇다면 왜 채무 당사자도 아닌 건축업자가 저당권자의 요구를 수용할 수밖에 없을까요?

만약 유치권포기각서를 제출하지 않는다면, 저당권자는 소유자에게 건물신축에 관한 동의서를 제공하지 않을 것입니다. 그러면 소유자는 유치권포기각서를 제출해줄 다른 건축업자와 도급계약을 체결할 것이므로, 결국 건물신축공사를 수급하기 위해서 어쩔 수 없이 유치권포기각서를 제출할 수밖에 없습니다.

이처럼 저당권자는 저당권과 함께 지상권을 설정함으로써 소유자뿐만 아니라 건축업자와의 관계에서도 월등히 우월한 지위를 확보할 수 있습니다. 그래서 이런 목적으로 설정된 지상권을 '담보권을 강화하기 위한 지상권'이라고 합니다.

• **견련성** 유치권을 유치 대상이 된 물건 그 자체에만 행사할 수 있는 것을 말한다.

부동산 경매 실전사례 120

오늘부터 1일

7

PART

놓치면 안 되는 법정지상권 사례 17

3강 전세권/법정지상권 1(21분)

4강 법정지상권 2(18분)

5강 법정지상권 3(19분)

6강 법정지상권 4(19분)

01

토지 경매 예정자의 질문

법정지상권이 성립하기 위한 건축물의 요건은?

Q 토지 경매에 관심이 많은데요. 법정지상권에 대해 궁금한 점이 있어서 문의를 드립니다.

어떤 이는 신축을 위한 터파기 공사만 한 경우도 장래 건축물의 규모와 용도를 알 수 있다면 법정지상권이 성립한다고 하더군요. 또 어떤 이는 기둥, 지붕, 주벽 등 외관을 갖춰야 법정지상권이 성립한다고 합니다. 판례를 직접 찾아봐도, 판례마다 법정지상권이 성립하기 위한 건축물의 요건을 다르게 판시하고 있더군요. 무엇이 정확한 해석인지요?

법정지상권은 다음과 같은 요건이 있는 경우에 성립합니다.

1. 저당권 설정 당시 토지와 건물이 있었고,
2. 저당권 설정 당시 그 토지와 건물의 소유자가 동일인이었고,
3. 그랬던 토지와 건물이 저당물의 경매로 서로 다른 소유자에 속한 경우입니다.

그러나 법률이 직접적으로 위의 요건을 규정하고 있는 것은 아닙니다. 법률은 "저당물의 경매로 인하여 토지와 그 지상건물이 다른 소유자에 속

한 경우"에 법정지상권이 성립한다고만 규정하고 있습니다.(민법 제366조) 그럼에도 대부분의 경매관련 서적이나 강의, 인터넷 글들은 법정지상권의 성립요건을 위와 같이 간단하고 명료하게 설명하고 있습니다. 틀림없는 설명이기는 하지만, 위 요건은 어디서 나온 것인지, 그 법률적 근거는 무엇인지에 대한 고민이 필요합니다.

법정지상권에 관한 분쟁으로 수많은 소송이 있었고, 그 판례를 보니 일정한 규칙이 발견됩니다.

분명 우리 민법은 제366조로 법정지상권의 성립에 관하여 명확하게 규정하고 있지만, 그 규정만으로 판단하면 불측의 피해를 보는 제3자가 발생하기도 합니다. 그래서 많은 판례들은 민법 제366조의 규정에 부합하더라도 선의의 제3자에게 불측의 피해가 발생하는 경우에는 법정지상권을 부정했고, 그 판례들의 공통된 입장을 정리해보니 위의【요건 1, 2, 3】이 생겨난 것입니다.

그렇다면 결국 위의【요건1, 2, 3】을 갖추지 못했는데도 법률의 규정만으로 법정지상권을 인정한다면, 선의의 제3자가 불측의 피해를 볼 수 있다는 의미겠지요. 어떤 경우가 있을지 살펴보겠습니다.

【요건1】저당권 설정 당시 토지와 건물이 있었고

토지에 저당권을 설정할 당시 건물이 없었다면, 저당권자가 나중에 발생할 수도 있는 법정지상권의 부담을 스스로 용인했다고 볼 수 없습니다. 건물이 없기 때문에 토지와 공동으로 담보로 잡지 못한 것이지, 건물이 있는데도 잡지 않은 것이 아니니까요.

그렇다면 【요건1】에서 말하는 '건물'의 의미는 건축법상 건축물의 요건이 아닌 '예측 가능성'의 문제입니다. 건물이 신축되고 있는 것을 뻔히 보고도, 다시 말해 장래에 완공될 건축물을 '예측할 수 있었음에도' 토지만을 담보로 돈을 빌려줬다면, 건축물 완공 후에 발생할 수도 있는 법정지상권의 부담을 저당권자가 스스로 용인했다고 보는 것입니다.

【요건2】 저당권 설정 당시 그 토지와 건물의 소유자가 동일인이었고

저당권 설정 당시 토지와 건물이 있었다 하더라도 건물의 소유자가 토지의 소유자와 다르다면, 저당권자가 토지 소유자에게 돈을 빌려주면서 건물 소유자에게 건물을 담보로 제공하라고는 할 수 없습니다. 즉, 근저당권자는 건물을 공동담보로 잡지 않은 것이 아니라 못 잡은 것이고, 판례에서는 이 역시 근저당권자가 장래에 발생할 수도 있는 법정지상권의 부담을 스스로 용인했다고는 보지 않습니다.

【요건3】 그랬던 토지와 건물이 저당물의 경매로 서로 다른 소유자에 속한 경우

이 요건은 당연합니다. 토지와 건물의 소유자가 동일인이라면 지상권의 문제는 발생하지 않으니까요. 그런데 지상권은 원칙적으로 토지 소유자와 건물 소유자의 약정에 의해 등기됨으로써 발생하는 물권입니다.

이런 강력한 물권을 당사자의 약정이 없는데도 불구하고 법률이 강제로 발생시키는 권리가 법정지상권이고, 그 취지는 "멀쩡한 건물 아까우니까 부수지 말자"입니다. 즉, 사회적 공익을 위해 개인(토지 소유자)의 권리를 제한하는 것이며, 그러한 제한은 엄격한 기준에 따라 최소의 범

위 내에서 적용되어야 합니다.

존재하지도 않는 건물을 위해 토지소유자의 권리를 제한할 수는 없으며, 이때의 '존재 여부'에 대한 판단기준은 객관적이고도 명확한 건축법의 규정에 따르는 것입니다.

이렇게 하나하나 따져보니 【요건1】에서 말하는 건물은 '예측 가능성'의 문제이고, 【요건3】에서 말하는 건물은 건축법상의 문제라는 것을 알 수 있습니다. 소송의 쟁점이 【요건1】에 있는지 【요건3】에 있는지에 따라 판결에 적용 논리가 달라지는 것은 당연합니다.

> 토지에 관하여 **저당권이 설정될 당시** 토지 소유자에 의하여 그 지상에 건물이 건축 중이었던 경우 그것이 사회관념상 독립된 건물로 볼 수 있는 정도에 이르지 않았다 하더라도 건물의 규모, 종류가 외형상 예상할 수 있는 정도까지 건축이 진전되어 있었고, 그 후 **경매절차에서 매수인이 매각대금을 다 낸 때**까지 최소한의 기둥과 지붕 그리고 주벽이 이루어지는 등 독립된 부동산으로서 건물의 요건을 갖춘 경우에는 법정지상권이 성립한다.
> (대법원 2013. 10. 17. 선고 2013다51100 판결 [토지인도 등])

위의 판례를 보면, '저당권이 설정될 당시'와 '매각대금을 다 낸 때'로 시점을 분리해 건물에 대해 다르게 판단하고 있습니다. 그때그때 판결이 달라지는 것이 아니라, 쟁점의 시점이 저당권이 설정될 당시인지 매각대금을 다 낸 때인지에 따라 적용 법리가 달라지는 것입니다.

02

매매와 증여에 따른 지상권

부동산의 취득 원인에 따라 법정지상권 성립이 달라지나요?

Q 갑 소유의 토지와 그 지상에 신축된 미등기건물을 을이 함께 취득한 후, 건물에 대해서는 미등기상태로 두고 있다가 이 중 토지에 대하여 경매가 실시되어 병이 낙찰받았을 경우, 을의 취득 원인이 일반매매이면 법정지상권이 성립되지 않고(대법 2002다9660판결), 상속이면 법정지상권이 성립하는 것으로 알고 있습니다.

이때 병의 토지에 대한 미등기건물의 지상권 성립 여부를 볼 때, 취득 원인이 아버지 갑이 아들 을에게 증여한 것이라면, 이를 일반매매와 유사하게 보아 법정지상권이 성립하지 않는 것으로 보는 게 타당할까요, 아니면 상속과 비슷하게 보아 법정지상권이 성립하는 것으로 보는 게 타당할까요?

이 문제에 대한 정확한 해석을 위해서는 우선, 왜 을의 취득 원인이 일반매매이면 법정지상권이 성립하지 않고, 상속이면 법정지상권이 성립하는 것인지에 대한 이해가 필요합니다.

그 답을 민법 규정에서 찾아보겠습니다.

민법 제186조(부동산물권변동의 효력)
부동산에 관한 법률행위로 인한 물권의 득실변경은 **등기하여야 그 효력이 생긴다.**

제187조(등기를 요하지 아니하는 부동산물권취득)
상속, 공용징수, 판결, 경매 기타 법률의 규정에 의한 부동산에 관한 물권의 취득은 **등기를 요하지 아니한다.** 그러나 등기를 하지 아니하면 이를 처분하지 못한다.

을의 취득 원인이 매매라면, 매매는 '부동산에 관한 법률행위'이고, 그렇다면 민법 제186조가 적용됩니다. 즉, 갑이 을에게 토지와 건물을 매도했어도 건물은 등기하지 않았으므로, 결국 소유권이전(물권의 득실변경)의 효력은 토지에만 발생한 것으로 볼 수 있습니다.

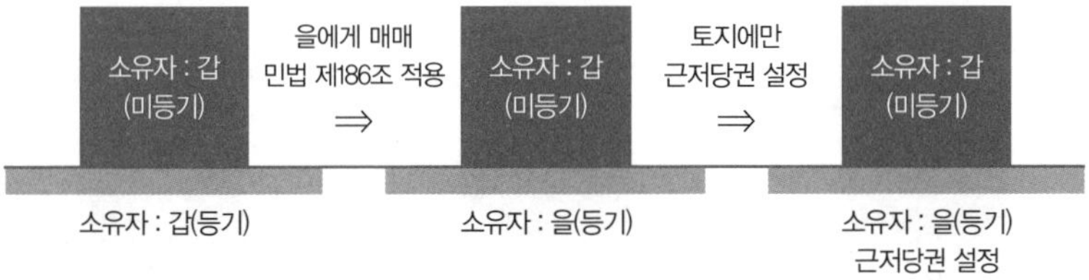

따라서 근저당권 설정 당시에는 토지는 을의 소유이고, 건물은 여전히 갑의 소유로 보는 것이 타당합니다. 결국 그 근저당권의 실행으로 토지의 소유권이 병에게 이전되었어도 저당권 설정 당시 토지와 건물의 소유자가 동일인이었어야 한다는 요건을 충족하지 못한 것입니다. 이 경우 민법 제366조 저당물의 경매로 인한 법정지상권은 성립할 여지가 없습니다.

> 민법 제366조의 법정지상권은 저당권 설정 당시에 동일인의 소유에 속하는 토지와 건물이 저당권의 실행에 의한 경매로 인하여 각기 다른 사람의 소유에 속하게 된 경우에 건물의 소유를 위하여 인정되는 것이므로, 미등기 건물을 그 대지와 함께 매수한 사람이 그 대지에 관하여만 소유권이전등기를 넘겨받고 건물에 대하여는 그 등기를 이전받지 못하고 있다가, 대지에 대하여 저당권을 설정하고 그 저당권의 실행으로 대지가 경매되어 다른 사람의 소유로 된 경우에는, 그 저당권의 설정 당시에 이미 대지와 건물이 각각 다른 사람의 소유에 속하고 있었으므로 법정지상권이 성립될 여지가 없다.(대법원 2002. 6. 20. 선고 2002다9660 전원합의체 판결 [건물 등 철거])

반면 을의 취득원인이 상속이라면 민법 제187조가 적용됩니다. 상속에 의한 물권의 취득은 등기가 필요하지 않다고 하였으니 등기를 마친 토지는 물론, 미등기 건물의 소유권까지 상속개시와 동시에 을에게 이전된 것으로 봐야 합니다.

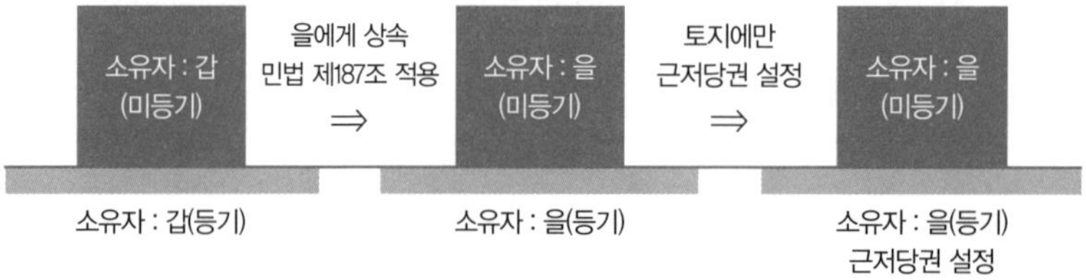

따라서 그 상태에서 토지에만 근저당권을 설정했다면 근저당권 설정 당시에 이미 토지와 건물이 모두 을의 소유였으므로, 토지의 소유권만 병에게 이전되었다면 민법 제366조 저당물의 경매로 인한 법정지상권이 성립하는 것입니다.

그렇다면 질문의 답은 결국 증여를 민법 제186조의 '부동산에 관한 법률행위'로 볼 것인지, 민법 제187조의 '기타 법률의 규정에 의한 부동산에 관한 물권의 취득'으로 볼 것인지의 문제입니다. 당연히 증여는 부동산에 관한 법률행위이고, 따라서 병이 낙찰받더라도 법정지상권은 성립하지 않습니다.

토지와 미등기 건물 함께 매수 시 관습상 법정지상권이 성립할까?

Q 앞의 질문에서 토지와 미등기 건물을 함께 매매하면, 토지는 등기로 소유권이전의 효력이 발생하지만, 건물은 등기를 할 수 없기 때문에 소유권이전의 효력이 발생하지 않는다고 했습니다.

그렇다면 매매로 인해 동일인의 소유에 속해 있던 토지와 건물이 각각 다른 소유자에게 귀속된 셈이고, 따라서 이때 관습상 법정지상권이 성립한 것 아닌가요? 이처럼 이미 성립한 법정지상권은 이후 토지만 경매되더라도 여전히 그 토지 위에 유지되는 것 아닌지요?

다른 법률의 규정에 따른 법정지상권(민법 제366조 저당물의 경매로 인한 법정지상권 등)과 달리, 관습상 법정지상권은 당사자의 합의(특약)로 그 성립을 배제할 수 있습니다. 이때 합의의 방식은 정해진 형식이 없고, 객관적으로 건물의 양도인이 양수인에게 그 처분권한까지 함께 양도한 것으로 볼 수 있는 사정이 있으면 충분합니다.

토지와 건물을 함께 매매하는 경우 계약서상 매매목록에 건물에 관한 사항도 기재하는 것이 일반적이고, 또 건물에 대한 매매대금도 수수했다면 양도인은 사실상 건물에 관한 일체의 권리를 양도한 것이므로 관습상 법정지상권을 포기한 것으로 볼 수 있습니다.

> 원소유자로부터 대지와 건물이 한 사람에게 매도되었으나 대지에 관하여만 그 소유권이전등기가 경료되고, 건물의 소유 명의가 매도인 명의로 남아 있게 되어 형식적으로 대지와 건물이 그 소유 명의자를 달리하게 된 경우에 있어서는 그 대지의 점유 · 사용 문제는 매매계약 당사자 사이의 계약에 따라 해결할 수 있는 것이므로 양자 사이에 관습에 의한 법정지상권을 인정할 필요는 없다.(대법원 1998. 4. 24. 선고 98다4798 판결 [건물철거 등])

03

경매로 소유자가 달라진 토지와 건물

이미 성립한 법정지상권의 존속 여부는?

Q 법정지상권 성립요건으로 저당권 설정 당시 토지와 건물이 동일인의 소유여야 한다는 것은 알겠습니다. 그런데 경매로 토지와 건물의 소유자가 달라지고, 경매잔금을 납부하기 위해 근저당을 설정한 후 다시 토지만 경매된다면 법정지상권은 어떻게 되나요? 즉, 근저당권 설정 당시 이미 법정지상권이 성립되어 있는 상태에서 매매나 경매가 이루어졌을 때 법정지상권의 존속 여부가 궁금합니다.

이미 법정지상권이 성립했다면 이후 토지 또는 건물의 소유권이 이전되더라도 법정지상권은 존속합니다. 법정지상권도 지상권의 일종으로서 물권입니다. 일단 부동산상에 물권이 성립하면 소유권이 변경되더라도 물권의 효력에는 영향을 미치지 않기 때문입니다.

Q 그렇다면 이미 법정지상권이 성립한 토지인지는 어떻게 확인할 수 있나요?

앞선 경매사건에서 토지만 소유권이 이전됨으로써 법정지상권이 성립했다면, 이후 토지에 저당권이 설정됐더라도 저당권 설정 당시 토지와 건물의 소유자가 달랐을 뿐만 아니라 2차 경매의 매각시점에도 토지와 건물의 소유자는 다를 테니, 입찰자들은 법정지상권이 성립할 수도 있다는 것을 알지 못할 텐데요.

맞습니다. 지상에 건축물이 있는 토지의 경매사건에서 매각시점의 소유관계만으로 법정지상권을 판단하는 것은 위험할 수 있습니다.

건물이 신축된 시점부터 토지와 건물의 소유관계를 면밀히 따져보고, 한순간이라도 토지와 건물의 소유자가 동일인이었다면, 일단 법정지상권이 성립했을 가능성을 배제할 수 없습니다.

물론 법정지상권이 성립한 후라도 건물 소유자가 지료를 지급하지 않는 등의 사유로 현재는 법정지상권이 소멸했을 수도 있지만, 입찰자 입장에서 그런 사정까지 조사할 수 있는 공식적인 방법은 없습니다.

위험은 또 있습니다. 법정지상권의 목적이 되는 건물이 반드시 등기된 건물이어야 하는 것은 아닙니다. 미등기 건물도 법정지상권의 목적이 될 수 있는데, 오래전에 신축된 건물이라면 입찰자가 신축시점과 등기시점의 차이를 알 수 없으므로 정확한 분석이 어렵습니다. 가령 건물이 미등기일 때 법정지상권이 성립하고, 이후 건물 소유권보존등기가 마쳐진 경우 입찰자는 등기 시점 이후의 소유관계만 확인할 수 있기 때문에 위험할 수 있습니다. 따라서 지상에 매각에서 제외되는 건물이 있는 토지의 경매사건은 서류상의 분석만으로는 부족하고, 현장을 방문하여 토지 및 건물의 소유자와 주변 사람들에 대한 탐문을 통해 법정지상권의 성립 여부를 판단해야 합니다.

04

경기도 화성시 토지 낙찰자

법정지상권 성립하지 않는 토지의 지료 청구는?

Q 법정지상권이 성립하지 않는 토지를 매수한 경우, 토지 소유자는 건물 소유자를 상대로 건물 철거뿐만 아니라 지료도 청구할 수 있는 것으로 알고 있었습니다.

그런데 예전에 이런 토지를 낙찰받은 후 '건물철거 및 지료 청구의 소'를 제기했더니, 판사님이 주위적 청구가 무엇이냐고 묻더군요. 그 뜻을 몰라 그냥 건물철거라고 말씀드렸고, 그 결과 건물철거는 인용됐지만 지료 청구는 기각됐습니다.

법정지상권이 성립하지 않는 경우 토지 소유자는 건물 소유자에게 지료를 청구할 수 없는 건가요?

용어의 잘못된 사용으로 발생한 결과로 보입니다. 법정지상권이 성립하지 않는 토지의 소유자가 건물 소유자를 상대로 청구할 수 있는 것은 건물철거와 손해배상 또는 부당이득반환입니다.

많은 사람이 손해배상과 부당이득반환과 지료라는 용어를 구별 없이 사용하고 있지만, 이 용어들의 뜻은 분명히 다릅니다.

손해배상과 부당이득반환과 지료, 무엇이 다른가?

손해배상이란 다른 사람이 입은 손해를 메워 손해가 없도록 하는 것을 의미합니다. 법정지상권이 성립하지 않는데도 건물 소유자가 토지를 인도하지 않는다면, 토지 소유자는 토지를 사용할 수 없어 손해를 보게 됩니다. 따라서 이런 경우 토지 소유자는 건물 소유자를 상대로 손해배상을 청구할 수 있습니다.

부당이득반환이란 법률상의 원인 없이 부당하게 타인의 재산이나 노무에 의하여 재산적 이익을 얻고, 그로 인해 타인에게 손해를 준 자가 손실을 받은 자에게 이익을 반환하는 것을 의미합니다. 토지에 대해 아무런 권리(법정지상권)도 없는 자가 그 토지 위에 건물을 소유한다면, 법률상 원인 없이 타인의 재산에 의하여 이익을 얻는 셈이며, 반대로 토지 소유자는 손해를 보기 때문입니다. 따라서 토지 소유자는 건물 소유자를 상대로 그 이익의 반환을 청구할 수 있습니다.

지료는 지상권(법정지상권 포함)이 성립한 경우 건물 소유자가 토지 소유자에게 지급하는 급부를 의미합니다. 다만, 토지 소유자와 건물 소유자가 서로 약정하여 등기함으로써 발생하는 지상권(약정지상권)은 약정 내용에 지료도 포함되는 경우가 대부분입니다. 그래서 그 액수에 관한 분쟁이 거의 발생하지 않지만, 법정지상권은 법률이 정한 바에 부합하면 당사자의 약정이 없더라도 당연히 발생하는 물권입니다. 따라서 지료 또한 약정된 바가 없기 때문에 실무적으로는 소송에 의해 지료가 결정되는 경우가 대부분입니다.

왜 지료 청구가 기각되었을까?

이렇게 하나하나 풀어보니 토지 소유자는 건물 소유자를 상대로 법정지상권이 성립하지 않을 때에는 손해배상이나 부당이득반환을 청구할 수 있고, 법정지상권이 성립할 때에는 지료를 청구할 수 있다는 것을 알 수 있습니다.

> 민법 제366조(법정지상권)
> 저당물의 경매로 인하여 토지와 그 지상건물이 다른 소유자에 속한 경우에는 토지 소유자는 건물 소유자에 대하여 지상권을 설정한 것으로 본다. 그러나 **지료는 당사자의 청구에 의하여 법원이 이를 정한다.**

그런데 소송의 청구취지로 건물철거와 지료지급을 동시에 청구했다면, 판사는 의아할 수밖에 없었을 것입니다. 건물철거를 청구한다는 것은 법정지상권을 부정해달라는 의미이고, 지료를 청구한다는 것은 법정지상권을 인정해달라는 의미이기 때문입니다.

그래서 판사는 주위적 청구와 예비적 청구의 구별을 요구한 것이고, 건물철거가 주위적 청구라 답하니 지료청구가 기각된 것입니다.

참고로, 소송에서 주위적 청구(主位的 請求)란 말 그대로 가장 주된 청구를 의미하고, 예비적 청구(豫備的 請求)란 주위적 청구가 받아들여지지 않을 경우를 대비해 예비적으로 하는 청구를 의미합니다. 그래서 주위적 청구가 받아들여진다면 예비적 청구는 판단조차 하지 않습니다.

다시 말해, 주위적 청구로 건물철거를, 예비적 청구로 지료를 청구했다면, "법정지상권을 부정하여 건물을 철거하라. 그러나 만약 법정지상권이 인정된다면 지료를 지급하라"는 소송을 제기한 것입니다.

그 결과 법정지상권이 성립하지 않으니 건물을 철거하라는 판결이 난 것이고, 따라서 예비적 청구인 지료 청구는 판단의 대상조차 되지 않은 것입니다.

만약 건물철거와 함께 지료가 아닌 손해배상이나 부당이득반환을 청구했다면, 두 청구가 모두 인용됐을 것으로 생각됩니다.

05

구 건물 철거 후 신축된 토지

공동저당권 설정 후 건물이 신축된 경우, 법정지상권은?

Q 소유자가 같은 토지와 그 지상 건물에 공동으로 저당권이 설정된 후 그 건물이 철거되고 다른 건물이 신축된 경우, 경매로 토지의 소유자가 바뀌면 법정지상권이 성립하는지요?

이 문제에 관하여 책마다 다른 견해를 보이고 있습니다. 어떤 책에서는 구건물의 범위 안에서 법정지상권이 성립한다고 하고, 또 어떤 책에서는 법정지상권이 성립하지 않는다고 합니다. 어느 쪽이 맞는 주장인가요?

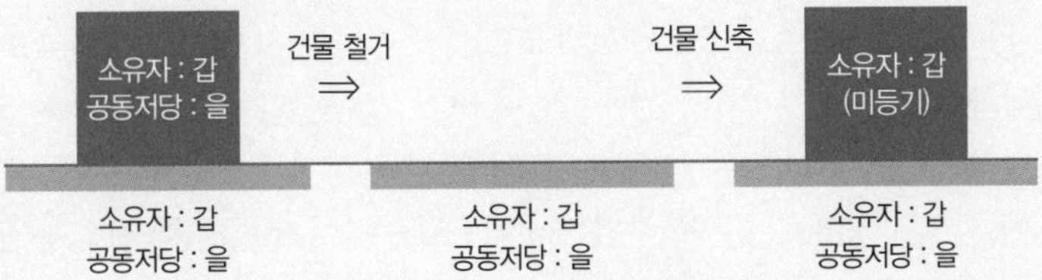

두 주장 모두 대법원의 판례에 근거한 주장입니다.

> 법정지상권이 성립하려면 저당권의 설정 당시 저당권의 목적되는 토지 위에 건물이 존재할 경우이어야 하는바, 저당권 설정 당시 건물이 존재한 이상 그 이후 건물을 개축, 증축하는 경우는 물론이고 **건물이 멸실되거나 철거된 후 재축, 신축하는 경우에도 법정지상권이 성립한다** 할 것이고, 이 경우 법정지

상권의 내용인 존속기간, 범위 등은 구 건물을 기준으로 하여 그 이용에 일반적으로 필요한 범위 내로 제한되는 것이다.(대법원 1990. 7. 10. 선고 90다카6399 판결 [건물철거 등])

이 판례는 토지와 건물에 공동저당권이 설정된 후 건물이 신축된 경우라도 법정지상권이 성립한다는 판례로서, 2003년 같은 사안에 대해 법정지상권이 성립하지 않는다는 판례가 나올 때까지 대법원의 일관된 입장이었습니다.

동일인의 소유에 속하는 토지 및 그 지상건물에 관하여 공동저당권이 설정된 후 그 지상건물이 철거되고 새로 건물이 신축된 경우에는, 그 신축건물의 소유자가 토지의 소유자와 동일하고, 토지의 저당권자에게 신축건물에 관하여 토지의 저당권과 동일한 순위의 공동저당권을 설정해주는 등 특별한 사정이 없는 한, 저당물의 경매로 인하여 토지와 그 신축건물이 다른 소유자에 속하게 되더라도 그 신축건물을 위한 법정지상권은 성립하지 않는다고 해석함이 상당하다.
왜냐하면, 동일인의 소유에 속하는 토지 및 그 지상건물에 관하여 공동저당권이 설정된 경우에는, 처음부터 지상건물로 인하여 토지의 이용이 제한하는 것을 용인하고 토지에 대하여만 저당권을 설정하여 법정지상권의 가치만큼 감소된 토지의 교환가치를 담보로 취득한 경우와는 달리, 공동저당권자는 토지 및 건물 각각의 교환가치 전부를 담보로 취득한 것으로서, 저당권의 목적이 된 건물이 그대로 존속하는 이상은 건물을 위한 법정지상권이 성립해도 그로 인하여 토지의 교환가치에서 제외된 법정지상권의 가액상당가치는 법정지상권이 성립하는 건물의 교환가치에서 되찾을 수 있어 궁극적으로 토지에 관하여 아무런 제한이 없는 나대지로서의 교환가치 전체를 실현시킬 수 있다고 기대하지만, 건물이 철거된 후 신축된 건물에 토지와 동순위의 공동저당권이 설정되지 아니하였는데도 그 신축건물을 위한 법정지상권이 성립한다고 해석하게 되면, 공동 저당권자가 법정지상권이 성립하는 신축건물의 교환가치를 취득할 수 없게 되는 결과 법정지상권의 가액상당가치를 되찾을 길이 막혀 위와 같이 **당초 나대지로서의 토지의 교환가치 전체를 기대하여 담보를 취득한 공동저당권자에게 불측의 손해**를 입게 하기 때문이다.

이와 달리, 동일인의 소유에 속하는 토지와 그 지상건물에 관하여 공동저당권이 설정된 후 그 지상건물이 철거되고 새로 건물이 신축된 경우에도 그 후 저당권의 실행에 의하여 토지가 경락됨으로써 대지와 건물의 소유자가 달라지면 언제나 토지에 관하여 신축건물을 위한 법정지상권이 성립된다는 취지의 **대법원 1990. 7. 10. 선고 90다카6399 판결, 1992. 6. 26. 선고 92다9388 판결, 1993. 6. 25. 선고 92다20330 판결, 2000. 12. 12. 선고 2000다19007 판결, 2001. 3. 13. 선고 2000다48517, 48524, 48531 판결의 견해는, 위와 저촉되는 한도 내에서 이를 변경하기로 한다.**(대법원 2003. 12. 18. 선고 98다43601 전원합의체 판결 [건물철거 등])

2003년 12월 확정된 이 판례는 저당권자가 처음부터 토지와 건물을 공동으로 담보하여 저당권을 설정했다면, 나중에 발생할 수도 있는 법정지상권의 부담을 스스로 용인하지 않은 것으로 보아야 하고, 그럼에도 건물이 신축되어 경매 매각대상에서 제외된 경우까지 법정지상권을 인정한다면 저당권자가 불측의 피해를 보게 되기 때문에, 법정지상권은 인정될 수 없다는 것입니다.

이에 덧붙여 기존의 '법정지상권이 성립한다'라는 대법원의 일관된 판결은 이 판례와 저촉되는 한도 내에서 이를 변경한다고 구체적으로 명시하고 있습니다. 따라서 현재로서는(새로운 판례가 나오기 전까지는) 이런 경우 법정지상권이 성립하지 않는다고 보는 것이 좋습니다.

물론 새로운 판례에 대한 반대의견은 여전히 존재합니다. 법정지상권은 법정물권이고 물권은 배타적인 권리로서 법률행위 당사자의 의사와 관계없이 객관적 요건만으로써 그 성립이 인정되는데, 유독 법정지상권에서만 과거 저당권자의 '기대'가 어떤 것이었느냐에 따라 그 성립 여부를 달리 판단하는 것은 법정지상권 성립요건의 객관성 및 강제성과 조화되기 어렵다는 것입니다.

그러나 근저당권자에게 불측의 피해가 발생한다는 점에서 현재의 대법원 판례가 다시 뒤집힐 가능성은 크지 않을 것으로 판단됩니다.

06

저당권이 있는 토지 입찰

땅주인 동의 얻어 건물 신축한 제3자의 선의 여부는?

Q 토지에 저당권을 설정할 당시 지상에 건물이 있었더라도 토지와 건물의 소유자가 달랐다면, 나중에 그 저당권의 실행으로 토지가 매각되어도 법정지상권은 성립하지 않는다고 배웠습니다. 이는 저당권자에게 발생하는 불측의 피해를 막기 위해서라고 하는데요.

이런 경우 법정지상권을 인정하지 않는다면, 건물 소유자에게 불측의 피해가 발생하는 것은 아닌지요? 건물 소유자는 토지 소유자의 동의를 얻어 건물을 신축할 당시 나중에 토지에 설정될 저당권을 예측할 수 없었을 테니까요.

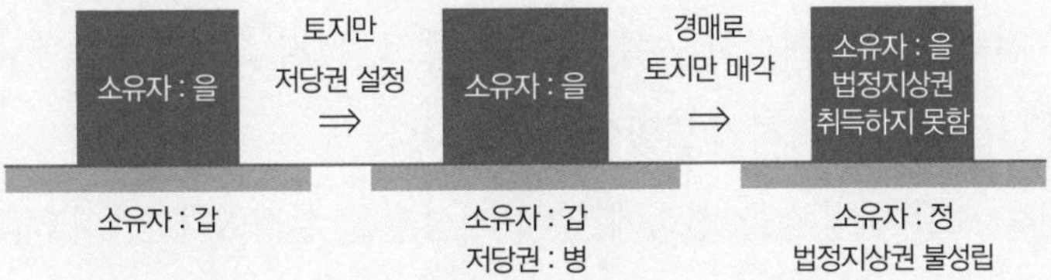

법정지상권이 성립하지 않는다면, 건물철거는 불가피하기 때문에 건물 소유자는 피해를 볼 수밖에 없습니다. 문제는 그 피해가 불측의 피해인지의 여부인데, 질문의 경우 건물 소유자가 입는 피해는 불측의 피해가 아닙니다. 타인의 토지에 자기 건물을 신축하면서 그 권리를 보호하기 위해 지상권을 설정할 수 있었지만 하지 않았기 때문입니다.

이는 마치 보증금을 내고 아파트를 임차하여 거주하는 사람이 주택 임대차보호법상의 대항요건(전입신고)도 갖추지 않고, 민법상의 전세권도 설정하지 않은 것과 마찬가지입니다. 이런 임차인은 저당권 설정 전부터 거주했더라도 낙찰자에게 대항할 수 없습니다. 이때 임차인이 저당권보다 자기가 선순위라거나 나중에 저당권이 설정될 것을 예측할 수 없었다고 주장한다면 받아들여질 수 있을까요? 또한 돈을 빌려주면서 저당권을 설정하지도 않고 채무자의 주택이 경매되는 과정에서 "내가 먼저 돈을 빌려줬다"라며 우선변제권을 주장하거나, 채무자가 다른 사람에게 또 돈을 빌릴지 예측할 수 없었다고 주장하는 것이 받아들여질 수 있을까요?

타인의 주택을 임차하는 사람은 전세권이나 전입신고로, 타인에게 금전을 대여하는 사람은 저당권으로, 타인의 토지 위에 건물을 소유하는 사람은 지상권으로 자기의 권리를 보호해야 합니다. 즉, 건물 소유자는 건축에 앞서 지상권을 설정했어야 했고, 토지 소유자가 이에 동의하지 않을 경우 건축하지 말았어야 했습니다.

건물 소유자가 건물 신축에 앞서 지상권을 설정했다면, 이후 설정된 저당권보다 선순위가 되므로, 경매로 토지가 매각되더라도 낙찰자에게 그 부담이 승계되어 건물을 철거해야 하는 손해를 보지 않을 수 있습니다.

07

경기도 남양주시 토지 입찰

지상권 설정된 토지에도 법정지상권 성립하나요?

Q 경기도 남양주시의 단독주택이나 대지를 알아보던 중 와부읍의 대지가 경매로 나왔기에 입찰을 할까 고민중입니다. 지상의 건물은 매각에서 제외하고, 토지만 매각하는 사건이더군요. 입찰하려면 우선 법정지상권의 성립에 관한 권리분석이 필요할 것 같은데요. 토지의 등기권리사항을 보니 새마을금고가 저당권과 함께 지상권을 설정했더군요. 이처럼 지상권이 설정된 토지에도 법정지상권이 성립할 수 있나요?

법정지상권도 지상권의 일종으로서, 만약 법정지상권이 인정된다면 동일 부동산에 양립할 수 없는 두 권리가 양립하는 셈이 되므로 법정지상권은 인정될 여지가 없는 것 아닌지요?

이 경매사건의 경우, 결론적으로 법정지상권이 성립할지에 대한 분석은 별론으로 하고, 지상권이 설정되어 있는 것이 법정지상권의 성립에 영향을 미치는지에 대한 답변만 드리겠습니다.

경매로 그 지상권이 소멸한다면 법정지상권의 성립에 아무런 영향도 미치지 않습니다.

법정지상권은 저당권 설정 당시 토지와 건물이 존재했고, 그 토지와 건물의 소유자가 동일했다면 토지와 건물의 소유자가 달라지는 때에 성

경기도 남양주시 토지, 저당권과 지상권을 함께 설정한 경우

2018타경 72204 — 의정부지방법원 4계 전화 : (031)828-0324

소 재 지	경기 남양주시 와부읍 덕소리				
경매구분	기일입찰	채 권 자	이	매각기일	2018-09-11 (10:30) [20 일전]
용 도	대지	채무/소유자	이	접 수 일	2018-02-28
감 정 가	410,000,000	청 구 액	25,064,500	경매개시일	2018-03-02
최 저 가	287,000,000 (70%)	토지총면적	100 m² (30.25평)	배당종기일	2018-05-29
입찰보증금	10% (28,700,000)	건물총면적	0 m² (0평)	조 회 수	금일7 공고후13 누적29

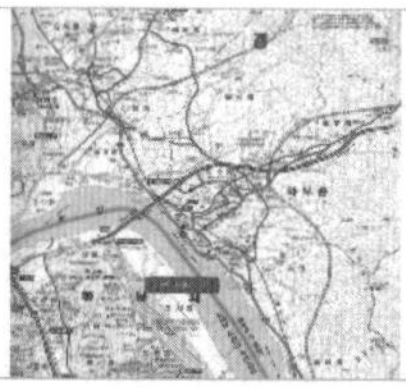

구분	입찰기일	매각금액	결과
2차	2018-09-11	287,000,000	진행
1차	2018-08-07	410,000,000	유찰

근저당권과 지상권을 함께 설정한 경우

등기권리

구분	권리명	접수일	권리자	금액	기타	소멸
토지	근저	2011-08-10	중부(새)	292,500,000	말소기준권리	소멸
	지상	2011-08-11	와부(새)		30년	소멸
	가등	2014-10-15	윤		소유이전청구가등	소멸
	가처	2015-06-19	덕소나루2지역주택조합추진위원회		2015 카단 200895 의정부	소멸
	강제	2018-03-02	이	청구금액: **25,064,500**	2018타경72204	소멸

참고사항	· 입찰외 · 법정지상권

립합니다. 즉, 법정지상권은 이미 성립되어 있는 권리를 인수하는 것이 아니라 토지소유권이 낙찰자에게 이전되는 동시에 새롭게 발생하는 권리입니다. 그런데 경매로 등기상의 지상권이 소멸하는 시점도 역시 낙찰자가 잔금을 납부하는 시점입니다. 결국 지상권과 법정지상권이 양립하는 시점은 없는 것입니다.

정리하면, 저당권 설정 당시 이미 지상에 건물이 있었고, 그 건물의 소유자가 토지 소유자와 동일인이었다면, 저당권자가 저당권과 함께 지상권을 설정했더라도 경매로 지상권이 소멸하는 이상 법정지상권의 성립에는 아무런 영향도 미치지 않습니다.

동일인의 소유였던 토지와 그 지상 건물이 저당권의 실행으로 인하여 각기 그 소유자를 달리하게 된 경우에 건물 소유자는 민법 제366조에 의하여 그 건물부지 위에 건물의 사용수익을 위한 지상권을 취득하게 되는 것인바, 피고가 대지에 대하여 이 사건 저당권을 설정할 당시 저당권자를 위하여 동시에 지상권을 설정하여 주었다고 하더라도 저당권 설정 당시 이미 그 대지상에 이 사건 건물을 소유하고 있고 그 건물에 관하여 이를 철거하기로 하는 등 특별한 사유가 없으며, 저당권의 실행으로 그 지상권도 소멸한 이 사건에 있어서 이 건물을 위한 법정지상권이 발생하지 않는다고 할 수 없을 것이다.
(대법원 1991. 10. 11. 선고 91다23462 판결 [가건물철거 등])

한편, 저당권 설정 당시의 건물이 사회관념상 독립된 건물로 볼 수 있을 정도가 아니더라도, 건물의 규모와 종류가 외형상 예상할 수 있는 정도까지 건축이 진전되어 있다면 법정지상권이 성립합니다.

다만 실무적으로는 이미 완공된 건물이 있는 경우 그 토지에 지상권을 설정하는 일은 드물고, 건물 신축공사 중에 토지를 담보로 돈을 빌려주면서 저당권과 함께 지상권을 설정하는 경우가 종종 있습니다. 이런 경우 매수인이 매각대금을 다 낸 시점까지 그 건물이 최소한의 기둥과 지붕, 주벽 등 독립된 부동산으로서 건물의 요건을 갖추었다면, 법정지상권이 성립할 수 있습니다.

Q 건물 신축공사가 진행 중인 토지에 저당권과 함께 지상권을 설정한 후 건물이 완공된 경우, 건물 소유자가 지상권자의 동의 없이 건물에 대한 소유권보존등기를 할 수 있는지요?

네, 가능합니다. 지상권이 설정되어 있는 토지 위에 지상권자가 아닌 제3자가 건물을 신축하고 해당 건물에 대한 소유권보존등기를 신청할 때, 사전에 그 지상권을 말소해야 하거나 지상권자의 승낙서를 첨부할 필요는 없습니다.(제정 1989. 9. 27. [등기선례 제2-238호, 시행])

08

경기도 고양시 토지 입찰

법정지상권과 차지권 어떻게 성립하나요?

Q 경기도 고양시 덕양구의 토지가 경매로 나왔는데요. 토지 위에 집이 있고, 토지와 건물의 소유자가 각각 다른데 토지만 경매로 나왔더군요. 토지와 건물의 권리관계를 시간상으로 나열하면 다음과 같습니다.

1. 갑 소유의 토지와 주택이 존재함
2. 은행이 토지에 가압류를 집행함(주택에도 가압류가 집행되었는지는 불분명)
3. 주택 멸실
4. 을이 주택을 신축하여 자기의 명의로 소유권보존등기를 함
5. 가압류 채권자의 신청으로 갑 소유의 토지만 강제경매 진행

이 사건에 입찰하여 토지를 낙찰받을 경우 법정지상권과 차지권의 성립 여부가 궁금합니다.

법정지상권에 대하여

민법 제366조의 규정에 따른 저당물의 경매로 인한 법정지상권은 성립하지 않습니다. 법정지상권은 동일인의 소유에 속하던 토지와 건물이 저당물의 경매로 소유자가 서로 달라질 때 발생합니다.

그런데 질문의 사례는 매각 시점에 이미 토지와 건물의 소유자가 다

르기 때문에 법정지상권이 성립하지 않습니다.

다만, ① 은행의 가압류가 토지에만 집행된 상태에서 ② 갑이 을에게 건물을 매도했고, ③ 그 과정에 관습법상의 법정지상권을 부정하는 특약이 없었다면 법정지상권이 성립하며, 일단 성립한 뒤에는 건물 소유자가 기존의 건물을 철거한 후 새로운 건물을 신축하더라도 구 건물을 기준으로 한 범위 내에서 여전히 유효합니다.

따라서 이런 경우라면 경매로 인해 새롭게 법정지상권이 성립하지는 않더라도, 이미 성립된 법정지상권의 부담이 낙찰자에게 승계될 수 있습니다.

민법 제366조 소정의 법정지상권이나 관습상의 법정지상권이 성립한 후에 건물을 개축 또는 증축하는 경우는 물론 건물이 멸실되거나 철거된 후에 신축하는 경우에도 법정지상권은 성립하나, 다만 그 법정지상권의 범위는 구 건물을 기준으로 하여 그 유지 또는 사용을 위하여 일반적으로 필요한 범위 내의 대지 부분에 한정된다.(대법원 1997. 1. 21. 선고 96다40080 판결 [건물철거 등])

차지권에 대하여

지상에 건물을 소유할 목적으로 을이 갑에게 토지를 임차하여 건물 신축 후 등기까지 완료했다면, 그 임대차(차지권)는 제3자에 대하여 대항력을 확보한 것입니다.

민법 제622조(건물등기 있는 차지권의 대항력)

① 건물의 소유를 목적으로 한 토지임대차는 이를 등기하지 아니한 경우에도 임차인이 그 지상건물을 등기한 때에는 제3자에 대하여 임대차의 효력이 생긴다.

② 건물이 임대차기간만료 전에 멸실 또는 후폐한 때에는 전항의 효력을 잃는다.

그러나 토지임차인이 대항요건을 충족했더라도 그 시점이 가압류보다 후순위이기 때문에, 경매사건의 매수인에게는 차지권으로 대항할 수 없습니다.

주택임차인이 주택의 인도와 주민등록을 마치면 그 다음 날부터 제3자에 대한 대항력을 취득하지만, 그 시점이 저당권이나 가압류가 등기된 시점보다 후순위라면 경매사건의 매수인에게 대항할 수 없는 것과 같은 이치입니다.

09

경북 영덕군 대지 입찰

가압류가 법정지상권 성립의 판단기준이 될 수 있나요?

Q 경북 영덕군 영덕읍의 대지가 경매로 나왔는데 입찰을 해볼까 관심이 있어서 권리분석 중입니다.

법정지상권은 근저당권이 설정될 당시에 토지와 건물이 있었어야 성립한다고 들었습니다. 그런데 이 사건은 등기부등본에 저당권이 설정되어 있지 않더군요. 이처럼 등기부등본에 저당권이 설정되어 있지 않다면 법정지상권은 무조건 성립하는 것인지요?

저당권 설정 당시 토지와 건물이 모두 존재하고, 그 소유자가 같은 경우에 법정지상권이 성립한다는 요건은 저당권자의 불측의 피해를 막기 위한 요건입니다. 즉 건물이 없는 토지를 담보로 돈을 빌려줬는데, 훗날 신축된 건물에 법정지상권을 인정하게 되면 토지의 담보가치가 훼손되어 저당권자가 불측의 피해를 보게 되기 때문입니다.

그렇다면 같은 논리로 저당권자뿐 아니라 금전채권을 담보하기 위해 토지 등기부에 어떤 권리를 설정하거나 집행한 사람도 보호되어야 하겠지요.

물론 이 경매사건은 저당물권의 실행으로 진행되는 경매사건이 아니므

경북 영덕군 영덕읍의 대지, 가압류와 법정지상권

2017타경 10785 영덕지원 2계 전화 : (054)730-3025

소 재 지	경북 영덕군 영덕읍 천전리 [redacted]				
경매구분	기일입찰	채 권 자	한국자산관리공사	매각기일	매각물건
용 도	대지	채무/소유자	강[redacted]	접 수 일	2017-11-22
감 정 가	14,440,000	청 구 액	16,527,268	경매개시일	2017-11-23
최 저 가	7,076,000 (49%)	토지총면적	95 m² (28.74평)	배당종기일	2018-02-02
입찰보증금	10% (707,600)	건물총면적	0 m² (0평)	조 회 수	금일1 공고후9 누적11

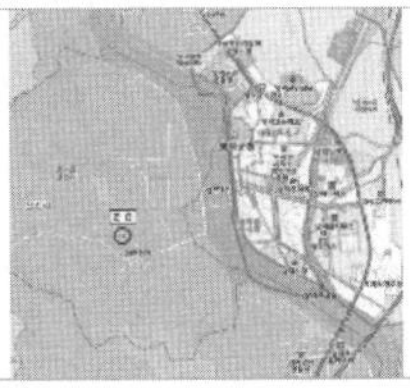

구분	입찰기일	매각금액	결과
3차	2018-08-24	7,076,000	매각
		9,339,999 (64.7%) (입찰 1명)	
2차	2018-07-20	10,108,000	유찰
1차	2018-06-22	14,440,000	유찰

등기권리

구분	권리명	접수일	권리자	금액	기타	소멸
토지	소유	1999-07-09	강[redacted]			
	가압	2004-07-26	한국자산관리공사 대구지사송무팀	5,843,441	말소기준권리 2004 카단 29861 대구	소멸
	강제	2017-11-23	한국자산관리공사	청구금액: **16,527,268**	2017타경10785	소멸
참고사항	· 입찰외 · 법정지상권					

로 민법 제366조의 '저당물의 경매로 인한 법정지상권'은 성립하지 않습니다.

그러나 토지와 건물의 소유자가 서로 달라지는 경위와 전혀 무관한 관습법상의 법정지상권은 인정될 여지가 있습니다. 이때 선의의 제3자가 피해를 보면 안 되는데, 이와 관련하여 대법원은 근저당권자뿐만 아니라 가압류를 집행한 채권자도 불측의 피해로부터 보호받아야 하는 이해관계인으로 보고 있습니다.

강제경매의 목적이 된 토지 또는 그 지상 건물의 소유권이 강제경매로 인하여 그 절차상의 매수인에게 이전된 경우에 건물의 소유를 위한 관습상 법정지상권이 성립하는가 하는 문제에 있어서는 그 매수인이 소유권을 취득하는 매각대금의 완납 시가 아니라 그 **압류의 효력이 발생하는 때를 기준으로 하여 토지와 그 지상 건물이 동일인에 속하였는지가 판단되어야 한다.**

강제경매개시결정의 기입등기가 이루어져 압류의 효력이 발생한 후에 경매목적물의 소유권을 취득한 이른바 제3취득자는 그의 권리를 경매절차상 매수인에게 대항하지 못하고, 나아가 그 명의로 경료된 소유권이전등기는 매수인이 인수하지 아니하는 부동산의 부담에 관한 기입에 해당하므로(민사집행법 제144조 제1항 제2호 참조) 매각대금이 완납되면 직권으로 그 말소가 촉탁되어야 하는 것이어서, 결국 매각대금 완납 당시 소유자가 누구인지는 이 문제 맥락에서 별다른 의미를 가질 수 없다는 점 등을 고려하여 보면 더욱 그러하다.

한편 강제경매개시결정 이전에 가압류가 있는 경우에는, 그 가압류가 강제경매개시결정으로 인하여 본압류로 이행되어 가압류집행이 본집행에 포섭됨으로써 당초부터 본집행이 있었던 것과 같은 효력이 있다.

따라서 **경매의 목적이 된 부동산에 대하여 가압류가 있고 그것이 본압류로 이행되어 경매절차가 진행된 경우에는, 애초 가압류가 효력을 발생하는 때를 기준으로 토지와 그 지상 건물이 동일인에 속하였는지를 판단하여야 한다.**

(대법원 2012. 10. 18. 선고 2010다52140 전원합의체 판결 [토지인도 등])

위 판례를 요약하면, 저당권이 설정되지 않은 토지를 매각하는 강제경매사건은 경매개시결정으로 압류의 효력이 발생한 시점에 건물이 있었는지, 또 그 소유자가 토지 소유자와 동일인인지를 기준으로 법정지상권의 성립 여부를 판단해야 하고, 만약 강제경매개시결정 전에 가압류가 집행되었고 그 본안의 승소로 경매가 개시된 경우는 가압류가 집행된 시점을 기준으로 판단해야 한다는 것입니다.

따라서 앞의 사건은 한국자산관리공사가 경매를 개시한 2017년 11월 23일이 아니라 가압류를 집행한 2004년 7월 26일에 건물이 있었는지, 그 소유자와 토지 소유자 동일인인지를 기준으로 법정지상권의 성립 요건을 판단해야 합니다.

다만, 이 경매사건의 토지상에 있는 건물이 언제 신축된 건물인지 확인할 수 있는 공식적인 방법이 없습니다. 따라서 현장을 방문하여 주변 사람들에 대한 탐문으로 건물에 관한 신뢰할 수 있는 정보를 얻어 법정지상권의 성립 여부를 판단해야 할 것입니다.

가압류 전에 저당권 설정된 경우 법정지상권

Q 앞에서 보니, 강제경매의 경우는 가압류 시점, 또는 강제경매 개시 시점을 기준으로 토지와 건물이 동일인의 소유에 있었는지를 판단하는군요.

그렇다면 저당권이 설정된 토지가 저당권이 아니라 가압류 채권으로 강제경매가 되는 경우, 언제를 기준으로 토지와 건물이 동일인의 소유에 있었는지를 판단하나요?

이 문제 역시 누군가에게 불측의 피해가 발생하는지를 고민해보면 답을 찾을 수 있습니다.

현장사례1 가압류가 선순위인 경우

1. 갑: 가압류

2. 을: 근저당권

3. 갑: 강제경매

위와 같은 권리관계라면 앞에서 준 질문의 답과 다르지 않습니다. 갑의 가압류가 본압류로 이행되어 진행되는 강제경매이므로, 가압류의 효력이 발생한 때를 기준으로 판단해야 하고, 그 가압류와 본압류 사이에 저당권이 설정되었다고 하더라도 달리 볼 것은 아닙니다.

현장사례2 근저당이 선순위인 경우

1. 갑: 근저당권
2. 을: 가압류
3. 을: 강제경매

이 사례에서는 비록 을의 가압류가 본압류로 이행되어 개시된 강제경매라도 그보다 먼저 저당권이 설정되었으므로, 을의 가압류 시점이 아니라 갑의 근저당권 설정 시점을 기준으로 판단해야 합니다. 만약 가압류 시점을 기준으로 법정지상권의 성립을 판단한다면, 저당권자로서는 그 토지의 담보가치를 저당권 설정 당시를 기준으로 평가했음에도 이후에 토지나 지상 건물의 소유자가 변경된 외부의 우연한 사정으로 인해 예상치 못한 손해를 입게 되기 때문입니다.

강제경매의 목적이 된 토지 또는 그 지상건물에 관하여 강제경매를 위한 압류나 그 압류에 선행한 가압류가 있기 이전에 저당권이 설정되어 있다가 그 후 강제경매로 인해 그 저당권이 소멸하는 경우에는, 그 저당권 설정 이후의 특정 시점을 기준으로 토지와 그 지상 건물이 동일인의 소유에 속하였는지에 따라 관습상 법정지상권의 성립 여부를 판단하게 되면, 저당권자로서는 저당권 설정 당시를 기준으로 그 토지나 지상 건물의 담보가치를 평가하였음에도 저당권 설정 이후에 토지나 그 지상 건물의 소유자가 변경되었다는 외부의 우연한 사정으로 인하여 자신이 당초에 파악하고 있던 것보다 부당하게 높아지거나 떨어진 가치를 가진 담보를 취득하게 되는 예상하지 못한 이익을 얻거나 손해를 입게 되므로, 그 저당권 설정 당시를 기준으로 토지와 그 지상 건물이 동일인에게 속하였는지에 따라 관습상 법정지상권의 성립 여부를 판단하여야 한다.(대법원 2013. 4. 11. 선고 판결 [건물명도 등])

다수의 가압류가 집행된 경우 법정지상권

Q 가압류가 다수(예를 들어 2건) 집행된 토지의 경매사건에서 선행 가압류에 의해 강제경매가 개시되었다면, 그 가압류 시점을 기준으로 법정지상권을 판단해야 합니다. 하지만 만약 후행 가압류에 의해서 개시된 경매사건이라면, 판단의 기준이 되는 시점은 언제인가요?

이 질문의 권리관계를 정리해보죠.

1. 갑: 가압류
2. 을: 가압류
3. 을: 강제경매

이런 경우라면 을 가압류의 효력이 발생한 때를 기준으로 토지와 그 지상건물이 동일인에 속했는지에 따라 관습상 법정지상권의 성립 여부를 판단해야 합니다.

강제경매의 경우 경매개시결정에 따른 압류의 효력이 발생한 때를 기준으로 판단하는 것이 원칙이지만, 을의 가압류 시점으로 판단하는 이유는 그 가압류가 강제경매개시결정으로 인하여 본압류로 이행되어 가압류 집행이 본집행에 포섭됨으로써 당초부터 본집행이 있었던 것과 같은 효력이 있기 때문입니다.(대법원 2012. 10. 18. 선고 2010다52140 전원합의체 판결 [토지인도 등])

그렇다면 비록 을보다 먼저 갑이 가압류를 집행했더라도, 갑의 가압류가 본압류로 이행되지 않은 이상, 갑의 가압류는 관습상 법정지상권의 성립 여부를 판단할 때 기준이 될 수 없는 것입니다.

10

건물에 전세권 설정 후 토지 소유자 변경

전세권에 의한 법정지상권의 존속기간은?

Q 건물에 전세권이 설정된 후 토지 소유자가 변경되면, 전세권자를 위해 토지에 법정지상권이 성립되는 것으로 배웠습니다. 이렇게 성립된 법정지상권은 전세권자를 위한 것이므로, 전세권이 소멸되면 법정지상권도 소멸되나요?

전세권이 소멸되더라도 법정지상권은 소멸되지 않습니다.

민법 제305조(건물의 전세권과 법정지상권)
① 대지와 건물이 동일한 소유자에 속한 경우에 건물에 전세권을 설정한 때에는 그 대지소유권의 특별승계인은 전세권 설정자에 대하여 지상권을 설정한 것으로 본다. 그러나 지료는 당사자의 청구에 의하여 법원이 이를 정한다.

전세권에 의해 법정지상권이 성립되더라도, 전세권자가 법정지상권을 취득하는 것은 아닙니다. 법정지상권은 그 건물의 소유자인 전세권 설정자가 취득하는 것이므로, 전세권이 소멸됐다는 사정은 법정지상권의 존속 여부에 아무런 영향도 미치지 않습니다.

민법 제305조의 전세권에 의한 법정지상권, 민법 제366조의 저당물의 경매로 인한 법정지상권, 입목에 관한 법률 제6조의 입목을 위한 법정지상권, 가등기담보 등에 관한 법률 제10조의 담보가등기에 의한 법정지상권, 관습상 법정지상권 모두 법정지상권이 성립하는 과정에 차이가 있을 뿐이고, 그 요건이 충족되면 토지 소유자는 건물 소유자에 대하여 "지상권을 설정한 것으로 본다"고 규정하고 있습니다. 따라서 그 법률적 근거가 무엇이든 일단 법정지상권이 성립하면 그 존속기간에 대해서는 지상권을 등기한 것과 다름없이 민법 제281조 제1항에 의하여 민법 제280조 제1항 각호에 규정된 기간으로 보아야 할 것입니다.

민법 제280조(존속기간을 약정한 지상권)

① 계약으로 지상권의 존속기간을 정하는 경우에는 그 기간은 다음 연한보다 단축하지 못한다.

1. 석조, 석회조, 연와조 또는 이와 유사한 견고한 건물이나 수목의 소유를 목적으로 하는 때에는 30년
2. 전호 이 외의 건물의 소유를 목적으로 하는 때에는 15년
3. 건물 이 외의 공작물의 소유를 목적으로 하는 때에는 5년

민법 제281조(존속기간을 약정하지 아니한 지상권)

① 계약으로 지상권의 존속기간을 정하지 아니한 때에는 그 기간은 전조의 최단 존속기간으로 한다.

11

경기도 가평군 토지 입찰

토지지분과 건물 전부가 매매된 경우 법정지상권은?

Q 경기도 가평군의 토지 경매사건입니다.

김○○이라는 사람이 1필지의 토지와 그 지상의 건물을 소유하던 중, 토지의 1/2 지분과 건물 전부를 이○○이라는 사람에게 매도했더군요. 이제 김○○은 토지의 1/2 지분만 가지게 된 것이지요. 이번 경매사건에 나온 것은 바로 김○○이 가진 그 토지 1/2 지분입니다. 이 경우에 법정지상권이 성립하는지요?

일단 김○○의 1/2 지분을 매각하는 경매절차의 매각으로는 법정지상권이 성립하지 않습니다. 법정지상권은 동일인의 소유에 속하던 토지와 건물이 서로 다른 소유자에게 속하게 될 때 성립하는 것입니다. 그런데 경매시점에는 이미 매각대상 토지(토지의 1/2 지분)는 김○○의 소유이고, 건물은 이○○의 소유이기 때문에 법정지상권은 따져볼 필요도 없는 것입니다.

다만, 이미 법정지상권이 성립한 토지를 매수할 경우에는 매수시점에 새로 법정지상권의 성립 여부를 판단하는 것이 아니라, 이미 성립한 법정지상권의 부담을 고스란히 승계합니다.

따라서 김씨가 가진 토지의 1/2 지분과 건물 전부를 이씨에게 매도하는 과정에서, 이미 관습법상의 법정지상권이 성립했는지를 별도로 살펴볼 필요가 있습니다. 그런데 이런 경우는 법정지상권이 성립한 것으로 보는 것이 맞을 것 같습니다(워낙 상식적으로 이해할 수 없는 거래형태라서 딱 맞는 판례를 찾지는 못했습니다).

토지의 지분이 매매(경매)되는 경우 특별한 사정이 없다면 법정지상권은 성립하지 않습니다. 왜냐하면 토지 지분 매각으로 법정지상권이 성립되는 것으로 본다면, 이는 토지 공유자의 1인으로 하여금 자신의 지분을 제외한 다른 공유자의 지분에 대하여서까지 지상권 설정의 처분행위를 허용하는 셈이 되어 부당(대법원 2014. 9. 4. 선고 2011다73038,73045 판결 [건물 등 철거 · 건물철거 등])하기 때문입니다.

그런데 질문의 사례는 위 판례에서 '다른 공유자'가 곧 건물 소유자 이○○입니다. 즉, 김○○의 지분뿐만 아니라 이○○의 지분을 포함한 토지 전체에 법정지상권을 인정하더라도, 그로써 이익을 얻는 건물의 소유자 또한 이○○이므로 토지의 다른 공유자 이○○에게 불측의 피해가 발생한다고 볼 수는 없기 때문입니다(다시 말씀드리지만 딱 맞는 판례는 찾지 못했습니다).

그럼, 이제 실무적인 판단을 해보겠습니다.

일반적으로, 토지와 건물 전부가 동일 소유자에 속해 있는데, 이 중 건물 전부와 토지 1/2 지분만을 매매하는 것은 상식적으로 이해하기 어려운 거래형태입니다(물론 법률적으로 불가능한 것은 아닙니다). 매수자 이○○의 입장에서도 매수하는 건물이 일부 타인의 토지 위에 있는 셈이 되는데, 이에 대한 해결방안 없이 매수를 결정하지는 않을 것이기 때문입니다.

그렇다면 2가지 경우를 생각해볼 수 있습니다.

하나는 (가능성이 커 보이지는 않지만) A와 B가 매매과정에서 건물을 철거하기로 약정한 경우입니다. 즉, 건물은 너무 낡아 사용가치가 없고, 두 사람이 토지를 절반씩 소유하기 위해 매매한 경우로서, 이러한 경우는 (관습법상의 법정지상권은 특약으로 배제가 가능하므로) 법정지상권이 성립하지 않고, 이후 경매사건에서 김○○의 지분만을 매수한 낙찰자 또한 법정지상권의 부담을 인수하지 않습니다.

또 하나는 구분소유적 공유관계를 의심해볼 필요가 있습니다. 가령,

- 1,000평의 토지와 그 지상의 30평 건물을 소유하고 있는 김○○이
- 건물 전부와 함께 그 건물의 유지 및 사용에 필요한 물리적 범위의 500평 지분을 이○○에게 매도하면서
- 나머지 500평은 자기(김○○)가 사용하기로 약정한 경우입니다.

이런 취지의 공유라면 비록 토지 등기상에 그 소유관계가 공유로 표시되었다고 하더라도, 김○○이 사용하기로 한 토지는 김씨가 단독으로 소유하고 있는 것으로, 이○○이 사용하기로 한 토지는 이씨가 단독으로 소유하고 있는 것으로 보아 구분소유적 공유라고 합니다.

만약 질문에서 두 사람의 공유관계가 위 추정과 같이 구분소유적 공유관계라면, 현재 진행되고 있는 토지경매는 지분경매가 아니라, 김○○의 지분에 해당하는 (지상에 건물이 없는) 토지를 한 필지의 토지로 보고

그 전부를 매각하는 경매사건으로 보아야 합니다. 물론 법원 기록상으로는 지분매각으로 표시되겠지만, 낙찰 후 법정지상권의 문제를 다툴 경우 법률적 효력에서는 지분매각이 아닙니다.

따라서 질문의 경매사건은 현장을 방문하여 그 토지가 울타리 등으로 (물리적으로) 분리되어 있는지 확인하고, 이○○을 만나 자초지종을 물어 법정지상권 배제특약이 있었는지, 두 사람이 위치와 면적을 특정하여 구분소유하기로 하고 등기한 것인지 확인하여 판단하는 것이 좋습니다.

12

강원도 강릉시 토지 낙찰자

법정지상권자가 땅주인 동의 없이 증축할 수 있나요?

Q 몇 년 전 강원도 강릉시의 법정지상권이 성립하는 토지를 경매로 낙찰받았습니다. 법정지상권이 성립할 것을 알고 있었지만, 수차례 유찰을 거듭해 저렴하게 취득하였고, 현재까지 합의에 따라 지료를 받고 있습니다.

그런데 얼마 전 해당 토지에 가보니 건물 소유자가 제 동의 없이 건물을 증축했더군요. 법정지상권이 성립하는 경우, 건물 소유자가 땅주인의 동의 없이 건물을 증축할 수 있는 것인지요?

법정지상권이 성립된 토지에 대해서는 법정지상권자가 건물의 유지 및 사용에 필요한 범위를 벗어나지 않은 한 그 토지를 자유로이 사용할 수 있습니다. 지상건물이 법정지상권이 성립한 이후에 증축되었다 하더라도, 그 건물이 법정지상권이 성립하여 법정지상권자에게 점유 · 사용할 권한이 있는 토지 위에 있는 이상 이를 철거할 의무는 없습니다.(대법원 1995. 7. 28. 선고 95다9075,9082(반소) 판결 [소유권이전등기,건물철거 등] 참고)

13

경기도 이천시 토지 입찰

토지와 건물에 공동저당권 설정, 법정지상권은?

Q 경기도 이천시의 토지 경매사건입니다. 갑 소유의 토지와 건물에 을이 공동으로 저당권을 설정했더군요. 그 후 병이 토지에만 저당권을 설정했는데요.

갑이 채무를 변제하지 않자 병이 토지 저당권에 기한 경매를 신청해 토지만 매각을 진행합니다. 이런 경우도 토지를 낙찰받으면 법정지상권이 성립하는지요? 경매의 원인이 된 병의 저당권을 기준으로 생각하면, 저당권 설정 당시 토지와 건물이 있었고, 소유자도 동일인이었으므로 법정지상권이 성립할 것 같은데요.

토지와 건물에 공동으로 저당권을 설정한 것을 보면, 을은 나중에 발생할 수도 있는 법정지상권의 부담을 스스로 용인한 바가 없다고 봐야 할 텐데요. 만약 이런 경우까지 법정지상권이 인정된다면 을이 선의의 피해를 볼 수도 있지 않을까요?

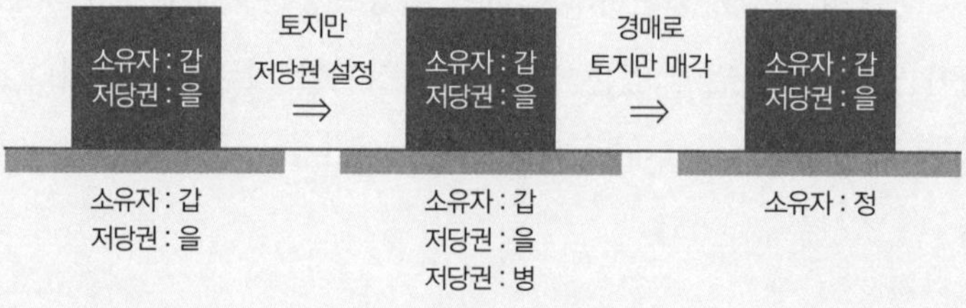

민법 제366조의 법정지상권은 저당권 설정 당시에 동일인의 소유에 속하는 토지와 건물이 경매로 각기 다른 사람의 소유가 되었을 때 건물의 소유를 위하여 인정됩니다. 이때의 저당권은 토지 또는 건물에 단독으로 설정된 저당권만을 의미한다고 볼 근거는 없습니다.

다시 말해 공동저당권이라고 하더라도 그 설정 당시 토지와 건물이 있었고 또한 동일인이 소유했다면, 그중 하나에 대해서만 경매가 실행되어 소유자가 달라진 경우에도 법정지상권은 성립합니다.(대법원 2013. 3. 14. 선고 2012다108634 판결 [건물철거 등] 참고)

한편 공동 저당권자 을에게 불측의 피해가 발생하므로 법정지상권은 허용될 수 없다는 주장도 있습니다. 하지만 우리 판례는 법정지상권이 성립함으로써 감소된 토지의 가치는 (그 법정지상권의 성립으로 인해 건물을 철거하지 않아도 되므로) 건물의 가치에서 되찾을 수 있으므로 을에게 불측의 피해가 발생하지 않는다는 입장입니다.

> 동일인의 소유에 속하는 토지 및 그 지상 건물에 관하여 공동저당권이 설정된 경우에는, 처음부터 지상 건물로 인하여 토지의 이용이 제한받는 것을 용인하고 토지에 대하여만 저당권을 설정하여 법정지상권의 가치만큼 감소된 토지의 교환가치를 담보로 취득한 경우와는 달리, 공동저당권자는 토지 및 건물 각각의 교환가치 전부를 담보로 취득한 것으로서, **저당권의 목적이 된 건물이 그대로 존속하는 이상은 건물을 위한 법정지상권이 성립해도 그로 인하여 토지의 교환가치에서 제외된 법정지상권의 가액 상당 가치는 법정지상권이 성립하는 건물의 교환가치에서 되찾을 수 있어** 궁극적으로 토지에 관하여 아무런 제한이 없는 나대지로서의 교환가치 전체를 실현시킬 수 있다.(대법원 2003. 12. 18. 선고 98다43601 전원합의체 판결 [건물철거 등])

14

충청남도 당진시 토지 입찰

상속된 토지와 건물의 법정지상권은?

Q 충남 당진시의 630평 정도 되는 토지 경매사건에 입찰하려고 합니다. 지목은 전입니다. 제가 권리분석을 해본 결과, 이 토지를 낙찰받으면 법정지상권이 성립할 것 같습니다. 낙찰을 받은 후에 지료를 청구할 계획인데, 이 사건과 같은 공유물분할경매는 일반경매와 같은 것이 맞는지요?

민법(제268조 제1항)은 "공유자는 공유물의 분할을 청구할 수 있다"라고 규정하고 있고, 민사집행법은 "유치권에 의한 경매와 민법 · 상법, 그 밖의 법률이 규정하는 바에 따른 경매는 담보권 실행을 위한 경매의 예에 따라 실시한다"(제274조 제1항)라고 규정하고 있습니다. 즉, 공유물분할경매는 민사집행법 제274조 제1항의 '민법이 규정하는 바에 따른 경매'로서 담보권 실행을 위한 경매와 다를 바가 없습니다.

한편, 민사집행법 제268조는 "부동산을 목적으로 하는 담보권 실행을 위한 경매절차에는 제79조 내지 제162조의 규정을 준용한다"라고 규정하고 있는데, 이들 규정은 강제경매의 절차에 관한 규정입니다.

결국 강제경매와 담보권 실행을 위한 경매와 공유물 분할을 위한 경

충청남도 당진시 토지의 법정지상권

2018타경 2818[2] 서산지원 2계 전화 : (041)660-0692

관련물건번호 [1] [2] [3] [4]

소재지	충남 당진시 우두동 [redacted]				
경매구분	기일입찰	채권자	최[redacted]	매각기일	2018-12-11 (10:00) [22 일전]
용도	전	채무/소유자	/박[redacted]외5	접수일	2018-04-02
감정가	473,270,000	청구액	0	경매개시일	2018-04-13
최저가	162,331,000 (34%)	토지총면적	2,079 ㎡ (628.9평)	배당종기일	2018-07-06
입찰보증금	10% (16,233,100)	건물총면적	0 ㎡ (0평)	조회수	금일1 공고후11 누적13

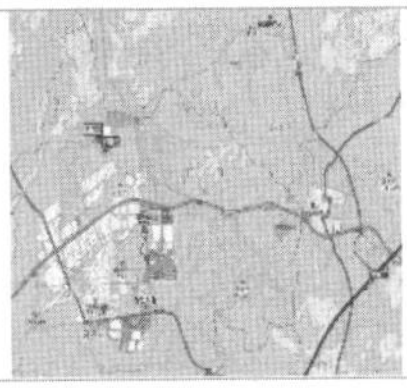

구분	입찰기일	매각금액	결과
4차	2018-12-11	162,331,000	진행
3차	2018-11-06	231,902,000	유찰
2차	2018-10-02	331,289,000	유찰
1차	2018-08-21	473,270,000	유찰

임차조사

임차인	전입일	확정/배당요구	보증금/월세	용도/점유	비고
정[redacted]	2015-05-04			주거	
기타참고	▶205-3 *목록2.지상 주택 및 목록4.지상 건물에 대한 각 상가건물 임대차 현황 및 전입세대 열람 결과 목록2.지상 주택에 정[redacted]이 전입되어 있어 임차인으로 조사함. 주민등록전입을 근거로 임차인으로 등록함.				

등기권리

구분	권리명	접수일	권리자	금액	기타	소멸
토지	소유	2014-01-16	박[redacted]외5		전소유자:최[redacted]	
	임의	2018-04-13	최[redacted]	청구금액: 0	말소기준권리 2018타경2818	소멸
참고사항	·입찰외 ·법정지상권 ·농취증					

상속된 토지의 경매사건

매는 특별매각조건으로 그 조건을 따로 정하지 않는 한, 절차가 같다고 보면 됩니다.

Q 연이어 질문 드립니다. 이 충남 당진시의 토지는 등기상 설정되어 있는 권리가 전혀 없습니다. 이런 경우 말소기준권리는 무엇이고, 임차인의 대항력은 어떻게 판단할까요?

경매개시결정등기가 말소기준권리입니다. 다만, 주택임차인의 대항력은 주택(건물)을 기준으로 판단합니다. 즉, 토지 등기상의 권리관계로 판단하는 것이 아니므로, 임차인이 토지 등기상 최선순위설정권리(말소기준권리)보다 후순위로 전입신고를 했다고 하더라도 그 자체로 대항력이 소멸한다고 볼 수 없습니다.

그뿐만 아니라 설령 임차인에게 대항력이 없다고 하더라도, 그 부동산의 인도청구권은 토지 소유자에게 있는 것이 아니라 건물 소유자에게 있습니다. 그러므로 이 경매사건에서 토지만을 취득한 낙찰자는 그 지상 주택의 임차인에게 주택의 인도를 청구할 수 없습니다.

> 경락에 의하여 건물의 소유자와 그 토지의 소유자가 달라지게 되어 경매 당시의 건물의 소유자가 그 건물의 이용을 위한 법정지상권을 취득한 경우, 토지 소유자는 건물을 점유하는 자에 대하여 그 건물로부터의 퇴거를 구할 수 없다.(대법원 1997. 9. 26. 선고 97다10314 판결 [건물명도])

Q 그렇다면 향후(2년 후) 법정지상권을 소멸시키거나 건물 소유자와 협의하여 건물을 철거한다면 임차인과는 무관한가요?

법정지상권이 성립하는 토지의 소유자가 법정지상권을 소멸시킬 수 있는 방법은 없습니다. 다만, 건물 소유자가 2기분의 지료를 지급하지 않는 등 의무를 다하지 않는다면, 토지 소유자는 건물 소유자를 상대로 법정지상권의 소멸에 따른 건물의 철거를 청구할 수 있습니다. 이러한 경우는 그 건물에 대항력 있는 임차인이 있다고 하더라도 철거에 장애가 되지는 않습니다.

그러나 법정지상권의 소멸로 토지 소유자가 철거를 청구하는 경우와 달리, 건물 소유자와 협의하여 건물을 철거하는 경우는 당연히 임차인의 동의가 있어야 합니다.

부동산에 관한 법률행위로 인한 물권의 득실 변경은 등기를 해야 그 효력이 생깁니다.(민법 제186조) 그러나 상속은 법률행위가 아닙니다.

상속, 공용징수, 판결, 경매, 기타 법률의 규정에 의한 부동산에 관한 물권의 취득은 등기가 필요하지 않으므로 상속개시(피상속인의 사망)와 동시에 물권변동의 효력이 발생하고, 다만 등기를 하지 않으면 이를 처분하지 못합니다.(민법 제187조) 따라서 이론적으로는 토지와 그 지상 건물의 소유자가 달라진 원인이 상속이라면 상속시점에 법정지상권이 성립합니다.

그러나 협의상속이 아닌 이상 상속으로 법정지상권이 성립하지는 않습니다. 왜냐하면 법정지상권은 동일인의 소유에 속하던 토지와 그 지상건물이 다른 소유자에 속하게 되는 경우에 발생합니다. 가령 아버지의 소유이던 토지와 건물이 3인의 자녀에게 상속된다면, 토지와 건물 모두 자녀 3명에게 각 1/3씩 상속되기 때문에 해당되지 않습니다.

한편 형제가 상속에 관한 협의(협의상속)를 통하여 토지는 형이, 건물은 동생이 소유한다면, 동일인(아버지)의 소유에 속하던 토지와 그 지상 건물이 다른 소유자(토지는 형, 건물은 동생)에 속한 경우가 되므로 법정지상권이 성립할 수 있습니다.

그러나 법정상속과 달리 협의상속은 법률행위이므로, 민법 제186조에 따라 협의상속의 효력은 당사자(형제) 간의 협의만으로 되지 않고 그 취지를 등기해야 발생합니다.

이 충남 당진시 토지 경매사건의 경우 토지등기사항전부증명서를 보니 협의상속이 아닌 법정상속이 이뤄졌습니다. 그렇다면 현재 법정지상권이 성립해 있다고 볼 수는 없고, 토지를 낙찰받아 잔금을 지급하는 순간 새롭게 법정지상권이 성립한다고 보아야 할 것 같습니다.

15

월세 상가건물 입찰

법정지상권 있는 건물, 법정지상권도 승계되나요?

Q 월세를 받는 상가투자를 하고 싶어, 요즘 건물만 매각하는 경매사건을 관심 있게 보고 있습니다.

문의드릴 경매사건의 경우, 건물과 토지가 동일인의 소유였으나 3년 전 토지만 타인에게 팔렸더군요. 매매 당시 토지와 건물의 등기상 소유권 외의 어떤 권리도 설정되어 있지 않았습니다. 그렇다면 관습상 법정지상권이 성립했다고 볼 수 있을 텐데요.

이 건물을 낙찰받는다면, 낙찰자는 그 법정지상권을 승계하는지요? 즉 건물을 철거하지 않아도 되는지요?

법정지상권은 건물의 소유를 위한 물권으로서 일단 성립한 후로는 토지 또는 건물의 소유권이 이전되더라도 유효합니다. 따라서 이미 법정지상권이 성립했다면, 건물을 낙찰받은 사람은 법정지상권도 함께 취득하게 되므로 건물을 철거하지 않아도 됩니다.

건물만 매각하는 경매사건에서 주의할 점

그러나 이처럼 건물만을 취득하는 경우는 사실상 입찰 전에 확인이 불가능하므로 위험할 수 있습니다. 관습상 법정지상권은 매매 당사자가 합의하여 배제한다면 성립하지 않는데, 당사자 간의 특약은 제3자가 알 수 없으므로 사실상 입찰 전에 확인할 수 있는 방법이 없습니다.

또, 법정지상권이 성립한 경우라도 건물 소유자가 지료를 지급하지 않는 등 의무를 이행하지 않을 경우 토지 소유자는 법정지상권의 소멸을 청구할 수 있고, 그 청구가 건물 소유자에게 도달했다면 법정지상권은 소멸됩니다.

확인이 불가능한 위험은 또 있습니다. 법정지상권이 성립한 후 토지 소유자와 건물 소유자가 협의로 지료를 정하고 법정지상권을 등기하는 것이, 건물 소유자 입장에서 자기의 법정지상권을 지키는 가장 견고한 방법입니다.

그러나 실무적으로는 법정지상권을 등기하는 대신 토지에 대한 임대차계약을 체결하는 경우가 많고, 이와 같이 건물의 소유를 위하여 법정지상권이 성립한 토지에 대한 임대차계약을 체결하고 그 임차권을 취득하면, 그날로 건물 소유자가 관습상의 법정지상권은 포기한 것으로 봅니다.(대법원 1979. 6. 5. 선고 79다572 판결 [건물철거] 참고)

이에 관하여 건물 소유자가 법정지상권을 포기한 것으로 보더라도 "건물의 소유를 목적으로 한 토지임대차는 이를 등기하지 아니한 경우에도 임차인이 그 지상건물을 등기한 때에는 제3자에 대하여 임대차의 효력이 생긴다"라는 민법 제622조의 규정에 따른 차지권으로 건물을 철거하지 않아도 된다는 주장이 있습니다.

하지만 이는 임차인(건물소유자) 입장에서 토지 소유자가 바뀌더라도 자기의 임대차를 계속하여 주장할 수 있다는 의미일 뿐, 토지 소유자의 동의 없이 채권에 불과한 임차권을 타인에게 양도할 수는 없으며, 경매로 그 건물을 취득한 낙찰자에게 그 임차권이 당연히 승계된다고 볼 수도 없습니다.

16

건물이 있는 토지 입찰

법정지상권 없는 토지 취득 후, 건물을 경매신청할 수 있나요?

Q 지상에 건물이 있는데, 그 토지만을 매각하는 경매사건에 입찰하려 합니다.

그런데 2007년 토지에 저당권이 설정될 당시에는 건물이 없었더군요. 이 경우 토지를 낙찰받더라도 법정지상권이 성립하지 않을 것 같은데요. 토지 낙찰 후 건물 소유자를 상대로 건물철거 및 손해배상을 청구해 건물에 대한 경매를 신청할 계획입니다. 이런 경우 주의점은 무엇인지요? 즉 토지 낙찰 후 건물을 경매하지 못할 수도 있나요?

법정지상권이 성립하지 않는다면, 토지 소유자는 건물 소유자를 상대로 당연히 건물철거 및 손해배상(또는 부당이득반환)을 청구할 수 있습니다. 이때 건물 소유자가 임의로 그 청구에 따르지 않을 경우, 토지 소유자는 소송을 통해 청구권을 확정할 수 있습니다.

그런데 만약 건물 소유자가 판결에 따른 손해배상을 스스로 이행한다면, 토지 소유자는 그 건물에 대한 경매를 신청할 수 없고, 오로지 철거를 집행할 수 있을 뿐입니다. 경매는 금전채권을 권원으로 신청할 수 있는데, 건물 소유자가 금전채무를 이행하면 경매를 신청할 권원이 없는 것이기 때문입니다. 또한 그 건물이 불법건축물이라면 경매신청이 어려울 수 있습니다. 민사집행법은 등기되지 않은 건물에 대한 경매신청도 허용하지만(제81조 제1항 제2호), 건축허가 또는 건축신고를 증명할 서류를 첨부해야 한다고 규정함으로써, 적법하게 건축허가나 건축신고를 마친 건물이 사용승인을 받지 못한 경우에 한해 부동산 집행을 위한 보존등기를 할 수 있도록 했습니다. 따라서 건축허가나 신고 없이 건축된 미등기 건물에 대해서는 경매를 신청할 수 없다고 봐야 합니다.(대법원 2013. 9. 13. 선고 2011다69190 판결 [공유물분할] 참고)

민사집행법 제81조(첨부서류)

① 강제경매신청서에는 집행력 있는 정본 외에 다음 각호 가운데 어느 하나에 해당하는 서류를 붙여야 한다.〈개정 2011. 4. 12.〉

1. 채무자의 소유로 등기된 부동산에 대하여는 등기사항증명서
2. 채무자의 소유로 등기되지 아니한 부동산에 대하여는 즉시 채무자명의로 등기할 수 있다는 것을 증명할 서류. 다만, **그 부동산이 등기되지 아니한 건물인 경우에는** 그 건물이 채무자의 소유임을 증명할 서류, 그 건물의 지번 · 구조 · 면적을 증명할 서류 및 **그 건물에 관한 건축허가 또는 건축신고를 증명할 서류**

② 채권자는 공적 장부를 주관하는 공공기관에 제1항 제2호 단서의 사항들을 증명하여줄 것을 청구할 수 있다.

③ 제1항 제2호 단서의 경우에 건물의 지번 · 구조 · 면적을 증명하지 못한 때에는, 채권자는 경매신청과 동시에 그 조사를 집행법원에 신청할 수 있다.

④ 제3항의 경우에 법원은 집행관에게 그 조사를 하게 하여야 한다.

⑤ 강제관리를 하기 위하여 이미 부동산을 압류한 경우에 그 집행기록에 제1항 각호 가운데 어느 하나에 해당하는 서류가 붙어 있으면 다시 그 서류를 붙이지 아니할 수 있다.

17

지역권에 관한 질문

승역지역권의 인수와 소멸은 어떻게 되나요?

Q 요역지•의 지역권은 선순위 근저당권이 존재할 경우 경매의 실행으로 낙찰가의 상승을 가져오기 때문에 후순위라도 낙찰자에게 인수된다고 알고 있습니다.

하지만 승역지• 토지의 경매 매각은 후순위인 지역권이 낙찰자에게 인수될 경우 낙찰가의 하락을 가져오기 때문에 선의의 제3자인 선순위 근저당권자를 보호하기 위해 승역지에 설정된 지역권은 말소된다고 하더군요.

이처럼 승역지의 지역권이 말소된다면 요역지의 토지 소유자는 이미 건축을 하고 살고 있을 텐데요. 대금을 지급하고 설정한 지역권이 경매로 사라짐으로써 자기의 토지는 맹지가 될 것이고, 건축물 또한 맹지에 건축한 건물이기에 철거 대상이 되지는 않을지요?

만일 철거 대상이 되지 않는다면 요역지 소유자는 어떻게 통행할 수 있을까요?

승역지의 낙찰자가 요역지 소유자의 통행 자체를 막을 수는 없습니다. 차량통행을 막을 수 있을 뿐이고, 따라서 건물을 신축하는 등 건축허가에 문제가 생길 수는 있어도 요역지 소유자가 이미 건축한 건물을 철거해야 하는 것도 아닙니다.

민사가 허락하지 않는 것은 '불측'의 피해입니다. '모든' 피해를 인정하지 않는 것은 아닙니다. 임차인이 전입신고와 점유를 하면 대항력을 취득합니다. 그러나 근저당권 설정 후에 대항력을 취득했다면 낙찰자에게 대항할 수 없습니다.

지상권은 원칙적으로 낙찰자에게 인수되는 본질을 가지고 있지만, 근저당권이 설정된 후에 지상권을 설정했다면 이 지상권은 낙찰자에게 인수되지 않습니다.

가처분등기도 소유권이전청구권가등기도 그 본질은 인수이지만, 근저당권 설정 후에 등기된 가처분과 가등기는 경매 매각으로 소멸합니다. 임차인, 지상권자, 가처분채권자, 가등기권자가 경매로 자기의 권리를 잃어버리는 것은 분명 손해겠지만, 불측의 피해는 아닙니다.

지역권도 마찬가지입니다. 요역지 소유자는 지역권을 설정할 당시에 승역지에 이미 근저당권이 설정되어 있는 것을 알았거나 알 수 있었습니다. 그럼에도 그 토지 위에 지역권을 설정했다면, 그로써 발생되는 손해는 불측의 피해가 아닙니다. 그 피해는 오롯이 자기의 몫입니다. 이런 경우까지 지역권을 인수시킨다면 오히려 근저당권자에게 피해가 발생하고, 그것이 불측의 피해일 것입니다.

• **요역지/승역지** 지역권은 일정한 목적을 위해서 남의 토지를 자기 토지의 편익에 이용할 수 있는 물권인데, 이때 일정한 편익을 요구하는 토지를 '요역지', 그 요구를 승낙한 토지를 '승역지'라고 한다. 예를 들어 A라는 토지가 지적도상 도로와 접하지 않은 맹지라서 B라는 땅을 지나는 것을 승낙받았을 때, A는 요역지, B는 승역지이다.

부동산 경매 실전사례 120

오늘부터 1일

8

PART

손해 안 보는 유치권 사례 7

7강 지역권/유치권(22분)

01

서울시 도봉구 상가 낙찰자

낙찰 후 유치권이 신고된 경우는?

Q 서울시 도봉구의 상가를 낙찰받은 직후에 유치권이 신고되었습니다. 어떻게 해야 하나요?

유치권의 신고내용으로 보아 성립할 여지가 없다면 경매절차에 영향을 미치지 않고, 어느 정도라도 성립할 여지가 있다면 법원은 매각을 불허한 후 유치권이 신고된 사정을 공고내용에 포함하여 다시 매각기일을 지정합니다.

이때 매각불허가는 최고가매수신고인의 귀책사유로 인한 것이 아니므로, 최고가매수신고인은 입찰보증금을 반환받을 수 있습니다.

부동산 임의경매절차에서 매수신고인이 당해 부동산에 관하여 유치권이 존재하지 않는 것으로 알고 매수신청을 하여 이미 최고가매수신고인으로 정하여졌음에도, 그 이후 매각결정기일까지 사이에 유치권의 신고가 있을 뿐만 아니라 그 유치권이 성립될 여지가 없음이 명백하지 아니한 경우, 집행법원으로서는 장차 매수신고인이 인수할 매각 부동산에 관한 권리의 부담이 현저히 증가하여 민사집행법 제121조 제6호가 규정하는 이의 사유가 발생된 것으로 보아 이해관계인의 이의 또는 직권으로 매각을 허가하지 아니하는 결정을 하는 것이 상당하다.(대법원 2007. 5. 15. 자 2007마128 결정 [부동산임의경매])

02

경기도 안양시 건물 낙찰자

매각허가결정 후 유치권 주장자가 나타났어요

Q 경기도 안양시의 작은 건물을 낙찰받고 매각허가가 결정됐습니다. 그 후 현장에 가보니 입찰 전에는 없었던 유치권자가 있습니다. 이 유치권자는 법원에 권리신고를 하지 않아 매각물건명세서상에도 표시되어 있지 않고, 현재까지 신고도 하지 않고 있습니다. 그러면서도 공사대금을 다 받기 전까지는 건물을 넘겨주지 않겠다고 하는데요. 어떻게 대처해야 할까요?

유치권의 성립은 권리신고와는 무관하고, 오로지 피담보채권의 견련성과 적법한 점유를 요건으로 성립합니다. 그러나 적법한 요건을 갖췄더라도, 경매개시결정 후 성립한 유치권은 그 경매사건의 낙찰자에게 대항할 수 없습니다. 즉, 유치권자가 경매개시결정 후에 점유를 개시했다면, 낙찰자는 피담보채권의 변제 없이 유치권자에게 부동산의 인도를 청구할 수 있습니다.

그런데 법원 기록상 유치권신고에 관한 내용이 없다면, 경매개시결정 직후 실시한 집행관의 현장조사에서도 유치권을 주장하는 자가 없었다는 의미입니다. 그래서 특별한 사정이 없는 한 그 점유는 경매개시결정 후에 개시되었다고 볼 수 있으므로, 낙찰자는 이를 근거로 유치권자를 상대로 인도명령 신청이나 명도소송을 제기할 수 있습니다.

또 다른 방법으로, 민사집행법 제121조 제6호는 매각허가에 대한 이의신청사유로서 "천재지변, 그 밖에 자기가 책임을 질 수 없는 사유로 부동산이 현저하게 훼손된 사실 또는 부동산에 관한 중대한 권리관계가 변동된 사실이 경매절차의 진행 중에 밝혀진 때"를 규정하고 있습니다.

또한 우리 판례는 위 규정에서 말하는 '부동산에 관한 중대한 권리관계의 변동'에 관하여 "부동산에 물리적 훼손이 없는 경우라도 유치권이 존재하지 않는 것으로 알고 매수신청을 하여 매각허가결정까지 받았으나, 그 이후 부동산에 관하여 유치권이 존재하는 사실이 새로 밝혀지는 경우와 같이 매각부동산의 부담이 현저히 증가하여 매수인이 인수할 권리가 중대하게 변동되는 경우"도 포함되는 것으로 판시하고 있습니다.(대법원 2005. 8. 8. 자 2005마643 결정 [매각허가취소] 참고)

따라서 아직 매각허가결정에 대한 즉시항고의 기한이 남아 있다면 즉시항고로, 항고기한이 지나 매각허가결정이 확정됐다면 매각허가결정에 대한 취소를 신청할 수 있습니다.

다만, 위 민사집행법 제121조 제6호는 이의신청에 관하여 "자기가 책임을 질 수 없는 사유"일 것과, "경매절차의 진행 중에 밝혀진 때"로 한정하고 있습니다. 그러므로 만약 낙찰자가 입찰 전에(그 부동산에 대한 매수를 희망하는 자로서 요구되는 통상의 주의로) 유치권을 주장하는 자가 있다는 것을 알 수 있었거나, 이미 잔금납부에 따른 배당까지 확정되어 경매절차가 종결됐다면, 위 규정을 근거로 매각허가결정에 대해 취소 신청을 해도 받아들여지지 않을 것입니다.

03

낙찰 후 하청 공사업자와 갈등

토목공사 하수급인이 유치권 주장 가능한가요?

Q 토지주(도급인)가 공사업자(수급인)에게 토목공사에 대한 견적을 받고 계약을 하면서 특약사항으로 유치권을 행사할 수 없다고 명시했습니다. 그 후 공사가 마무리되자 도급인인 토지주는 공사업자에게 대금을 모두 지불했습니다.

그런데 실제 수급인인 공사업자는 직접 공사를 하지 않고 다른 하수급인에게 하청을 주어 공사를 했습니다. 하지만 이 수급인은 토지주에게 공사대금을 받아서 하수급인에게 대금을 지불하지 않았습니다. 현재 하수급인이 토지를 점유하고 유치권을 주장하고 있습니다. 이 경우 도급인인 토지주와 하수급인인 하청 공사업자 사이에는 유치권 배제특약이 없으므로 유치권이 성립될 것으로 보입니다. 이런 경우 토지주가 하수급인의 유치권을 물리칠 수 있는 방법은 없는지 궁금합니다.

도급인과 하수급인 사이에는 유치권 배제에 대한 특약이 당연히 있을 수 없습니다. 유치권 배제 특약은 도급계약의 특약사항인데, 도급인과 하수급인 사이에는 도급계약이 없었기 때문에 배제 특약 또한 있을 수 없는 것입니다.

그러나 유치권 배제 특약이 없다는 사정만으로 유치권이 인정되는 것은 아닙니다. 도급인은 수급인에게 공사를 도급했을 뿐, 하수급인과는 어떠한 약정도 한 바가 없습니다. 그러므로 하수급인의 공사대금채권의 채무자는 도급인(토지 소유자)이 아닙니다.

따라서 하수급인의 공사대금채권은 해당 토지에 대한 유치권의 피담보채권이 될 수 없고, 도급인에게 대금의 지급을 청구할 수 있을 뿐입니다.

이와 관련하여, 하수급인이 공사 직후부터 채무자 또는 소유자의 승낙 없이 점유 · 사용하면서 유치권을 주장하는 경우는 독립한 유치권이 인정되지 않지만, 수급인으로부터 일부 공사를 하도급 받은 하수급인들이 수급인의 유치권을 원용하여 행사하는 것은 허용된다(대법원 2005. 8. 19. 선고 2004다8197, 8203 판결)는 판례가 있었습니다. 그래서 하수급인의 유치권이 인정되는 것으로 판단할 수도 있지만, 질문의 사례와 위 판례는 사안이 다릅니다.

판례는 도급인이 누구에게도 공사대금을 지급하지 않은 경우입니다. 반면 여기의 질문자는 도급인이 자기가 체결한 도급계약의 상대방인 수급인에게 공사대금을 지급했지만, 그 돈을 받은 공사업자인 수급인이 하수급인에게 지급하지 않은 것이 문제가 된 것이지요.

즉, 판례의 경우 도급인이 수급인에게 지급하기로 약정한 공사대금을 지급하지 않았으므로 수급인은 도급인의 토지를 목적물로 유치권을 행사할 수 있고, 그 유치권은 하수급인도 원용하여 행사할 수 있습니다. 반면 이 경우는 미지급 상태의 금전채권은 도급인과 수급인 사이의 공사대금채권이 아니라, 수급인과 하수급인 사이의 상행위로 인한 채권(상사채권)일 뿐이어서 민사유치권이 성립하지 않습니다.

그렇다면 상법의 규정에 의한 상사유치권이 성립할 수 있는지가 문제입니다. 그런데 상사유치권은 그 목적물이 채무자 소유의 물건으로 한정됩니다. 즉, 하수급인에 대한 채무자는 수급인이고, 토지는 도급인의 소유이므로 상사유치권 또한 성립하지 않습니다.

상법 제58조(상사유치권)
상인간의 상행위로 인한 채권이 변제기에 있는 때에는 채권자는 변제를 받을 때까지 그 채무자에 대한 상행위로 인하여 자기가 점유하고 있는 **채무자 소유의 물건 또는 유가증권**을 유치할 수 있다. 그러나 당사자 간에 다른 약정이 있으면 그러하지 아니하다.

04

유치권 성립시기 질문 1

공사대금 지급시기에 따른 유치권 성립은?

【사례1】 채무자 소유의 건물에 관하여 증 · 개축 등 공사를 도급받은 수급인 '갑'이 경매개시결정의 기입등기가 마치기 전에 채무자에게서 건물의 점유를 이전받았다 하더라도, 경매개시결정의 기입등기가 마쳐져 압류의 효력이 발생한 후에 공사를 완공하여 공사대금 채권을 취득함으로써 그때 비로소 유치권이 성립한 경우에는, 수급인은 유치권을 내세워 경매절차의 매수인에게 대항할 수 없다.

- 대법원 2011다50165 판결[건물인도]
- 대법원 2011다55214【유치권부존재확인】

【사례2】 만약 장기간 분양이나 임대가 되지 않고 있는 경우라면, 수급인은 공사를 완공한 이후 무한정 공사대금을 받지 못하는 일이 발생할 수 있다. 그런데 이에 대하여 공사대금 지급에 관한 판결은 아니나, 대법원은 '당사자가 불확정한 사실이 발생한 때를 이행기한으로 정한 경우에 있어서 그 사실이 발생한 때는 물론 그 사실의 발생이 불가능하게 된 때에도 이행기한은 도래한 것으로 보아야 하는 것이다'라고 판시하고 있다.

- 대법원 1989.06.27. 선고 88다카10579 판결

Q 【사례1】에서 수급인 갑은 "경매개시결정의 기입등기가 마쳐져 압류의 효력이 발생한 후에 공사를 완공하여 매수인에게 대항할 수 없다"라고 하여 유치권이 부인된 판례 같아 보입니다.

그렇다면 수급인 갑은 【사례2】의 판례를 인용하여 "경매개시결정의 기입등기가 마쳐져 압류의 효력이 발생"한 때를 "사실의 발생이 불가능하게 된 때에 이행기한이 도래한 것"으로 보고, 유치권 행사를 할 수 있다고 해석할 수는 없는지요?

이와 같은 질문을 드리는 이유는 만약에 【사례2】가 인용되지 않는다면, 예를 들어 2018년 1월 1월부터 그해 12월 31일까지 공사를 하기로 했을 때, 변제기가 12월 30일이기 때문에 도중인 8월 20일에 도급인에게 부도가 발생했음에도 수급인은 유치권을 행사할 수 없는 문제가 있기 때문입니다.

유치권은 타인의 물건과 견련성이 있는 채권을 담보하기 위해 그 물건을 점유함으로써 성립하는데, 채권이 변제기에 있는 경우에 비로소 성립합니다. 즉, 공사대금을 지급하기로 약정한 때(변제기)가 아직 도래하지 않았다면 성립하지 않습니다.

민법 제320조(유치권의 내용)

① 타인의 물건 또는 유가증권을 점유한 자는 그 물건이나 유가증권에 관하여 생긴 채권이 **변제기에 있는 경우에는** 변제를 받을 때까지 그 물건 또는 유가증권을 유치할 권리가 있다.

② 전항의 규정은 그 점유가 불법행위로 인한 경우에 적용하지 아니한다.

한편, 채무자 소유의 부동산에 경매개시결정의 기입등기가 마쳐져 압류의 효력이 발생한 후에 유치권을 취득했다면 그로써 부동산에 관한 경매절차의 매수인에게 대항할 수 없습니다.

그러므로 건물공사업자가 공사를 진행하던 중에 그 부동산에 대한 경매가 개시된 경우라도 도급인과 수급인이 공사대금을 지급하기로 약정한 때(변제기)가 도래하지 않았다면 유치권은 성립할 수 없고, 이후 변제기가 도래하여 유치권이 성립하더라도 경매개시결정에 따른 압류의 효력이 발생한 후에 성립한 것이므로 유치권자는 낙찰자에게 대항할 수 없습니다.

이에 관해 사례 2의 88다카10579 판결은 사안이 달라 원용할 수 없습니다.

> 당사자가 **불확정한 사실이 발생한 때를 이행기한으로 정한 경우**에 있어서 그 사실이 발생한 때는 물론 그 사실의 발생이 불가능하게 된 때에도 이행기한은 도래한 것으로 보아야 한다.(대법원 1989. 6. 27. 선고 88다카10579 판결 [분양대금])

이 판례는 이행기한(변제기)을 객관적으로 명확한 시점이 아닌 불확정한 사실이 발생한 때로 정한 경우의 판례입니다.

이 판례의 취지에 맞는 예로 유치권에 관하여 설명하면, 가령 상가건물 신축공사의 도급인과 수급인이 연월일을 특정하지 않고, 신축공사가 완공된 후 **분양이 완료된 때**에 공사대금을 지급하기로 약정했다고 합시다. 그런데 그 상가건물이 과연 분양될 수 있을지, 분양이 완료된다고 하더라도 그 시점이 언제일지 특정할 수 없습니다. 그러므로 '분양이 완료된 때'는 위 판례의 '불확정한 사실이 발생한 때'로 볼 수 있습니다.

그렇다면 분양이 완료된 때(그 사실이 발생한 때)는 물론이고, 그 건물이 재해로 멸실되거나 경매로 매각되는 등과 같이 더 이상 분양이 완료될 것을 기대할 수 없게 된 때(그 사실의 발생이 불가능하게 된 때)에도 이행기한이 도래한 것으로 봐야 한다는 것이 이 판결의 취지입니다. 따라서 그 상가건물을 분양하던 중에 경매가 개시됐다면 공사대금채권은 변제기에 있는 채권으로서, 수급인은 유치권으로 낙찰자에게 대항할 수 있을 것입니다.

그러나 질문의 사례와 같이 변제기를 2018년 12월 30일로 특정한 경우는 불확정한 사실이 발생한 때를 변제기로 정한 경우에 해당하지 않으므로, 위 판례를 원용하는 것은 적절하지 않습니다.

05

유치권 성립시기 질문 2

근저당권 설정 후 성립된 유치권, 낙찰자에게 대항 가능한가요?

Q 경매개시결정 후에 성립한 유치권은 경매 목적물의 교환가치를 감소시킬 우려가 있어서 압류의 처분금지에 저촉되므로, 유치권자는 낙찰자에게 대항할 수 없다고 들었습니다.

그렇다면 근저당권이 설정된 후에 성립한 유치권은 어떤가요? 그 근저당권자가 경매를 신청하여 진행될 경우, 그 경매물건의 교환가치를 감소시킬 수 있으므로 역시 부정되어야 하는 것은 아닌지요? 이런 경우 유치권이 인정된다면 근저당권자가 불측의 피해를 볼 수도 있지 않나요?

유치권은 타인의 물건 또는 유가증권을 점유한 자가 그 물건이나 유가증권에 관하여 생긴 채권을 가지는 경우에 법률상 당연히 성립하는 법정담보물권입니다. 따라서 어떤 부동산에 이미 저당권과 같은 담보권이 설정되어 있는 상태에서도 유치권이 성립될 수 있습니다.

한편 민사집행법은 경매절차에서 지상권 · 지역권 · 전세권 및 등기된 임차권은 저당권 설정 후에 성립한 것은 매각으로 소멸된다고 규정하면서도(제91조 제3항), 유독 유치권에 관해서는 저당권 설정과의 선후에 대한 언급 없이 “매수인은 유치권자에게 그 유치권으로 담보하는 채권을 변제할 책임이 있다"(제91조 제5항)라고 규정하고 있습니다.

따라서 유치권자는 저당권 설정 후에 유치권을 취득한 경우에도 경매절차의 매수인에게 유치권을 행사할 수 있다고 볼 수 있습니다. 그런데 이는 유치권의 피담보채권을 그 물건에 관하여 생긴 채권이라는 특수한 성격을 고려하여, 공평의 원칙상 그 피담보채권을 우선적으로 만족시켜주려는 것입니다.

즉, 유치권자가 리모델링 공사 등으로 그 부동산의 객관적인 가치를 증가시킨 경우, 그 증가된 가치는 선순위 채권자가 저당권을 설정할 당시에는 없었던 것이지요. 그래서 유치권자에게 우선적인 기회를 주더라도 선순위 저당권자가 불측의 피해를 본다고 할 수는 없겠지요. 이것이 저당권 설정과의 선후에 관계없이 유치권을 인정하는 법리라 할 수 있습니다.

그러나 이미 경매절차가 개시되어 진행 중인 상태에서 유치권을 취득한 경우에도 제한 없이 유치권의 행사를 허용하면 어떻게 될까요?

경매절차에 대한 신뢰와 절차적 안정성이 크게 위협받게 되어, 경매 목적 부동산을 신속하고 적정하게 환가하기가 매우 어렵고, 경매절차의 이해관계인에게 예상하지 못한 손해를 줄 수도 있을 것입니다. 그러한 경우까지 압류 채권자를 비롯하여 다른 이해관계인들이 희생하며 유치권자를 우선 보호하는 것은 집행절차의 법적 안정성이라는 측면에서 받아들일 수 없습니다.(대법원 2014. 3. 20. 선고 2009다60336 전원합의체 판결 [유치권부존재확인] 참고)

결국 경매개시결정등기 후에 성립한 유치권은 민사집행법 제92조

제1항, 제83조 제4항에 따른 압류의 <u>처분금지효에 저촉되므로,</u> 점유자로서는 그 유치권으로 해당 부동산의 매수인에게 대항할 수 없습니다. 하지만 이러한 법리는 경매로 인한 압류의 효력이 발생하기 전에 유치권을 취득한 경우에는 적용되지 않으며, <u>저당권은 그 설정만으로 처분금지의 효력이 발생하는 것은 아니므로</u> 유치권 취득시기가 근저당권 설정 후라거나 유치권 취득 전에 설정된 근저당권으로 경매절차가 개시되었다고 해도 마찬가지입니다.

민사집행법 제91조(인수주의와 잉여주의의 선택 등)
① 압류 채권자의 채권에 우선하는 채권에 관한 부동산의 부담을 매수인에게 인수하게 하거나, 매각대금으로 그 부담을 변제하는 데 부족하지 아니하다는 것이 인정된 경우가 아니면 그 부동산을 매각하지 못한다.
② 매각부동산 위의 모든 저당권은 매각으로 소멸된다.
③ 지상권 · 지역권 · 전세권 및 등기된 임차권은 저당권 · 압류채권 · 가압류채권에 대항할 수 없는 경우에는 매각으로 소멸된다.
④ 제3항의 경우 외의 지상권 · 지역권 · 전세권 및 등기된 임차권은 매수인이 인수한다. 다만, 그중 전세권의 경우에는 전세권자가 제88조에 따라 배당요구를 하면 매각으로 소멸된다.
⑤ <u>**매수인은 유치권자(留置權者)에게 그 유치권(留置權)으로 담보하는 채권을 변제할 책임이 있다.**</u>

세금 체납으로 압류 집행된 후 성립한 유치권

Q 경매개시결정 후에 성립한 유치권으로는 낙찰자에게 대항할 수 없는데, 그 이유는 경매개시결정이 가지고 있는 '압류의 효력' 때문이라고 들었

습니다. 그런데 세금 체납의 경우, 세무서 또는 지방자치단체는 체납자의 부동산에 압류를 등기하고 공매로 매각합니다. 그러고 보면 세금 체납처분의 압류 또한 경매개시결정이 가지고 있는 압류와 다르지 않은 듯한데요. 그렇다면 결국 세금 체납처분의 압류가 등기된 후에 성립한 유치권으로는 낙찰자에게 대항할 수 없는 것이 아닌지요?

대법원의 입장은 그러한 유치권으로 낙찰자에게 대항할 수 있다는 것입니다. 부동산에 관한 민사집행절차에서는 경매개시결정과 함께 압류를 명하므로, 압류와 동시에 매각절차인 경매절차가 개시됩니다. 반면 국세징수법에 의한 체납처분 절차에서는 체납처분압류와 동시에 매각절차인 공매절차가 개시되지는 않습니다. 뿐만 아니라 체납처분압류가 반드시 공매 절차로 이어지는 것도 아닙니다.

또한 체납처분절차와 민사집행절차는 별개의 절차로서 공매절차와 경매절차가 별도로 진행됩니다. 그러므로 체납처분압류가 되어 있다고 해서 경매절차에서 이를 그 부동산에 관하여 경매개시결정에 따른 압류가 행해진 경우와 같다고 볼 수는 없습니다.

따라서 체납처분압류가 되어 있는 부동산이라도, 경매절차가 개시되어 경매개시결정등기가 되기 전에 유치권을 취득한 자가 경매절차의 매수인에게 유치권을 행사할 수 없다고 할 수는 없습니다.(대법원 2014. 3. 20. 선고 2009다60336 전원합의체 판결 [유치권부존재확인] 참고)

06

경매 시 유치권의 소멸 여부

유치권자가 신청한 경매, 그 유치권은 매각으로 소멸하나요?

Q 유치권자의 신청으로 경매가 진행되는 경우 그 유치권은 매각으로 소멸되나요? 소멸된다면 유치권자는 어떤 방법으로 변제받을 수 있는지요?

유치권에 의한 경매도 강제경매나 임의경매처럼 목적부동산 위의 부담을 없애는 것을 법정매각조건으로 하여 실시되므로, 유치권자의 신청으로 경매가 진행될 경우 그 유치권은 매각으로 소멸합니다.

민법 제322조(경매, 간이변제충당)
① 유치권자는 채권의 변제를 받기 위하여 유치물을 경매할 수 있다.
② 정당한 이유가 있는 때에는 유치권자는 감정인의 평가에 의하여 유치물로 직접 변제에 충당할 것을 법원에 청구할 수 있다. 이 경우에는 유치권자는 미리 채무자에게 통지하여야 한다.

이때 유치권자도 배당을 받을 수는 있지만, 우선변제권이 인정되는 것은 아니며 일반 채권자와 동일한 순위로 배당받게 됩니다. 다만, 법원은 그 부동산의 이해관계를 살펴 이러한 법정매각조건과는 달리, 매각조건 변경결정을 통해 목적부동산 위의 부담을 소멸시키지 않고 매수인에게 인수하도록 정할 수 있습니다. 법정매각조건이 변경되면 그 취지가 매각물건명세서에 기재되므로, 입찰자는 매각조건의 변경 여부를 확인하여 유치권의 인수 여부를 분석해야 합니다.

한편 민사집행법은 유치권에 의한 경매절차가 진행 중이라도 강제경매나 담보권 실행을 위한 경매절차가 개시(중복경매)되면, 유치권에 의한 경매절차를 정지하고 강제(임의)경매절차를 계속하여 진행하도록 규정하고 있습니다. 이 경우 강제경매나 담보권 실행을 위한 경매로 낙찰받은 매수인은 유치권자에게 그 유치권으로 담보하는 채권을 변제할 책임이 있으므로, 주의해야 합니다.

제274조(유치권 등에 의한 경매)
① 유치권에 의한 경매와 민법 · 상법, 그 밖의 법률이 규정하는 바에 따른 경매(이하 "유치권 등에 의한 경매"라 한다)는 담보권 실행을 위한 경매의 예에 따라 실시한다.
② 유치권 등에 의한 경매절차는 목적물에 대하여 강제경매 또는 담보권 실행을 위한 경매절차가 개시된 경우에는 이를 정지하고, 채권자 또는 담보권자를 위하여 그 절차를 계속하여 진행한다.
③ 제2항의 경우에 강제경매 또는 담보권 실행을 위한 경매가 취소되면 유치권 등에 의한 경매절차를 계속하여 진행하여야 한다.

07

유치권 신고 빌라 낙찰자

주택 유치권자의 거주 법률상 허용되나요?

Q 서울시 강남구에서 유치권 신고가 있는 빌라를 낙찰받았습니다. 빌라에 유치권이 인정된 사례도 많지 않을 뿐만 아니라, 준공된 지 오래된 빌라이고 리모델링 등 공사의 흔적도 찾을 수 없어 허위의 유치권이라고 판단해 입찰한 것입니다.

그런데 낙찰 후 현장에 가보니 유치권자가 그 빌라에 거주하고 있더군요. 유치권자는 그 부동산을 유치할 수 있는 권리가 있을 뿐, 사용수익할 수 있는 권리는 없지 않나요? 만약 유치권자가 유치물을 사용수익할 경우, 소유자는 유치권의 소멸을 청구할 수 있다고 하던데요.

인도명령 신청 시 유치권자가 유치물을 사용수익하고 있다는 것을 소명하면, 명도가 쉬워질 수 있는지요?

민법 제324조에 따르면, 유치권자는 선량한 관리자의 주의로 유치물을 점유해야 하고, 소유자의 승낙 없이 보존에 필요한 범위를 넘어 유치물을 사용하거나 대여 또는 담보제공을 할 수 없으며, 소유자는 유치권자가 위 의무를 위반한 때에는 유치권의 소멸을 청구할 수 있습니다.

민법 제324조(유치권자의 선관의무)
① 유치권자는 선량한 관리자의 주의로 유치물을 점유하여야 한다.
② 유치권자는 채무자의 승낙 없이 유치물의 사용, 대여 또는 담보제공을 하지 못한다. 그러나 유치물의 보존에 필요한 사용은 그러하지 아니하다.
③ 유치권자가 전 2항의 규정에 위반한 때에는 채무자는 유치권의 소멸을 청구할 수 있다.

그러나 공사대금채권에 기하여 유치권을 행사하는 자가 유치물인 주택에 스스로 거주하며 사용하는 것은 특별한 사정이 없는 한 주택의 보존에 도움이 되는 행위입니다. 즉 유치물의 보존에 필요한 사용에 해당하므로, 유치권의 소멸을 청구할 수 없습니다.(대법원 2009년9월24. 선고 2009다40684 판결 참조)

따라서 피담보채권의 존부 및 견련성, 점유의 적법성에 대한 판단은 별론으로, 유치권을 주장하는 자가 그 주택에 거주하고 있다는 것만으로는 유치권의 소멸을 청구할 수 없습니다. 따라서 이러한 이유만으로 인도명령을 신청한다면 기각될 가능성이 큽니다.

부동산 경매 실전사례 120

오늘부터 1일

9

PART

돈 되는 집합건물 사례 5

8강 대지권과 토지별도등기(21분)

01

인천시 아파트 입찰

신축아파트인데 대지권 미등기 상태입니다

Q 경매로 주택을 취득하고자 검색하다가 인천시 서구 오류동의 아파트를 발견했습니다. 직장 근처이고 애들 학교와도 가까워서 입찰할까 고민 중인데요. 매각물건명세서의 비고란을 보니 "토지구획정리사업지구로서 환지예정지로 대지권은 미등기이나 감정가격에 포함되었음"이라고 표시되어 있더군요.

2011년 최초로 보존등기를 한 주식회사 ○○○건설은 2012년 12월 11일 공유자인 손○○와, 계○○에게 소유권을 이전하고, 공유자 중 1명인 손○○는 같은 날(2012.12.11.) 손해보험회사와 분양회사인 ○○○건설에 근저당권을 설정해줍니다.

대법원의 문건 송달내역에도 대지권에 대한 사실 조회가 보이지 않습니다. 제 추측으로는 이 아파트를 분양받으며 전액 대출을 받은 것 같고, 분양회사는 미분양 아파트를 팔며 대지권 가격만큼 근저당을 설정한 후 채무자가 채무금을 완납하면 대지권 등기를 해주는 것으로 보입니다.

제 생각이 맞는지 알려주십시오.

이 경매사건의 주소를 보면 '인천 서구 오류동 오류지구 ㅇㅇ블럭 ㅇ로트'입니다. 이는 우리나라의 정식 주소형태가 아니라 아직 지번이 확정되지 않은 공사현장의 구역번호입니다. 즉, 이 매각 부동산이 소재하는

인천시 오류동 신축 아파트, 대지권 미등기의 경우

⬆ 2017타경 1259 인천지방법원 4계 전화 : (032)860-1604

소 재 지	인천 서구 오류동 오류지구[redacted]블럭[redacted]로트,[redacted]로트 [redacted]				
경매구분	기일입찰	채 권 자	KB손해보험	매각기일	종결물건
용 도	아파트	채무/소유자	손병수/손병수외1	접 수 일	2017-01-09
감 정 가	260,000,000	청 구 액	200,067,804	경매개시일	2017-01-10
최 저 가	182,000,000 (70%)	토지총면적	0 m² (0평)	배당종기일	2017-03-22
입찰보증금	10% (18,200,000)	건물총면적	85 m² (25.6평)[33평형]	조 회 수	금일1 공고후24 누적29

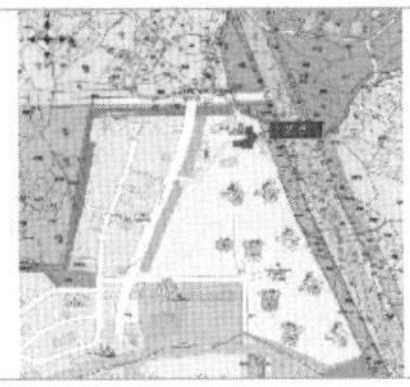

구분	입찰기일	매각금액	결과
	2018-01-12		종결
2차	2017-10-26	182,000,000	매각
		217,005,000 (83.5%) (입찰 2명)	
1차	2017-09-14	260,000,000	유찰

⬆ 임차조사

임차인	전입일	확정/배당요구	보증금/월세	용도/점유	비고
강[redacted]		배당:2017-02-14	15,000,000 月200,000	주거 전부	
서[redacted]	2016-08-22			주거	
기타참고	*현황조사차 현장에 임한 바, 폐문부재로 이해관계인을 만날 수 없어 상세한 점유 및 임대차관계는 알 수 없으나, 전입세대열람 결과 임차인이 이건 부동산을 점유 사용하는 것으로 추정됨. 위 임차인은 폐문부재로 주민등록등본에 의하여 작성함. 강[redacted]:임대차 계약자는 강[redacted]이고, 거주자는 [redacted]이며, 강[redacted]과 [redacted]의 관계는 한때 함께 살다가 헤어진 사이라는 소명자료가 2017. 3. 3.자로 제출됨.				

⬆ 등기권리

구분	권리명	접수일	권리자	금액	기타	소멸
집합	소유	2012-12-11	손[redacted]외1		전소유자:프리마건설	
	근저	2012-12-11	LIG손해보험	237,600,000	말소기준권리	소멸
	근저	2012-12-11	[redacted]건설	59,454,000		소멸
	압류	2014-02-05	서인천세무서			소멸
	압류	2016-05-17	인천시서구			소멸
	가압	2016-11-14	국민은행 천안백석종합	16,916,126	2016 카단 2156 대전 천안	소멸
	임의	2017-01-10	KB손해보험	청구금액: **200,067,804**	2017타경1259	소멸
	압류	2017-02-13	서울시동작구			소멸
	가압	2017-05-31	국민은행 부평종합금융	13,904,082	2017 카단 2753 인천	소멸
참고사항	· 대지권미등기					

대지권이 미등기된 신축아파트

지역 일대가 환지방식으로 개발되었고, 그 개발사업이 다 끝나지 않아 아직 지적정리가 안 된 것입니다.

따라서 개발사업이 종료되어 정식 지번이 부여되면, 이 아파트 단지의 모든 호실에 대해 일괄적으로 대지권등기가 이루어질 것입니다. 다만, 이 아파트의 수분양자가 분양대금을 완납하지 않았거나 시행사가 처음부터 대지권을 포함하지 않은 건물만을 분양했다면 대지권이 없는 아파트일 수도 있습니다.

하지만 수분양자가 분양대금을 완납하지 않았다면 전유부분에 대한 소유권이전등기를 해주지 않는 것이 일반적인 관행이라는 점, 시행사와 시공사의 사회적 신뢰도로 볼 때 처음부터 대지권을 포함하지 않은 건물만을 분양했다고 볼 여지도 희박하다는 점 등으로 미루어, 그러한 경우는 아닐 것으로 보입니다.

확인방법은 간단합니다. 이 아파트 단지 다른 호실의 등기부를 열람하여 마찬가지로 대지권이 등기되어 있지 않은지 확인해야 합니다. 그리고 주변 공인중개사 사무소와 시행사에 문의해 해당 호실에 대한 분양대금이 완납되었는지, 대지권은 언제쯤 등기가 가능한지 확인해본다면 더욱 확실하게 분석할 수 있을 것입니다.

02

대지권 미등기 아파트 낙찰자

대지권 등기에 분양자의 협조가 필요한가요?

Q 김○○ 소유의 대지권 미등기 아파트가 경매로 나왔습니다. 분양회사인 ○○건설에 문의해 대지권을 포함하여 분양됐다는 사실과 해당 호실의 분양대금 전부가 납부됐다는 사실을 확인했습니다.

그런데 경매 잔금을 납부한 후 대지권 등기를 해달라고 요구했는데, 분양회사는 이 아파트의 수분양자인 김○○(전 소유자)의 동의가 있어야 대지권 등기를 해줄 수 있다고 합니다. 이에 김○○에게 연락하여 대지권 등기에 동의해달라고 요청했더니, 동의의 조건으로 터무니없는 금전을 요구했습니다. 이처럼 대지권이 있으나 대지권 미등기인 아파트의 경우, 전 소유자의 동의가 있어야 대지권 등기를 할 수 있나요?

분양자가 지적정리 등이 지체되어 대지권에 대한 지분이전등기를 지적정리 후 해주기로 약정하고, 우선 전유부분에만 소유권보존등기를 한 후 수분양자에게 소유권이전등기를 마쳤다고 가정해보죠. 그런데 그 후 대지 소유권이전 등기가 안 된 상태에서 전유부분에 관한 경매절차가 진행되는 경우가 있습니다. 만약 제3자가 전유부분을 낙찰받았다면, 그는 본권으로서 대지사용권을 취득합니다.

따라서 낙찰 후 소유권이전등기의 촉탁신청 전에 지적정리가 완료되어 대지지분이 수분양자(이 사례의 김○○)에게 이전되었다면, 낙찰자는 전유부분과 함께 대지지분에 대해서도 소유권이전등기의 촉탁을 신청할 수 있고, 만약 등기촉탁 시까지도 수분양자에게 대지지분의 소유권이 이전되지 않았다면 낙찰자는 전유부분에 대해서만 소유권이전등기의 촉탁을 신청할 수 있습니다. 그러므로 대지권은 분양자가 낙찰자를 위하여 대지권변경등기를 하거나, 또는 분양자에서 수분양자를 거쳐 순차로 대지의 지분소유권이전등기를 경료한 후 전유부분의 대지권변경등기를 해야 합니다.

이때 분양자가 낙찰자를 위해 하는 대지권변경등기는 그 형식은 건물의 표시변경등기이지만, 실제로는 당해 전유부분의 최종 소유자가 그 등기에 의해 분양자로부터 바로 대지권을 취득하게 되는 것입니다.

따라서 분양자로부터 전유부분의 현재 최종 소유명의인(낙찰자)에게 하는 토지에 관한 공유지분이전등기에 해당되고, 그 의사표시의 진술만 있으면 분양자와 중간소유자의 적극적인 협력이나 계속적인 행위가 없더라도 그 목적을 달성할 수 있습니다. 그러므로 전유부분의 소유권자는 분양자로부터 직접 대지권을 이전받기 위하여 분양자를 상대로 대지권변경등기절차의 이행을 소구할 수 있습니다.(대법원 2005. 4. 14. 선고 2004다25338 판결 [대지권표시변경] 참고)

03

경기도 수원시 아파트 입찰

대지권 없는 아파트, 낙찰 시 불이익은?

Q 경기도 수원시 권선구의 아파트 경매사건에 입찰하려 합니다. 나홀로 아파트이고 대지권이 없어서 최저매각가격이 많이 떨어졌습니다. 입주한 지 오래된 아파트여서, 대지권이 없더라도 실제로 거주하기에는 문제가 없을 것으로 생각됩니다. 그런데 아내가 대지권이 없는 아파트를 낙찰받아도 되냐고 걱정을 많이 하네요.

이처럼 대지권이 없는 아파트를 낙찰받을 경우, 낙찰자가 받을 수 있는 불이익은 어떤 것이 있는지요?

대지권이 없는 아파트의 소유자는 아무런 법률상의 원인 없이 그 아파트 부지를 불법점유하고 있다고 볼 수 있습니다. 그래서 소유자는 그 불법점유로 인해 자기 아파트의 대지권으로 등기되어야 할 지분에 상응하는 면적의 임료에 상당하는 부당이득을 얻는 것이 됩니다. 따라서 그 대지지분의 소유자에게 그 부당이득을 반환해야 합니다.

또한, 토지 소유자는 그 토지 위에 건물을 소유할 권리가 없는 사람이 건물을 소유하고 있다면, 해당 건물에 대해 철거를 청구할 수 있습니다. 하지만 아파트와 같은 집합건물에서 해당 전유부분(호실)만을 철거하는 것은 전체에 대한 훼손이 불가피하므로 허용될 수 없겠지요. 따라서 집합건물의 소유 및 관리에 관한 법률의 규정에 따라 그 대지지분의 소유자는 대지권이 없는 전유부분의 소유자에게 전유부분을 시가로 매도할 것을 청구할 수 있습니다.

집합건물의 소유 및 관리에 관한 법률 제7조(구분소유권 매도청구권)
대지사용권을 가지지 아니한 구분소유자가 있을 때에는 그 전유부분의 철거를 청구할 권리를 가진 자는 그 구분소유자에 대하여 구분소유권을 시가(時價)로 매도할 것을 청구할 수 있다.

또 훗날 그 아파트가 재건축될 경우에도 불이익이 있을 수 있습니다. 재건축되는 아파트를 소유하고 있으니 입주권을 확보하는 데에는 문제가 없겠지만, 기존 아파트의 전유부분(건물)은 오래되어 그 가치가 크지 않기 때문에 보상가격의 대부분은 토지가격이라고 할 수 있습니다.

따라서 대지지분을 포함하지 않은 전유부분에 대한 보상가격은 적을 수밖에 없고, 결국 새 아파트의 분양권을 취득하는 데 추가 분담금이 커서, 재건축으로 얻을 수 있는 이익이 다른 전유부분의 소유자들에 비해 작을 수밖에 없을 것입니다.

04

서울시 강서구 빌라의 대지지분 취득

건물 소유자에게 부당이득반환 청구 가능한가요?

Q 서울시 강서구 화곡동의 대지지분을 매각하는 경매사건을 분석해보니, 이 대지 위에는 매각에서 제외되는 빌라(10세대)가 있는데, 그중 8세대는 토지와 건물 모두 소유권이전등기를 했습니다. 그런데 202호와 401호의 경우 소유자 앞으로 대지지분이 이전되지 않았고, 그 이전되지 않은 대지지분이 이번에 경매로 나온 것 같습니다.

현재 이 지분의 소유자(홍길동)가 한때 이 토지 전부를 소유하고 있었던 것으로 보아, 아마 홍길동이 대지를 매수하여 빌라를 신축한 후 분양하면서 두 호실의 대지지분을 이전해주지 않은 것으로 추측됩니다. 이 지분을 낙찰받을 경우 202호와 401호 소유자에게 부당이득반환을 청구할 수 있을까요?

우선 전유부분(이 사건 202호, 401호)을 위한 대지권(대지사용권)이 있는지부터 판단해야 합니다. 대지권이 없다면 낙찰자는 당연히 부당이득반환을 청구할 수 있겠지만, 대지권은 그 취지가 등기(대지권등기)되지 않거나, 심지어 이 사건의 경우처럼 전유부분의 소유자와 대지지분의 소유자가 등기상 다르더라도 그런 사정만으로 대지권이 없다고 단정할 수는 없습니다.

홍길동이 대지를 취득해서 그 지상에 빌라를 신축하고 분양하면서 이 사건 대지지분을 수분양자에게 이전하지 않고 자기 명의 그대로 남겨두었더라도, 신축빌라가 집합건축물대장에 등재된 시점에 토지와 건물 모두가 홍길동의 소유였으므로, 특별한 사정이 없는 한 그 시점에 대지권은 성립했다고 할 것입니다. 즉, 이 사건 대지지분은 202호와 401호의 대지권이고, 대지권은 전유부분(202호, 401호 건물)과 분리하여 처분할 수 없다고 「집합건물의 소유 및 관리에 관한 법률」이 강제하고 있습니다(제20조 제2항).

그렇다면 이 사건 낙찰자는 당연히 전유부분의 소유자를 상대로 부당이득반환을 청구할 수 없습니다. 더 나아가 이 사건의 낙찰은 전유부분과 그 대지의 분리처분이라는 결과를 낳아서 효력이 없기 때문에, 낙찰자는 소유권이전등기 가능 여부를 떠나 소유권을 취득할 수 없을 것입니다.

[집합건물의 소유 및 관리에 관한 법률]

제20조(전유부분과 대지사용권의 일체성) ① 구분소유자의 대지사용권은 그가 가지는 전유 부분의 처분에 따른다.

② 구분소유자는 그가 가지는 전유 부분과 분리하여 대지사용권을 처분할 수 없다. 다만, 규약으로써 달리 정한 경우에는 그러하지 아니하다.

③ 제2항 본문의 분리처분금지는 그 취지를 등기하지 아니하면 선의(善意)로 물권을 취득한 제3자에게 대항하지 못한다.

④ 제2항 단서의 경우에는 제3조제3항을 준용한다.

집합건물의 부지 전체에 대하여 대지권이 성립한 이후에는 구분소유자의 대지사용권은 규약으로 달리 정한 경우가 아니면 전유부분과 분리하여 처분할 수 없고(집합건물법 제20조), 전유부분과 대지사용권의 일체성에 반하는 대지의 처분행위는 그 효력이 없으므로[대법원 2000. 11. 16. 선고 98다45652(본소), 45669(반소) 전원합의체 판결, 대법원 2010. 5. 27. 선고 2006다84171 판결 등 참조], 집합건물의 분양자가 전유부분의 소유권을 구분소유자들에게 모두 이전하면서도 대지에 관해서는 일부 지분에 대해서만 소유권이전등기를 하고 나머지 지분을 그 명의로 남겨둔 경우에 그 분양자 또는 그 보유지분을 양수한 양수인이 구분소유자들에 대하여 공유지분권을 주장할 수 있으려면, 전유 부분과 대지사용권을 분리처분할 수 있도록 규약에서 달리 정하였다는 등 특별한 사정이 있어야 할 것이다.(대법원 2012. 10. 25. 선고 2011다12392 판결 참조).(대법원 2013. 12. 26. 선고 2011다93438 판결 [토지지료])

05

서울시 마포구 아파트 낙찰자

관리소장이 낙찰 아파트 전유부분 관리비를 내래요

Q 이번에 서울시 마포구의 32평 아파트를 낙찰받았는데, 이전 집주인이 관리비를 연체한 모양입니다.

관리소장이 연체관리비를 청구하며, 전유부분에 대한 관리비까지 모두 납부하라고 요구하고 있습니다. 낙찰자는 공용부분에 대한 관리비만 납부하면 되는 것으로 알고 있다고 항변했지만, 관리소장은 이 아파트는 관리규약으로 전유부분에 대한 관리비까지 특별승계인에게 청구할 수 있다고 정해져 있다며 굽히지 않습니다.

이처럼 아파트의 관리규약으로 따로 정한 경우, 낙찰자가 그 관리규약에 따라 전유부분에 대한 관리비까지 납부해야 하나요?

집합건물의 소유 및 관리에 관한 법률(이하 '집합건물법')에 연체관리비를 낙찰자가 부담해야 한다는 직접적인 규정은 없습니다. 다만 "공유자가 공용부분에 관하여 다른 공유자에 대해 가지는 채권은 그 특별승계인에 대하여도 행사할 수 있다"(제18조)라고 규정하고 있을 뿐입니다.

집합건물의 공용부분은 전체 공유자의 이익에 공여하는 것이어서 공동으로 적정한 유지 · 관리가 되어야 하고, 이를 위해 소요되는 경비에 대한 공유자 간의 채권을 보장할 필요가 있겠지요. 이와 관련하여 공유자의 특별승계인에게 그 승계의사의 유무에 관계없이 청구할 수 있도록 한 규정이 위의 집합건물법 제18조입니다. 따라서 특별승계인(낙찰자)은 관리단이 공용부분에 대한 체납관리비를 청구할 경우 당연히 납부해야 합니다. 그러나 전유부분에 대한 체납관리비의 납부의무를 승계시킬 법률규정은 어디에도 없습니다.

한편, 집합건물법은 "관리규약이 구분소유자 이외의 자의 권리를 침해하지 못한다"(제28조 제3항)라고 규정하고 있습니다. 또한 관리규약으로 전 입주자의 체납관리비 중 전유부분에 대한 관리비까지 양수인에게 승계시키도록 하는 것은 입주자 이외의 자들 사이의 권리 · 의무에 관련된 사항으로, 입주자들의 자치규범인 관리규약 제정의 한계를 벗어나는 것입니다.

따라서 특별승계인이 그 관리규약을 명시적, 묵시적으로 승인하지 않는 이상 특별승계인에게는 그 효력이 없다고 할 것입니다.(대법원 2007. 2. 22. 선고 2005다65821 판결 [용역비] 참고)

부동산 경매 실전사례 120
오늘부터 1일

10

PART

꼼꼼히 따지는 배당 질문 5

01

배당순위

안분배당, 흡수배당, 순환배당 어떻게 다른가요?

Q 물권과 채권이 충돌하는 경우, 등기순서와 상관없이 물권이 우선하며, 이것이 물권의 우선적 효력이라고 알고 있습니다. 그런데 아래의 배당표를 보면 물권이 흡수배당을 할 시에는 'A-가압류'를 건드리지 않고 자신보다 후순위에게만 흡수배당을 하고 있습니다. 그런데 또 'E-조세'의 경우에는 3차 흡수배당을 통해 'A-가압류'의 배당금액을 흡수합니다.

낙찰가 2억원 아파트의 배당표 　　　낙찰가 : 2억원 / 단위 : 만원

순위	권리	성립일	채권액	안분액	흡수 한도	1차흡수	2차흡수	3차흡수	최종 배당
1	A-가압류	등기 2007.10.01	10,000	6,000	4,000			-400	5,600
2	B-임차인	확정일자 2012.10.01	6,000	3,600	2,400	+2,400			6,000
3	C-근저당	등기 2012.11.01	10,000	6,000	4,000	-1,715	+1,715		6,000
4	D-가압류	등기 2012.12.01	3,000	1,800	1,200	-514	-1,286		0
5	E-일반세	법정기일 2013.02.01	1,000	600	400	-171	-429	+400	400
6	F-당해세	부과일 2013.03.01	2,000	2,000					2,000
총액			32,000	20,000	12,000				20,000

물권과 채권이 만났을 때 등기순서를 중요하게 여겨서 B, C는 선순위 가압류로부터는 흡수배당을 하지 않고, 후순위에게만 흡수배당을 하는 이

유가 무엇인지요?

선순위가 물권이라면 모를까, 'A-가압류'는 채권인데, 경매 배당순위를 따져봐도 일반채권은 근저당권이나 확정일자 임차인 우선변제권에 순위가 훨씬 밀리는데 물권의 흡수배당 원칙이 후순위 권리자에게만 하는 것이라면, 대체 왜 그런지요?

질문을 정리하면, 물권은 채권에 우선한다고 알고 있는데 선순위 채권이 있는 경우 안분배당 이후에 그 뒤의 물권이 흡수배당을 할 때, 왜 우선변제를 후순위 권리자들에게만 받는지, 선순위 채권에게는 왜 흡수배당을 안 하는지 법리적인 이유가 궁금합니다.

경매 배당순위는 등기순서에 의해 판단되는지, 물권 우선주의에 의해 판단되는지 혼란스럽습니다. 경매 배당순위가 원칙인지, 등기순서가 우선인지, 아니면 제가 생각하는 대로 당해세까지만 경매 배당순위를 원칙으로 하고, 그 이후는 등기순서에 의해서 따지는 것인지 잘 모르겠습니다.

또한 배당에서 가장 먼저 따져야 할 것들과 그 이후의 과정도 정리해주시면 감사하겠습니다.

배당 순위에 관한 시중의 잘못된 설명

부동산경매를 다루는 많은 매체들이 "물권은 채권에 우선한다"라는 법리로 배당 순위를 설명하고 있습니다. 하지만 물권 우선주의는 배당과는 아무런 관련이 없습니다. 선순위의 가압류와 후순위의 근저당권이 충돌할 경우를 한번 보겠습니다.

사례1 선순위 가압류, 후순위 근저당의 경우

순위	권리	채권액
1	갑-가압류	5천만원
2	을-근저당	1억원

위와 같은 경우라면 가압류채권과 근저당권은 안분배당을 합니다. 그런데 이에 대해 "물권 우선주의로 생각하면 을의 근저당권이 먼저 배당을 받아야 하고, 권리설정의 순서로 생각하면 갑의 가압류가 먼저 배당을 받아야 한다. 따라서 누구도 우선할 수 없으므로(동순위이므로) 안분배당을 한다"라는 식의 흔한 설명은 법리를 이해하지 못한 것입니다.

만일 이와 같은 법리로 배당 순위를 판단한다면, 다음의 사례는 어떻게 설명할 수 있을까요?

사례2 선순위 가압류, 후순위 가압류의 경우

순위	권리	채권액
1	갑-가압류	5천만원
2	을-가압류	1억원

【사례1】을 설명한 법리로 【사례2】를 설명하면 "권리설정의 순서로 생각하면 갑의 가압류가 먼저 배당을 받아야 하고, 물권 우선주의로 생각하더라도 을의 가압류 또한 물권이 아니므로, 갑이 먼저 배당을 받고 남는 재원이 있으면 을의 가압류가 배당받는다. 즉, 흡수배당한다"라고 할 수 있겠지요. 그러나 【사례1】과 마찬가지로 【사례2】도 갑과 을이 안분하여 배당을 받습니다.

물권 우선주의 제대로 보기

【사례1】과 【사례2】의 배당원리에 대한 정확한 법리는 뒤에서 다시 살펴보고, 우선 물권 우선주의의 바른 의미부터 살펴보죠. '물권은 채권에 우선한다'라는 물권 우선주의는 <u>하나의 부동산에 양립할 수 없는 두 권리가 충돌할 경우</u> 물권이 우선한다는 의미입니다. 다시 말해 배당 순위를 판단할 때는 전혀 고려할 사항이 아닙니다.

【예시1】 가령 갑 소유의 아파트를 을이 매수하는 매매계약을 체결하고 잔금까지 지급했지만, 아직 소유권이전등기를 하지는 않았습니다. 그러던 중 병이 갑과 그 아파트를 매수하는 매매계약을 체결함과 동시에 소유권이전등기를 신청해 등기상 소유권을 취득했다고 해보죠. 이 경우 권리관계는 어떻게 될까요?

이때 을은 갑을 상대로 한 소유권이전등기청구권을 취득한 것이고, 병은 소유권을 취득한 것입니다. 이 경우 소유권이전등기청구권은 채권으로서 대인권(對人權)일 뿐이고, 소유권은 우리 민법이 규정하고 있는 8개의 물권 중 하나로서 대세권(對世權)입니다. 즉, 을은 매매계약의 상대방인 갑에게만 매매의 효력을 주장할 수 있지만, 병은 갑은 물론 을을 포함한 누구에게나 자기의 소유권을 주장할 수 있습니다. 따라서 을이 매매대금을 먼저 지급했더라도, 이 아파트의 소유권은 병에게 적법하게 귀속됩니다.

【예시2】 을이 전세보증금을 지급하고 갑 소유의 부동산을 임차했습니다. 그 후 병이 갑에게 또 보증금을 지급하고 그 부동산의 등기상에 전세권을 설정했습니다. 이 경우 권리관계는 어떻게 될까요?

이 경우 을의 임차권은 채권으로서 대인권일 뿐이고, 병의 전세권은 우리 민법이 규정하고 있는 8개의 물권 중 하나로서 대세권입니다. 다시 말해 을은 임대차의 효력을 임대차계약의 상대방인 갑에게만 주장할 수 있지만, 병은 누구에게나 자기의 전세권을 주장할 수 있습니다. 따라서 병은 이미 그 부동산을 점유해 사용하고 있는 을을 상대로 부동산의 인도를 청구할 수 있습니다. [물론, 을이 주택(상가건물)임대차보호법의 규정에 따른 대항요건을 갖추거나 임차권 등기를 한 경우, 또는 민법의 규정에 따른 임차권 등기를 한 경우와 같이 별도의 규정에 따라 대항력을 취득했을 때는 별론입니다.]

위 두 사례의 핵심은 '양립할 수 없는 두 권리의 충돌'입니다. 즉, 하나의 부동산을 지분으로 나눠 공유할 수는 있어도 그 소유권 전부를 두 사람 이상이 개별적으로 소유할 수는 없으며, 하나의 부동산 전부를 두 사람 이상이 동시에 임차하여 사용하는 것도 허용되지 않습니다.

그러나 금전채권은 하나의 부동산에 '양립할 수 없는 권리'가 아닙니다. 즉, 아파트에 근저당권이 설정됐어도 2순위로 근저당권을 또 설정할 수 있으며, 그 부동산의 환가대금으로 법리에 따라 순차적으로 배당함으로써 해결할 수 있습니다. 그러므로 수십, 수백 건의 근저당권이 설정될 수 있고 가압류도 집행될 수 있습니다.

물권 우선주의는 이처럼 양립할 수 없는 두 권리가 충돌할 때 어떤 권리를 인정할 것인지의 문제입니다. 그래서 양립할 수 있는 여러 개의 금전채권이 충돌하는 경우에는 적용될 여지가 없으며, 배당 순위를 판단할 때도 고려할 사항이 아닙니다. 이것이 물권 우선주의의 바른 이해입니다.

왜 물권에만 대세적 효력을 인정할까요?

그렇다면 우리 민법은 왜 물권에만 대세적 효력을 인정하고, 채권에는 인정하지 않을까요? 핵심은 '공시(公示)'입니다.

채권은 당사자의 청약과 상대방의 승낙으로 성립합니다. 사회공익에 반하거나 원시적으로 이행이 불가능한 내용만 아니라면, 별다른 요건 없이 당사자 합의만으로 성립합니다(자유계약 원칙). 이에 반해 물권은 법률이 정한 요건을 충족해야 성립하며(물권법정주의), 제3자가 인지할 수 있는 공시(등기 또는 점유)를 성립요건으로 하고 있습니다.

물권의 성립요건

물권		성립요건
본권	소유권	등기
	점유권	점유
담보권	유치권	채권 + 점유
	질권	점유(부동산권리질권의 경우 등기)
	저당권	등기
용익권	지상권	등기
	지역권	등기
	전세권	등기

다시 말해 물권은 그 성립을 제3자에게 알렸으므로, 제3자에게까지 효력을 인정하더라도 불측의 피해가 발생하지 않습니다. 반면 채권은 오로지 당사자 사이의 약정일 뿐입니다. 그래서 제3자는 채권의 성립을 알지 못할 것이므로, 제3자에게까지 효력을 인정한다면 불측의 피해가 발생할 수 있기에, 대세적 효력은 물권에만 인정하는 것입니다.

그렇다면 비록 채권일지라도 법률이 정한 방법으로 '공시'한다면 대세적 효력을 인정해줘야 하지 않을까요? 맞습니다. 그래서 채권인 임차권을 등기하면, 대항력을 가지게 되어 임대인뿐만 아니라 제3자에게도 자기의 임차권을 주장할 수 있습니다.

갑의 아파트를 매수하기로 한 을이 소유권이전등기를 하지 않아 아직 소유권을 취득하지 못했다고 가정해봅시다. 그래도 매매예약 사실을 가등기로서 공시하면, 그 후 병이 등기로서 소유권을 취득하더라도, 을은 가등기의 본등기로서 병의 소유권을 가져올 수 있습니다. 이처럼 등기(공시)만 한다면 채권인 매매예약도 물권인 소유권을 이길 수 있습니다.

다시 배당의 문제로 돌아가보겠습니다. 앞서 살펴본 것처럼, 담보권을 취득하지 못한 금전채권도 가압류를 집행함으로써 공시하면 제3자에게 자기의 채권을 주장할 수 있습니다. 즉, 일단 가압류가 집행된 뒤에는 채권이라는 이유만으로 물권에 밀리지 않는다는 의미입니다.

채권자 평등주의와 우선변제권

한편, 우리 민법은 기본적으로 '채권자 평등주의'를 택하고 있습니다.

즉, 모든 채권자는 평등하여 채권의 발생시점과 상관없이 모두 안분배당을 받는 것이 원칙입니다.

그런데 각종 법률이 특정 권리들에 다른 채권자보다 우선 배당을 받을 수 있는 우선변제권을 부여했습니다. 민법이 저당권과 전세권에, 주택(상가건물)임대차보호법이 확정일자를 받거나 임차권을 등기한 임차인에게, 가등기담보 등에 관한 법률이 담보가등기에, 근로기준법이 임금채권에, 국세기본법이 각종 조세채권에 우선변제권을 부여했습니다.

이렇듯 너도나도 우선변제권을 받다 보니, 결국 채권자 평등주의가 원칙인데도, 정작 경매절차에서 배당받을 수 있는 채권 중에서 우선변제권이 인정되지 않는(채권자 평등주의에 구속되는) 채권은 가압류채권 하나밖에 남지 않았습니다.

현장사례1 배당 순서 분석하기

이제 【사례1】의 배당과 관련해 살펴보죠. 가압류가 집행된 이상 물권 우선주의는 의미가 없고, 법률의 다른 규정이 없는 한 배당 순위는 당연히 공시(등기)순서에 따라야 합니다. 다시 말해 【사례1】에서는 가압류가 근저당권보다 먼저 등기되었으므로 당연히 가압류를 먼저 인정해야 합니다. 이때 '먼저 인정한다'는 의미는 <u>가압류가 가지고 있는 권능을 초월하여 무조건 채권금액 전부를 만족시켜준다는 의미가 아니라, 법률이 정한 가압류채권의 권능 그대로 먼저 인정한다는 의미</u>입니다.

앞서 살펴본 것처럼 가압류채권이 가지고 있는 권능은 우선변제권이 아니라 '채권자 평등권'이고, 채권자 평등권은 순위를 불문하고 모든 채권자와 안분하여 배당받을 권리입니다. 그래서 갑의 가압류는 다른 채권자인 을의 근저당권과 안분하여 배당을 받습니다.

【사례2】도 마찬가지입니다. 갑의 가압류가 먼저 등기되었으므로 갑의 가압류가 먼저 인정되어야 하고, 갑의 가압류의 권능은 채권자 평등권이므로 을의 가압류와 안분배당하는 것입니다. 그렇다면 근저당권이 선순위인 경우는 어떨까요?

근저당권이 선순위인 경우

사례3 선순위 근저당권, 후순위 가압류의 경우

순위	권리	채권액
1	갑-근저당	5,000만원
2	을-가압류	1억원

갑의 근저당권이 선순위로 설정되었으므로 먼저 인정해줘야 합니다. 그런데 근저당권의 권능은 채권자 평등권이 아니라 우선변제권입니다. 따라서 갑의 근저당권은 을의 가압류보다 먼저 자기의 채권을 전액 만족시킬 수 있고(흡수배당), 을의 가압류는 남는 재원이 있어야 배당받을 수 있습니다.

사례4 선위순 근저당, 후순위 근저당권인 경우

순위	권리	채권액
1	갑-근저당	5,000만원
2	을-근저당	1억원

【사례4】도 마찬가지입니다. 갑의 근저당권이 먼저 등기되었으므로 먼저 흡수배당을 받고, 나머지를 을의 근저당권이 배당받습니다.

정리

순위	사례1	사례2	사례3	사례4
선	가압류 (채권자 평등권)	가압류 (채권자 평등권)	근저당 (우선변제권)	근저당 (우선변제권)
후	가압류 (채권자 평등권)	근저당 (우선변제권)	가압류 (채권자평등권)	근저당 (우선변제권)
배당방식	안분배당	안분배당	흡수배당	흡수배당

【사례1】과 【사례2】는 안분배당이고, 【사례3】과 【사례4】는 흡수배당입니다. 즉, 선순위가 가압류라면 후순위가 가압류든 근저당권이든 안분배당이고, 선순위가 근저당이라면 후순위가 가압류든 근저당이든 흡수배당입니다. 이것은 안분배당인지 흡수배당인지의 여부는 선순위 권리와 후순위 권리의 상호작용이 아니라, 선순위 권리의 권능에 따라 일방적으로 결정된다는 방증입니다.

또한 【사례2】와 【사례4】의 후순위 근저당은 우선변제권이 있지만 선순위 채권자에게 대항하지 못합니다. 결국 우선변제권은 모든 채권자에 우선하는 것이 아니라, '자기보다 후순위 채권자보다 우선하여' 변제받을 수 있는 권리라는 것을 알 수 있습니다.

현장사례2 질문의 사례 분석하기

1. 아파트의 권리관계 들여다보기

346~347쪽 질문에 나온 경매 아파트의 권리분석을 해볼까요?

아파트의 권리관계

순위	권리	성립일	채권액
1	A-가압류	등기 (2007.10.01.)	1억원
2	B-임차인	확정일자 (2012.10.01.)	6,000만원
3	C-근저당	등기 (2012.11.01.)	1억원
4	D-가압류	등기 (2012.12.01.)	3,000만원
5	E-일반세	법정기일 (2013.02.01.)	1,000만원
6	F-당해세	부과일 (2013.03.01.)	2,000만원
총액			3억 2,000만원

2. 당해세 1순위 배당하기

당해세는 권리설정의 순위를 불문하고 소액임대차 최우선변제금과 임금채권을 제외한 모든 채권보다 우선합니다. 그런데 346~347쪽 질문의 사례에는 소액임차인과 임금채권이 없으므로, F-당해세는 다른 모든 채권보다 우선하여 당연히 1순위로 배당을 받습니다. 그렇게 당해세로 우선 2,000만원을 배당하고 나면 권리관계는 다음과 같습니다.

당해세를 우선 배당 후 배당 순서(배당재원 1억 8,000만원)

순위	권리	성립일	채권액
1	A-가압류	등기 (2007.10.01.)	1억원
2	B-임차인	확정일자 (2012.10.01.)	6,000만원
3	C-근저당	등기 (2012.11.01.)	1억원
4	D-가압류	등기 (2012.12.01.)	3,000만원
5	E-일반세	법정기일 (2013.02.01.)	1,000만원
총액			3억원

3. 선순위 채권을 특정할 수 없는 경우

여기서 만약 E-일반세가 없다면 순위가 가장 빠른 A-가압류부터 순서대로 '그 권리가 가지고 있는 권능대로' 안분배당 또는 흡수배당하면 됩니다. 그런데 일반세가 있어 순위가 꼬이기 시작합니다. 일반세 또한 다른 채권보다 우선하는데, 그 법정기일 전에 등기된 전세권, 질권, 저당권, 확정일자를 갖춘 임대차보증금보다는 후순위이기 때문입니다.

즉, 이 경매사건에서 E-일반세는 B-임차인과 C-근저당보다 후순위이고, B-임차인과 C-근저당은 A-가압류보다 후순위이고, A-가압류는 E-일반세보다 후순위입니다. D-가압류를 빼고도 이렇게 복잡한데, D-가압류까지 고려하면 순서는 더욱 꼬입니다. 이처럼 선순위 채권을 특정할 수 없는 경우는 안분배당 후 다시 흡수배당하는 이른바 '순환배당'의 방식이 사용됩니다.

4. 안분배당

우선 모든 채권금액의 비율대로 배당재원을 나눠 배당하는 안분배당부터 해보면 다음과 같습니다.

안분배당 분석

순위	권리	성립일	채권액	안분배당액	미배당액
1	A-가압류	등기 (2007.10.01.)	1억원	6,000만원	4,000만원
2	B-임차인	확정일자 (2012.10.01.)	6,000만원	3,600만원	2,400만원
3	C-근저당	등기 (2012.11.01.)	1억원	6,000만원	4,000만원
4	D-가압류	등기 (2012.12.01.)	3,000만원	1,800만원	1,200만원
5	E-일반세	법정기일 (2013.02.01.)	1,000만원	600만원	400만원
총액			3억원	1억 8,000만원	

여기서 안분배당만으로 모든 채권자의 채권이 100% 만족됐다면 그것으로 배당은 끝입니다. 그러나 이 사례처럼 만족되지 못한 채권(위 표의 '미배당액')이 있다면, 그 상태로 다시 흡수배당을 해야 합니다. 그런데 후순위 채권자로부터 배당액을 흡수하는 것은 우선변제권의 권능입니다. 즉, A와 D 가압류는 우선변제권이 없으므로 후순위 권리자로부터 배당액을 흡수할 수 없고, 우선변제권이 있는 B-임차인, C-근저당, E-일반세는 자기보다 후순위 채권에서 미배당액을 한도로 흡수할 수 있습니다.

5. 흡수배당

346~347쪽 질문에 나오는 경매 아파트의 배당 결과를 보죠. 어떻게

흡수배당이 되었는지 하나씩 설명하겠습니다.

배당 결과표 [낙찰가 : 2억원 / 단위 : 만원]

순위	권리	성립일	채권액	안분액	미배당액	1차흡수 (B의 흡수)	2차흡수 (C의 흡수)	3차흡수 (E의 흡수)	최종배당
1	A-가압류	등기 2007.10.01.	1억	6,000	4,000			-400	5,600
2	B-임차인	확정일자 2012.10.01.	6,000	3,600	2,400	+2,400			6,000
3	C-근저당	등기 2012.11.01.	1억	6,000	4,000	-1,715	+1,715		6,000
4	D-가압류	등기 2012.12.01.	3,000	1,800	1,200	-514	-1,286		0
5	E-일반세	법정기일 2013.02.01.	1,000	600	400	-171	-429	+400	400
6	F-당해세	부과일 2013.03.01.	2,000	2,000					2,000
총액			3억 2,000	2억원	1억 2,000				2억원

① **A-가압류:** A-가압류는 우선변제권이 없으므로 후순위 채권자의 안분배당액을 흡수할 수 없습니다.

② **B-임차인:** B-임차인은 우선변제권이 있으므로 자기보다 후순위인 C-근저당, D-가압류, E-일반세로부터 2,400만원까지 흡수할 수 있습니다.

이때 후순위 채권자 중 특정 채권자로부터 미배당액 전부를 흡수하는 것이 아니라 모든 채권자로부터 앞서 안분배당한 금액의 비율대로 흡수할 수 있습니다. 즉, C-근저당의 안분배당액은 6,000만원이고, D-가압류의 안분배당액은 1,800만원, E-일반세의 안분배당액은 600만원이므로, C-근저당으로부터는 2,400만원의 84분의 60에 해당하는 금액인 1,715만원을, D-가압류로부터는 84분의 18에 해당하는 금액인 514만원을, E-일반세로부터는 84분의 6에 해당하는 금액인 171만원을 흡수합니다.

③ **C-근저당:** C-근저당 또한 우선변제권이 있으므로 D-가압류와 E-일반세로부터 4천만원까지 흡수할 수 있습니다. 그런데 같은 방식으로 계산하면 D-가압류에게 3천만원, E-일반세에게 1천만원을 흡수할 수 있지만, D-가압류와 E-일반세는 이미 B-임차인에게 각각 514만원과 171만원을 흡수당한 후라서, 남은 금액이 1,286만원과 429만원뿐이므로 C-근저당은 그 금액밖에 흡수할 수 없습니다.

④ **D-가압류:** D-가압류는 우선변제권이 없으므로 다른 채권자의 안분배당액을 흡수할 수 없습니다.

⑤ **E-일반세:** E-일반세는 A-가압류와 D-가압류로부터 400만원까지 흡수할 수 있는데, D-가압류는 이미 모든 재원을 선순위 채권자들에게 흡수당했으므로 A-가압류로부터 400만원을 흡수합니다.

지금까지 본 배당의 원리를 정리하면 다음과 같습니다.

1. 배당은 물권 우선주의와 무관하다.
2. 먼저 공시된 채권을 먼저 배당하는 것이 원칙이다.
3. 먼저 배당한다는 의미는 실제로 그 채권부터 돈을 지급한다는 의미가 아니라, 그 권리가 가지고 있는(법률이 규정하고 있는) 권능대로 먼저 인정한다는 의미다.
4. 각종 법률로서 배당순위를 별도로 규정하고 있는 채권의 배당순위는, 위 2의 원칙에도 불구하고 해당 규정에 따른다.(소액임대차, 임금채권, 조세채권, 보험금채권 등)
5. 선순위 채권을 특정할 수 없는 경우는 순환배당(안분배당 후 흡수배당)한다.

02

경기도 파주시 공장 경매의 배당

일괄매각 사건에서 물건마다 등기사항 다른 경우 배당은?

Q 경기도 파주시의 공장 경매사건입니다. 매각물건명세서를 살펴보니 채권자 강서농협이 경매를 신청했습니다. 그런데 경매가 진행되던 중에 김○○이 또 경매를 신청하여 병합된 사건입니다.

김○○이 신청한 경매사건으로 매각대상 부동산에 건물 3개동이 추가됐고(1동, 2동, 3동), 추가된 건물의 등기부를 확인해보니 설정된 권리 없이 김○○의 강제경매개시결정등기만 있습니다.

이처럼 일괄매각사건에서 매각대상 부동산마다 등기사항이 다를 경우 어떤 방법으로 배당이 되는지요? 등기사항이 다른 사정을 고려하지 않고 배당을 실시하면 김○○은 한 푼도 배당을 받을 수 없을 것으로 보이는데, 제 판단이 맞는지 궁금합니다.

매각물건명세를 보면 이 공장의 감정평가금액은 17억 1,601만 2,000원입니다. 감정평가서를 보니 강서농협 근저당권의 효력이 미치는 토지 3필지와 건물 1동의 감정평가금액은 16억 249만 6,000원이고, 김○○의 중복신청으로 추가된 건물 3동의 감정평가금액은 1억 1,351만 6,000원입니다.

경기도 파주시 공장의 배당순위

2017타경 13201 고양지원 6계 전화 : (031)920-6316

소 재 지	경기 파주시 상지석동 [redacted]				
경매구분	기일입찰	채 권 자	강서농협	매각기일	2018-11-20 (10:00) [1 일전]
용 도	공장	채무/소유자	(주)[redacted]	접 수 일	2017-09-21
감 정 가	1,716,012,000	청 구 액	1,069,150,682	경매개시일	2017-09-22
최 저 가	1,201,208,000 (70%)	토지총면적	2,019 ㎡ (610.75평)	배당종기일	2017-12-20
입찰보증금	10% (120,120,800)	건물총면적	510 ㎡ (154.28평)	조 회 수	금일4 공고후47 누적66

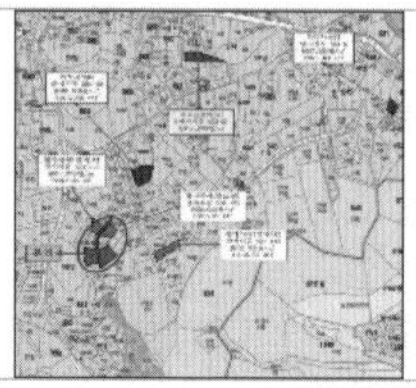

구분	입찰기일	매각금액	결과
3차	2018-11-20	1,201,208,000	진행
2차	2018-10-16	1,716,012,000	유찰
	2018-03-20	1,121,747,000	변경
1차	2018-02-20	1,602,496,000	유찰

임차조사

임차인	전입일	확정/배당요구	보증금/월세	용도/점유	비고
(주)[redacted]	2016-02-24	확정:2017-07-04 배당:2017-12-13	15,000,000 月1,500,000	공장 전부	현황조사점유기간:2015.08.01-2017.07.31
김[redacted]	2016-05-27		24,000,000 月2,400,000	공장 1동,2동,3동전부	

등기권리

구분	권리명	접수일	권리자	금액	기타	소멸
건물	소유	2014-05-27	(주)[redacted]		전소유자:[redacted]종합건설	
	근저	2014-05-27	[redacted]대부	1,200,000,000	말소기준권리	소멸
	가등	2014-06-05	[redacted]외1		소유이전청구가등	소멸
	가압	2016-05-30	기술신용보증기금 일산기술평가센터	90,000,000	2016 카단 100689 의정부 고양	소멸
	압류	2017-03-17	파주시			소멸
	임의	2017-09-22	강서농협	청구금액: **1,069,150,682**	2017타경13201	소멸
	압류	2017-10-26	파주시			소멸
	강제	2018-03-29	[redacted]		2018타경3720	소멸
	압류	2018-06-25	파주세무서			소멸
	질권	2018-07-13	안양저축은행 평촌	1,200,000,000	[redacted]대부근저질권	소멸

따라서 낙찰에 따른 배당재원을 16억 249만 6,000원과 1억 1,351만 6,000원의 비율로 나눠 각 부동산에 설정된 권리들을 대상으로 배당합니다.

가령, 배당재원이 12억원일 경우 그 12억원의 1,716,012,000분의

1,602,496,000에 해당하는 11억 2,061만 8,736원은 강서농협 근저당권의 효력이 미치는 토지 3필지와 건물 1동의 권리자들에게 배당합니다. 그리고 12억원의 1,716,012,000분의 113,516,000에 해당하는 7,938만 1,263원은 김○○의 경매신청으로 추가된 건물 3동의 권리자들에게 배당합니다.

결국 김○○의 신청으로 추가된 건물 3동에는 강제경매개시결정 외의 권리는 설정되어 있지 않으므로 김○○은 7,938만 1,263원 전부를 자기의 채권액을 한도로 배당받을 수 있습니다.

03

동시배당과 이시배당

공동저당의 배당은 어떻게 되나요?

Q A아파트와 B아파트에 공동으로 근저당권 2억원을 설정한 은행이 있고, 그 후 A아파트에 대해 갑이 5천만원의 근저당권을 설정했고, B아파트에 대해서 을이 7천만원의 근저당권을 설정했습니다.

이런 경우 은행이 저당권으로 경매를 신청한다면 A아파트와 B아파트 모두 경매될 것이므로 배당에 문제가 발생하지 않겠지만, 만약 갑이 경매를 신청한다면 A아파트만 경매될 것입니다.

이때 공동저당권자의 배당금액은 어떻게 결정되는지요?

먼저 이 경매사건의 배당과 관련되어 민법의 제368조 '공통저당과 대가의 배당, 차순위자의 대위'와 관련된 법 조항을 살펴보겠습니다.

민법 제368조(공동저당과 대가의 배당, 차순위자의 대위)
① 동일한 채권의 담보로 수개의 부동산에 저당권을 설정한 경우에 그 부동산의 경매대가를 동시에 배당하는 때에는 각 부동산의 경매대가에 비례하여 그 채권의 분담을 정한다.
② 전항의 저당부동산 중 일부의 경매대가를 먼저 배당하는 경우에는 그 대가에서 그 채권 전부의 변제를 받을 수 있다. 이 경우에 그 경매한 부동산의

차순위저당권자는 선순위저당권자가 전항의 규정에 의하여 다른 부동산의 경매대가에서 변제를 받을 수 있는 금액의 한도에서 선순위자를 대위하여 저당권을 행사할 수 있다.

이번에는 질문의 사례와 관련하여 권리관계를 정리해보겠습니다. A아파트는 낙찰가가 1억원, B아파트는 낙찰가가 1억 5천만원이라고 가정하고 정리해보죠.

A아파트 : 낙찰가 1억원

순위	권리	채권액
1	은행-공동근저당권	2억원
2	갑-근저당권	5천만원

B아파트 : 낙찰가 1억 5천만원

순위	권리	채권액
1	은행-공동근저당권	2억원
2	을-근저당권	7천만원

현장사례 은행이 공동저당권의 경매를 신청한 경우

은행이 공동저당권으로 경매를 신청한 경우 두 아파트가 모두 매각되므로, 각 아파트의 매각대금에 비례하여 선순위(은행)의 근저당권을 배당하고(동시배당), 남는 재원으로 갑과 을이 배당을 받습니다.

즉, A아파트와 B아파트 낙찰가격의 비율이 2:3이므로, 선순위 은행은 A아파트의 매각대금에서 8천만원을, B아파트의 매각대금에서 1억 2천만원을 배당받고, 갑은 A아파트의 매각대금 중 남은 2천만원을, 을은 B아파트의 매각대금 중 남은 3천만원을 배당받습니다.

동시배당의 결과

A아파트 : 낙찰가 1억원

순위	권리	채권액
1	은행 - 공동근저당권	8천만원
2	갑 - 근저당권	2천만원

B아파트 : 낙찰가 1억 5천만원

순위	권리	채권액
1	은행 - 공동근저당권	1억 2천만원
2	을 - 근저당권	3천만원

동시배당과 이시배당

갑이 경매를 신청한 경우는 그 근저당권의 효력이 미치는 A아파트만 매각됩니다.

이때 공동저당권자인 은행은 공동으로 저당권을 설정한 부동산 중 어느 부동산의 매각대금에서든 자기의 채권을 전부 배당받을 수 있습니다.(민법 제368조 제2항) 따라서 은행은 A아파트의 매각대금 1억원 전부를 배당받게 됩니다.

그런 후에 은행 또는 을이 경매를 신청하여 B아파트가 매각될 경우, 만약 은행이 채권액 중 배당받지 못한 1억원을 배당받고, 을이 남은 배당재원인 5천만원을 배당받는다면, 각 채권자의 배당금액이 동시배당의 경우와 달라 결국 누가 경매를 먼저 신청했는지에 따라 배당의 결과가 달라져 피해를 보는 채권자(이 사례의 경우 갑)가 발생합니다.

따라서 동시배당의 경우 은행이 B아파트의 매각대금에서 배당받을 수 있는 금액을 한도로 갑은 은행을 대위하여 B아파트의 매각대금에서 배당을 받을 수 있고, 이러한 배당방식을 '이시배당'이라 합니다.(민법 제368조 제2항)

즉, 동시배당의 경우라면 은행은 B아파트의 매각대금에서 1억 2천만원을 배당받을 수 있는데, 이시배당을 함으로써 1억원을 배당받으므로, 갑은 그 차액인 2천만원을 은행을 대위하여 을보다 먼저 배당받을 수 있는 것입니다.

이시배당의 결과

A아파트 : 낙찰가 1억원

순위	권리	채권액
1	은행 - 공동근저당권	1억원
2	갑 - 근저당권	0원

B아파트 : 낙찰가 1억 5천만원

순위	권리	채권액
1	은행 - 공동근저당권	1억원
2	갑 - 근저당권	2천만원
2	을 - 근저당권	3천만원

결국 공동저당권의 목적 부동산이 동시에 매각되는 경우(동시배당)와 그 중 일부가 먼저 매각되는 경우(이시배당)에 따른 각 채권자의 배당금액은 차이가 없습니다.

04

상속세와 증여세의 당해세 여부

상속세와 증여세는 선순위로 배당받나요?

Q 배당에서 당해세는 법정기일이 후순위라도 가장 선순위로 배당받는다고 알고 있습니다. 그런데 상속세와 증여세는 선순위로 배당받는다는 의견도, 그렇지 않다는 의견도 있습니다. 상속세와 증여세는 당해세가 맞는 건가요?

상속세와 증여세는 분명 그 부동산에 대하여 부과된 세금이니 당해세가 맞기는 합니다.

그러나 당해세인지 여부는 이미 경매의 배당순위를 예측하는 과정에서 큰 의미가 없어졌습니다. 왜냐하면 개정되기 전에는 국세기본법에서 "그 재산에 대하여 부과된 세금(당해세) 우선"의 규정을 두고 있었고, "당해세는 상속세, 증여세 및 종합부동산세를 말한다"고 직접적으로 규정하고 있었지만, 이미 오래전 개정된 현재의 국세기본법은 각 세목별로 배당의 순서를 명확하게 규정하고 있기 때문입니다.

[개정 전 국세기본법의 당해세 관련 규정 요약]
1. 국세는 다른 채권(경매비용 등 제외)에 우선한다.
2. 그러나 법정기일보다 먼저 설정된 담보물권 등이 있다면 그 담보물권 등보다는 우선하지 못한다. 다만, 당해세는 제외한다(담보물권 등에 우선한다).
3. 당해세는 상속세, 증여세, 종합부동산세를 말한다.

* 경매비용 등 : 경매비용 또는 공매비용, 임차인의 최우선변제권, 급여채권
* 담보물권 등 : 전세권, 질권 또는 저당권, 임차인의 우선변제권, 담보가등기

위 규정에 따르면 상속세, 증여세, 종합부동산세는 법정기일이 늦더라도 담보물권 등을 포함한 다른 채권보다 우선한다는 것이었는데, 그러던 중 상속세와 증여세 우선의 규정에 제동이 걸리는 대법원의 판결이 있었습니다.

부동산에 대하여 근저당권설정 이전에 이루어진 증여를 원인으로 하여 부과된 증여세는 위 부동산 자체에 관하여 부과된 것이고, 근저당권 설정 당시 이미 등기부상 증여를 원인으로 하여 근저당설정자 명의로 소유권이전등기가 마쳐져 있었으므로 근저당권자로서는 장래 이 증여를 과세원인으로 하여 **증여세가 부과될 것을 상당한 정도로 예측할 수 있다**고 봄이 상당할 것이고, 따라서 위 증여세는 국세기본법 제35조 제1항 제3호 단서에서 말하는 '그 재산에 대하여 부과된 국세', 즉 이른바 당해세에 해당한다.(대법원 2001. 1. 30. 선고 2000다47972 판결 [배당이의])

당해세가 담보물권에 의하여 담보되는 채권에 우선하더라도 이로써 담보물권의 본질적 내용까지 침해되어서는 아니 되고, 따라서 같은 법 제35조 제1항 제3호 단서에서 말하는 '그 재산에 대하여 부과된 국세'라 함은 **담보물권을 취득하는 사람이 장래 그 재산에 대하여 부과될 것을 상당한 정도로 예측할 수 있는 것**으로서 오로지 당해 재산을 소유하고 있는 것 자체에 담세력을 인정하여 부과되는 국세만을 의미하는 것으로 보아야 한다.(대법원 2003. 1. 10. 선고 2001다44376 판결 [배당이의])

두 판례를 종합해 보면, 당해세가 다른 채권에 우선한다는 규정에도 불구하고, 당해세 부과의 원인이 발생하기 전에 설정된 담보물권이 있다면 그 담보물권에 우선할 수 없다는 것입니다. 결국 담보물권자가 장래에 상속세나 증여세가 부과될 것을 알 수 있었는지의 '예측 가능성'에 따라서 당해세인지 여부가 결정됩니다.

이런 대법원의 판단이 있은 후, 개정 전 국세기본법의 당해세 우선 규정은 힘을 잃었고, 결국 국세기본법은 판례의 취지에 맞게 담보물권 등이 설정된 후 양도, 상속 또는 증여된 경우 상속세 또는 증여세는 담보물권 등에 우선하지 못하는 것으로 개정되었습니다.(국세기본법 제35조)

05

임차인 우선변제권과 당해세

종부세를 못 낸 물건, 배당순위는?

Q 당해세 우선 규정에도 불구하고, 경매절차에서 임대차보증금반환채권은 당해세보다 먼저 배당을 받을 수 있다고 합니다. 그런데 당해세의 법정기일을 따져 순위를 정한다는 것인지, 다른 담보물권이 있는 경우 그 담보물권자와의 관계는 어떻게 되는 것인지 정리가 안 됩니다.

다음 사례의 경우 배당이 어떻게 되는지 궁금합니다.

낙찰가: 4억 2천만원
1순위: 근저당권 1억원
2순위: 임차인 확정일자 3억원
3순위: 당해세 법정기일 5천만원

우선 당해세는 상속세, 증여세, 종합부동산세가 있는데, 이 질문의 답을 하기 위해서는 사례의 당해세가 구체적으로 어떤 세금인지가 중요합니다. 왜냐하면 상속세와 증여세는 법정기일로 배당순위가 정해지고, 종합부동산세는 법정기일이 늦더라도 다른 채권에 우선하기 때문입니다.

이 사례의 당해세가 상속세 또는 증여세라면, 어차피 법정기일이 근저당권 설정일과 임차인의 확정일자보다 늦으므로 근저당권, 임차인,

당해세의 순서로 배당될 것입니다. 따라서 당해세 우선규정에도 불구하고 임차인이 선순위라는 규정은 큰 의미가 없습니다.

1. 근저당권: 1억원
2. 임차인: 3억원
3. 상속세 또는 증여세: 2천만원

그러나 종합부동산세라면 조금 복잡해집니다.

임차인 우선 규정에 해당하는 국세징수법 제35조 7항의 내용 정리
1. 임대차보증금반환채권 등(주택 임차인과 전세권자의 우선변제권)은 그 성립 후에 부과된 국세의 우선 징수 순서에 **대신하여** 변제될 수 있다.
2. 이 경우 임대차보증금반환채권등보다 우선 변제되는 저당권 등의 변제액에는 영향을 미치지 않는다.

일단 당해세 우선규정을 적용하면 사례의 배당 순위는 다음과 같습니다.

1차 배당분석

1. 종합부동산세: 5천만원
2. 근저당권: 1억원
3. 임차인: 2억7천만원

여기에 임차인 우선규정을 적용하더라도 순위가 바뀌는 것은 아닙니다. 규정을 보면 '임차인이 우선'한다는 취지가 아니라 "국세의 징수 순서에 대신하여 변제"된다는 취지입니다. 즉, 위(1차 배당분석) 내용에서 2

순위 근저당권의 배당금액은 어떠한 변화도 없고, 그저 임차인이 배당받지 못한 보증금이 있다면 종합부동산세로 징수될 금액을 한도로 배당받을 수 있다는 의미입니다.

2차 배당 확정

1. 종합부동산세: 2천만원
2. 근저당권: 1억원
3. 임차인: 3억원

국세징수법 제35조 7항

「주택임대차보호법」 제3조의 2 제2항에 따라 대항요건과 확정일자를 갖춘 임차권에 의하여 담보된 임대차보증금반환채권 또는 같은 법 제2조에 따른 주거용 건물에 설정된 전세권에 의하여 담보된 채권(이하 이 항에서 "임대차보증금반환채권등"이라 한다)은 해당 임차권 또는 전세권이 설정된 재산이 국세의 강제징수 또는 경매절차를 통하여 매각되어 그 매각금액에서 국세를 징수하는 경우 그 확정일자 또는 설정일보다 법정기일이 늦은 해당 재산에 대하여 부과된 상속세, 증여세 및 종합부동산세의 우선 징수 순서에 대신하여 변제될 수 있다. 이 경우 대신 변제되는 금액은 우선 징수할 수 있었던 해당 재산에 대하여 부과된 상속세, 증여세 및 종합부동산세의 징수액에 한정하며, 임대차보증금반환채권등보다 우선 변제되는 저당권 등의 변제액과 제3항에 따라 해당 재산에 대하여 부과된 상속세, 증여세 및 종합부동산세를 우선 징수하는 경우에 배분받을 수 있었던 임대차보증금반환채권등의 변제액에는 영향을 미치지 아니한다.

임차인 우선 규정으로 인해 복잡하게 생각할 것은 아닙니다. 임차인 우선 규정 발효 전 방식으로 분석한 후, 임차인이 배당받지 못한 보증금이 있다면 그 금액을 당해세 교부금에서 흡수하는 간단한 절차입니다.

부동산 경매 실전사례 120
오늘부터 1일

11

PART

간편하게 끝내는 명도 사례 7

9강 인도명령과 점유이전금지가처분(17분)

10강 명도(29분)

01

부산시 해운대구 아파트 입찰

낙찰 부동산 점유자에게 월세 청구 가능한가요?

Q 부산시 해운대구에서 아파트를 낙찰받기 위해 경매 책을 보며 공부 중입니다. 책에는 낙찰 후 잔금납부를 하고 나면, 점유자는 낙찰자에게 감정가의 1%를 월세로 내야 한다고 되어 있더군요. 위의 내용이 민법 어느 조항과 관련되어 있는지요? 알고 있어야, 낙찰 후에 점유자에게 설명할 수 있을 거 같습니다.

결론부터 말씀드리면 민법에 그런 규정은 없습니다.

단, 내 주택에 타인이 동의 없이 거주하고 있다면, 나에게 손해가 생기거나 그 타인에게 부당이득이 발생하는 셈이어서 손해배상이나 부당이득의 반환을 청구할 수는 있습니다. 이때의 청구권은 상호 약정에 의한 것이 아니므로 금액이 정해진 바는 없고, 손해 또는 부당이득을 금전으로 환산하여 청구할 수 있겠습니다.

따라서 낙찰자는 스스로 적당하다고 판단되는 금액을 청구하면 되고, 점유자가 그 청구권과 청구액이 타당하다고 인정한다면 지급함으로써 문제가 해결되겠지요. 물론 지급을 거부한다면 낙찰자는 소송을 통해 지급받는 수밖에 없습니다.

소송을 통할 경우 손해 또는 부당이득의 가액은 임대료 수준인 경우가 대부분이라는 통계치가 있기는 하지만, 현행법 어디에도 손해배상 또는 부당이득의 액수를 정해놓은 규정은 없습니다. 손해배상은 "당신의 불법행위로 인해 내게 이만큼의 손해가 발생했으니 그 금액을 배상하라"는 것이고, 부당이득반환은 "법률상 원인 없이 당신이 이만큼의 이득을 부당하게 얻었으니 그 금액을 반환하라"는 것입니다.

그렇다면 당연히 손해배상금은 손해를 금전으로 환산한 금액이 되어야 하고, 부당이득반환금은 부당이득을 금전으로 환산한 금액이 되어야 하겠지요. 사건마다 손해 또는 부당이득의 크기는 다를 것이므로 그 가액을 법률로 정해놓을 수는 없는 것이지요.

금전의 지급을 청구할 수 있다는 것만으로는 그것이 월세 청구인지, 손해배상 또는 부당이득반환의 청구인지 구별의 실익이 없다고 할 수도 있습니다. 그러나 만약 점유자가 금전지급을 거부해 소송을 할 경우 "월세를 지급하라"는 취지로 소장을 작성한다면, 낙찰자는 점유자에게 차임지급청구권이 없으므로 패소할 가능성이 큽니다. 청구 취지는 분명히 "차임 상당의 손해를 배상하라(또는 '부당이득을 반환하라')"가 되어야 할 것입니다.

한편, 낙찰자가 낙찰받은 부동산을 점유하고 있는 모든 점유자를 상대로 손해배상(부당이득반환)을 청구할 수 있는 것은 아닙니다. 주택의 인도와 보증금의 반환은 동시이행의 관계에 있으므로, 배당이 확정되기 전까지는 임차인에게 손해배상 또는 부당이득반환의 채무가 발생하지 않을 수 있습니다.

02

서울시 노원구 아파트 낙찰자

강제집행 신청, 내용증명, 점유이전금지가처분 꼭 필요한가요?

Q 서울시 노원구 상계동의 25평 아파트를 낙찰받았습니다. 낙찰 후 대항력 없는 임차인과 명도에 관하여 협의해보았는데, 임차인이 무리한 이사비용을 요구하면서 명도를 거부하고 있습니다.

다른 방법을 찾지 못해 결국 인도명령을 신청하려고 합니다. 이때 내용증명은 몇 회 발송해야 하는지요? 또한 점유이전금지가처분은 반드시 해야 하나요?

내용증명은 개인 및 기업 간의 채권, 채무에 관련된 이행사항 등의 득실변경에 관한 부분을 문서화한 것입니다. 발송인이 수취인에게 본인의 요구사항 등이 적힌 내용의 문서를 발송했다는 사실을 발송인이 작성한 등본에 의해 우체국에서 공적으로 증명할 수 있는 양식입니다.

가령, 임대차관계에서 임차인의 차임 연체액이 2기의 차임액에 달하는 때에는 임대인은 계약을 해지할 수 있습니다(민법 제640조). 그런데 2번의 임차료를 연체했다고 해서 계약해지의 효력이 곧바로 발생하는 것은 아닙니다. 임대인이 임차인에게 계약해지의 의사표시를 하고, 그 의사표시가 임차인에게 도달한 때에 발생합니다.

이때 의사표시의 방법에 관해 법률로 정해진 바는 없지만, 구두로 의사표시를 했을 때 나중에 임차인이 "그런 말을 들은 적이 없다"라고 발뺌한다면, 임대인은 계약해지의 의사표시가 임차인에게 도달한 사실을 입증하기가 매우 어려울 것입니다. 이런 경우를 대비하여 계약해지의 의사가 담긴 문서를 우체국을 통해 내용증명으로 발송하면, 그 내용과 발송일, 도달일을 입증할 수 있습니다.

이처럼 내용증명은 발송인의 의사표시가 수취인에게 도달하여 법률적 효력이 발생할 때 실익이 있습니다. 그런데 낙찰자가 대항력 없는 임차인에게 부동산의 인도를 요구하는 것은 별도의 의사표시가 필요 없습니다. 즉, 내용증명을 발송하지 않아도 인도명령을 신청할 수 있습니다.

한편 점유이전금지가처분은 점유자가 바뀌는 경우를 대비한 보전절차입니다. 임차인이 낙찰받은 부동산의 점유를 타인에게 이전할 위험이 크지 않다면 굳이 할 필요는 없습니다. 그러나 임차인을 상대로 인도명령을 신청하여 인용되고, 그 결정을 권원•으로 강제집행을 하려 현장에 갔을 때 만약 임차인이 아닌 제3자가 그 부동산을 점유하고 있다면 강제집행을 할 수 없습니다. 이때 점유이전금지가처분이 집행되어 있다면 낙찰자는 다시 인도명령을 신청할 필요 없이 강제집행을 할 수 있습니다.

따라서 협의과정에서 파악된 임차인의 성향으로 보아 점유를 타인에게 이전할 가능성이 크다면, 점유이전금지가처분을 집행하는 것이 좋습니다.

• **권원** (법률)어떤 행위를 정당화하는 법률적 원인

03

서울시 용산구 아파트 지분 낙찰자

점유 중 다른 공유자에게 인도 청구 가능한가요?

Q 서울시 용산구 한남동에 있는 42평 아파트의 지분을 낙찰받았습니다. 제가 낙찰받은 지분은 이 아파트의 2분의 1입니다.

지난주에 낙찰 잔금까지 낸 다음에 점유자를 만나보았습니다. 그런데 점유자는 아파트의 다른 공유자더군요. 그가 이 아파트의 나머지 2분의 1 지분을 가지고 있었습니다. 이런 경우 낙찰자인 저는 다른 공유자인 이 사람을 상대로 부동산의 인도를 청구할 수 있는지요?

경매로 낙찰받은 부동산에 대한 인도청구는 소유권에 기한 것으로 알고 있는데요, 그 상대방 또한 소유권을 가지고 있는 경우라서, 인도명령을 신청하면 인용될 수 있을지 의문입니다.

공유물 전부에 대한 처분과 변경은 공유자 전원의 동의가 필요합니다. 그리고 관리에 관한 사항은 공유자의 지분의 과반수로써 결정하고, 보존행위는 공유자 각자가 할 수 있습니다.

민법 제264조(공유물의 처분, 변경)
공유자는 다른 공유자의 동의 없이 공유물을 처분하거나 변경하지 못한다.
민법 제265조(공유물의 관리, 보존)
공유물의 관리에 관한 사항은 공유자의 지분의 과반수로써 결정한다. 그러나 보존행위는 각자가 할 수 있다.

민법 제265조의 관리행위란 목적물의 처분이나 변경에까지 이르지 아니할 정도로 목적물을 사용 · 수익, 개량하는 행위를 말합니다. 목적물의 임대행위 등이 이에 해당하고, 보존행위란 목적물의 멸실, 훼손을 방지하고 그 현상을 유지하기 위하여 하는 사실적 · 법률적 행위를 말하는 것으로 목적물을 수선하는 것, 불법점유자에 대하여 방해배제나 반환청구를 하는 것이 그 대표적인 예입니다.

낙찰받은 아파트의 지분이 과반수(절반을 넘는 수)인 경우, 낙찰자는 그 토지에 대한 보존행위는 물론 사용 · 수익할 관리행위까지 단독으로 결정할 수 있습니다. 따라서 당연히 다른 공유자의 동의 없이도 아파트의 인도를 청구할 수 있습니다.

한편, 낙찰받은 지분이 과반수에 미달하는 경우라도 공유물은 다른 공유자와 협의하지 않으면 배타적으로 점유하여 사용 · 수익할 수 없습니다. 따라서 낙찰자는 협의 없이 공유물을 점유하고 있는 소수지분 공유자에게 공유물의 인도를 청구할 수 있습니다.

하지만 만약 낙찰받은 지분이 절반에도 미치지 않는다면, 지분이 과반수인 다른 공유자가 낙찰자와의 협의 없이 공유물의 관리에 관한 사항을 단독으로 결정할 수 있습니다. 그러므로 스스로 그 공유물을 배타적으로 사용 · 수익하기로 정하는 것은 공유물의 관리방법으로서 적법합니다.

따라서 낙찰자의 부동산인도청구가 적법하다고 할 수는 있을지 몰라도, 다른 공유자의 관리행위 권한으로 인해 인용되기 어려울 것으로 판단됩니다.(대법원 2015. 11. 26. 선고 2015다206584 판결 [부동산명도 등] 참고)

04

서울시 강남구 오피스텔 낙찰자

풀옵션 오피스텔의 가전제품, 낙찰자의 소유인가요?

Q 서울시 강남구 논현동의 한 오피스텔을 낙찰받았습니다. 3년 전에 준공된 비교적 신축 오피스텔이고, 분양 당시 TV, 세탁기, 냉장고 등 가전제품이 빌트인으로 분양가에 포함되어 있었습니다. 그런데 전 소유자가 이 가전제품에 대해 소유권을 주장하면서, 필요하면 매수하고 매수하지 않는다면 이사 갈 때 모두 가져가겠다고 합니다. 분양가격에 포함된 가전제품은 낙찰자의 소유가 아닌지요?

법원에서 진행하는 부동산 경매는 오로지 부동산만을 매각하는 절차입니다. 물론 보일러 등과 같이 그 부동산의 용도대로 사용하는 데에 꼭 필요한 설비이고, 또 부동산으로부터 분리했을 때 그 부동산이 훼손되는 정도의 것이라면 부동산의 부합물이나 종물로 보아 부동산의 소유자에게 그 소유권이 인정되는 것들도 있습니다.

하지만 TV, 세탁기, 냉장고 등의 가전제품은 부동산의 부합물 또는 종물로 볼 수 없습니다. 그러므로 경매절차의 낙찰자에게 소유권이 인정되지 않으며, 그 가전제품이 오피스텔의 분양가격에 포함되어 있었다고 하더라도 마찬가지입니다.

05

대구시 서구 아파트 낙찰자

점유자가 인도명령에 항고, 강제집행 불가능한가요?

Q 대구시 서구 내당동의 아파트를 낙찰받았고, 대항력 없는 임차인을 상대로 인도명령 결정을 받고 결정문도 송달되었습니다. 그런데 오늘 강제집행을 신청하려 법원 사건기록을 열람해보니, 임차인이 인도명령결정에 대한 항고장을 제출했더군요.

아직 항고의 이유는 확인하지 못했지만, 임차인이 아파트의 인도를 거부할 수 있는 합당한 이유는 없을 것으로 보입니다. 그러나 항고로 인해 재판절차가 개시되면 그만큼 강제집행이 늦어질까 걱정입니다.

점유자가 인도명령결정에 대한 항고장을 제출하면, 항고사건이 끝날 때까지 강제집행을 할 수 없는 것인지요?

인도명령결정에 대한 항고는 그 결정에 관한 형식적 절차상의 하자가 있는 경우에 한하여 집행당사자 또는 이해관계가 있는 제3자가 집행법원에 대하여 하는 불복신청입니다. 집행법원이 강제집행의 일시정지 처분을 하지 않는 한, 항고장이 접수됐다고 해서 강제집행이 곧바로 정지되는 것은 아닙니다.

따라서 항고장이 접수되었더라도 인도명령결정문이 임차인에게 송달되면 송달증명원과 집행문을 부여받아 강제집행을 할 수 있고, 이와 같이 부동산인도명령에 기한 강제집행이 종료되면 그 인도명령결정에 대한 항고는 불복의 대상을 잃게 됩니다. 그래서 더 이상 항고를 유지할 이익이 없게 되어 결국 임차인의 항고는 기각될 것입니다.

집행방법에 관한 이의는 강제집행의 방법이나 집행행위에 있어서 집행관이 준수할 집행절차에 관한 형식적 절차상의 하자가 있는 경우에 한하여 집행당사자 또는 이해관계가 있는 제3자가 집행법원에 대하여 하는 불복신청을 말하는 것이다.
집행법원이 그 재판 전에 강제집행의 일시정지의 처분을 하지 아니하는 한 집행정지의 효력이 없고, 이의 기각결정에 대한 즉시항고의 경우에도 법률에 특별한 규정이 있는 경우에 한하여 집행정지의 효력이 있으므로, 이미 강제집행이 종료된 후에는 집행방법에 관한 이의를 할 수 없을 뿐만 아니라 집행방법에 관한 이의신청사건이나 그 기각결정에 대한 즉시항고사건이 계속 중에 있을 때 강제집행이 종료된 경우에도 그 불허가를 구하는 이의신청이나 즉시항고는 이의나 불복의 대상을 잃게 되므로 이의나 항고의 이익이 없어 부적법하게 되는바, **위와 같은 법리는 부동산인도명령에 대한 즉시항고의 경우에도 마찬가지로 적용된다.**(대법원 2010. 7. 26. 자 2010마458 결정 [부동산인도명령])

06

경기도 양평군 전원주택 낙찰자

미등기의 제시외 건물, 점유이전금지가처분 가능한가요?

Q 경기도 양평군의 전원주택을 경매로 낙찰받았습니다. 매각대상 부동산은 2필지의 토지와 주택 1채, 그리고 제시외 주택 1채입니다.

낙찰 후 점유자와 명도에 관하여 협의를 해보았는데요. 무리한 요구를 하며 명도를 거부하고 있어서 인도명령에 의한 강제집행을 해야 할 것 같은데, 제시외 주택이 걱정입니다. 등기부가 없는 건물에도 점유이전금지가처분이 가능한지요?

가처분 집행은 그 피보전권리에 따라 등기가 필요한 것도 있고 그렇지 않은 것도 있습니다. 가령 부동산의 소유권에 관한 청구권을 보전하기 위한 가처분은 그 대상이 소유권이고, 소유권은 등기부에 표시되므로 집행 또한 등기의 방법으로 합니다.

그러나 경매로 낙찰받은 부동산에 대한 명도는 낙찰자가 그 부동산의 점유권을 취득하는 절차인데, 점유권은 등기를 요건으로 하지 않을 뿐만 아니라 등기를 할 수도 없는 물권이므로, 점유권이 목적인 가처분 또한 등기의 방법으로 집행하지 않습니다.

점유이전금지가처분은 집행관이 현장을 방문하여 채무자(점유자)에게 점유이전을 금지하는 법원의 가처분결정이 있음을 고지하고, 그 결정문을 교부하는 방법으로 집행하기 때문에, 미등기 건물을 점유하고 있는 점유자에게도 집행할 수 있습니다.

07

개별매각 사건의 인도명령 신청기한

다른 물건 경매절차 마무리 전이라도 인도명령 신청하세요

Q 개별매각 사건의 경우 모든 부동산이 매각되어야 배당이 실시되고, 낙찰받은 부동산의 점유자가 임차인일 경우 배당 시까지 인도명령을 할 수 없다고 배웠습니다. 인도명령은 낙찰 후 6개월 안에만 가능하다고 하고요.

만약 다른 물건의 경매절차가 지연되어 제가 낙찰받은 후 6개월 안에 배당이 실시되지 않는다면, 본의 아니게 인도명령 신청기한을 넘기게 되는데 구제받을 방법이 없을까요? 낙찰받고 잔금을 지급한 지 5개월이 넘었는데, 아직 다른 물건의 경매절차가 마무리되지 않아 마음만 졸이고 있습니다.

반드시 그런 것만은 아니지만, 요즘은 개별매각 사건의 경우 일반적으로 동시배당의 방법으로 배당하며, 대부분의 지방법원이 동시배당이 될 때까지 임차인에 대한 인도명령을 인용해주지 않는 입장입니다.

그러나 그로 인해 인도명령 신청을 못하게 되는 걱정은 하지 않아도 됩니다. 인도명령 신청은 잔금을 납부하고 6개월 안에 해야 하는 것이 맞지만, 반드시 인도명령에 대한 인용이 가능한 시점에 해야 하는 것은 아닙니다. 아직 다른 물건의 경매절차가 마무리되지 않았더라도 인도명령을 신청할 수 있고, 다만 법원이 알아서 그 결정을 배당이 확정된 후로 유보할 것입니다. 아직 배당이 확정되지 않았다고 법원이 인도명령신청을 기각하는 것은 아니므로, 6개월이 지나기 전에 지금이라도 인도명령신청서를 제출할 것을 권합니다.

김샘의 경매 실전사례 유튜브 특강(총10강)

1강 임대차(23분)

2강 전세권(21분)

3강 전세권/
법정지상권 1(21분)

4강 법정지상권 2(18분)

5강 법정지상권 3(19분)

6강 법정지상권 4(19분)

7강 지역권/유치권(22분)

8강 대지권과
토지별도등기(21분)

9강 인도명령과
점유이전금지가처분
(17분)

10강 명도(29분)

입찰일
14일전